Elogios para
DOMANDO TUS COCODRILOS

"*Domando tus cocodrilos* es una adición desafiante y significativa al campo del desarrollo del liderazgo. Su contenido es incitante, práctico y personal, pues nos desafía a ser radicalmente honestos con nosotros mismos con respecto a quiénes somos y a cómo nuestros temores aprendidos de cocodrilo nos impiden ser quienes en realidad podemos llegar a ser. Además, nos muestra un camino inspirador y bien estructurado, apto para entrenarnos a nosotros mismos con el fin de ahuyentar a esos cocodrilos a la vez que les ayudamos a otros a hacer lo mismo, liderando desde un lugar que dé cuenta de nuestro verdadero potencial".

—Vijay Govindarajan, Profesor destacado de Coxe, en
Dartmouth College's Tuck School of Business;
miembro de Marvin Bower 2015–16,
Harvard Business School; autor *bestseller* de *The New York
Times* y *Wall Street Journal*

"En este sencillo, pero transformador libro, tienes todo, absolutamente todo lo que necesitas para emprender el viaje más maravilloso de la vida en lo que respecta a tu crecimiento como líder, no solo cambiándote a ti mismo, sino también descubriendo en quién te estás convirtiendo".

—Chris Ernst, Director de Learning & Organization Effectiveness, Bill & Melinda Gates Foundation; autor de *Boundary Spanning Leadership*

"Creo que el tema del miedo es personal y es por esa razón que permanece escondido y enterrado en el lugar de trabajo. *Domando tus cocodrilos* es una obra innovadora no solo por su metodología estructurada, sino también por su coraje para atreverse a mencionar el problema en sí. *Domando tus cocodrilos* me impactó en gran manera. Puedo hablar de forma personal y libre sobre el tema porque esta lectura me ayudó a sentirme liberado para liderar sin miedo alguno desde mi cargo en Microsoft y mucho más allá".

—Toni Townes-Whitley, Vicepresidente Corporativo en el sector de la industria pública mundial de Microsoft

"Motivador, vivificante y completo. *Domando tus cocodrilos* nos ofrece una combinación indiscutible de procesos, historias y práctica. Nos invita a reflexionar sobre quiénes somos y cómo conducirnos a nosotros mismos y conducir a quienes nos rodean desde un lugar auténtico. Al incluir lecciones de los grandes líderes de nuestro tiempo, nos ayuda a evolucionar y a ser más conscientes de nuestras fortalezas inherentes y más libres de concepciones y conductas autolimitantes. ¡Es sin duda una lectura ineludible para quienes deseen llevar su liderazgo al siguiente nivel!".

—Joel Brockner, Profesor del Área de Negocios de Phillip Hettleman, Columbia Business School

"En *Domando tus cocodrilos*, Hylke consigna el trabajo de toda su vida en estas páginas con el propósito de guiar a los lectores para que sean ellos mismos quienes exploren y descubran aquello qué les genera vitalidad; además, les muestra cómo el autodescubrimiento es el mejor mapa de ruta hacia una vida plena. Hylke escribe y al mismo tiempo disfruta de la vida —es un observador cuya curiosidad es infinita y ejerce su liderazgo con susceptibilidad y verdadero deseo de investigación y coherencia—. Si lo tomamos como un libro de lectura y descanso, *Domando tus cocodrilos* es una colección de formas convincentes y creativas para desbloquear nuestra conciencia y activar nuestro poder como individuos. Sin embargo, si lo miramos como un compañero de viaje en nuestro camino por el liderazgo, nos servirá como una guía de aprendizaje y reflexión a lo largo de toda nuestra vida. Basándose en sus propias experiencias y en la enseñanza de sus mentores/héroes, Hylke nos formula preguntas y nos brinda perspectivas que nos permitan escribir nuestra historia paralelamente a la de él. Por esa razón, *Domando tus cocodrilos* contiene lo que se requiere para que describamos con exactitud quiénes elegiremos ser y de qué maneras evolucionaremos como líderes y ciudadanos".

—Kyle Angelo, Vicepresidente y Director Ejecutivo de
City Year Seattle/King County

"Para que tu negocio crezca teniendo éxito, tu equipo de trabajo debe permanecer en constante crecimiento. Y para que ese crecimiento fluya, todos y cada uno de los miembros de tu equipo deben ser entrenados al mismo tiempo que aprenden a entrenar a otros. Esta lectura reflexiva va mucho más allá del nivel de Coaching 101 y te introduce al poderoso 'arte del coaching' que te guiará e inspirará a desarrollar una 'cultura del coaching' que se convierta en parte de tu ADN organizacional".

—Ron Bergamini, CEO de Action Environmental Group

"*Domando tus cocodrilos* nos presenta una visión convincente y clara de por qué actuamos y seguimos actuando dentro de las barreras que limitan nuestro crecimiento. Además, nos ofrece alternativas simples que nos permitan florecer y disfrutar de nuestro proceso de desarrollo. Cada vez que me siento a leer este libro, aprendo más sobre mí mismo y sobre cómo ser más fiel a mis convicciones frente a mi equipo. Muy recomendable".

—Augusto Muench,
Presidente de Boehringer Ingelheim,
América del Sur

"A lo largo de mi carrera, he leído muchos libros y he asistido a diversos cursos sobre liderazgo. Sin duda, *Domando tus cocodrilos* se encuentra en la lista de mis lecturas favoritas, pues contiene lecciones profundas sobre el tema del autodesarrollo como la mejor base para entrenar a otros; además, enfatiza sobre la necesidad de tener el propósito personal de seguir creciendo y ser cada vez más un mejor líder".

—Gioji Okuhara, CEO y miembro de la Junta Directiva de
Brazilian Consumer Goods Company

"Estoy viendo un impacto profundo y positivo en nuestra organización. *Domando tus cocodrilos* está contribuyendo a nuestro crecimiento como individuos, como equipo y como organización. Y sobre todo, es una historia interminable. Cuando eres ambicioso, quieres desempeñarte mejor, sientes curiosidad por conocerte mejor y te enfocas de por vida en aprender. Y las recompensas son magníficas: te estás volviendo más y más sabio".

—Bert van der Hoek, CEO de De Friesland Zorgverzekeraar

DOMANDO TUS COCODRILOS

Desaprende tus miedos y conviértete en un verdadero líder

Hylke Faber

TALLER DEL ÉXITO

DOMANDO TUS COCODRILOS

Publicado por:
Taller del Éxito, Inc.
1669 N.W. 144 Terrace, Suite 210
Sunrise, Florida 33323
Estados Unidos
www.tallerdelexito.com

Editorial dedicada a la difusión de libros y audiolibros de desarrollo y crecimiento personal, liderazgo y motivación.

Director de arte y diseño de carátula: Diego Cruz
Diagramación: Joanna Blandon
Traducción y corrección de estilo: Nancy Camargo Cáceres

ISBN: 978-1607385776

Printed in Colombia
Impreso en Colombia

Impreso por Editora Géminis S.A.S.

20 21 22 23 24 R|CK 06 05 04 03 02

*"Como no hay oscurecimiento de la mente,
no hay temor".*
—El corazón Sutra

*"No cesaremos de toda exploración y
el final de toda exploración será arribar a
donde comenzamos y explorar el lugar como
si fuera la primera vez".*
—T. S. Eliot

Contenido

Prefacio 13

Introducción 17

Capítulo 1

Cultivando una actitud de crecimiento
27

Capítulo 2

Identificando nuestro principal llamado en la vida
49

Capítulo 3

Creciendo a través de los desafíos—
Transformando cocodrilos en búhos
79

Capítulo 4

Aprendiendo de nuestras siete categorías de miedos familiares
Haciendo amistad con siete cocodrilos
109

Capítulo 5

Equilibrando nuestro ser
153

Capítulo 6

Investigando la verdad sobre nuestras raíces de cocodrilo

177

Capítulo 7

Búhos en conversación

203

Capítulo 8

Cultivando a otros —Entrenando uno a uno

231

Capítulo 9

Transformándonos en los búhos que somos—
Uno entrenando a muchos

267

Epílogo 305

Agradecimientos 311

Apéndice 315

Bibliografía 329

Sobre el autor 333

Prefacio

"Porque Dios no nos ha dado espíritu de cobardía, sino de poder, de amor y de dominio propio". —2 Timoteo 1: 7 (Versión Reina Valera 1960).

La literatura enfocada en el tema del liderazgo está repleta de perfiles sistemáticos de éxito y de fórmulas para comprender los mercados, formar equipos, apalancar activos e impulsar el crecimiento. A través de esta continuidad, hay un enfoque en las características de liderazgo necesarias y en las condiciones ambientales dentro de las cuales aplicarlas. En esta destacada adición al discurso del liderazgo, Hylke Faber nos reenfoca en cuanto a la causa primordial no solo de los desafíos del liderazgo, sino también de la condición humana más profunda: el miedo y sus efectos debilitantes. *Domando tus cocodrilos* se extiende más allá de ser un tratado sobre el papel que juega el miedo en la limitación del liderazgo y describe de manera metódica cómo seguir un camino que nos conduzca hacia la autenticidad, junto con todos los requisitos y beneficios para los líderes y sus organizaciones.

Conocí a Hylke cuando comencé a trabajar con mi equipo de liderazgo en Microsoft. Siendo nuevo en la organización, deduje a gran velocidad que el equipo no se sentía empoderado, ni enfocaba su energía al interior de la empresa y que operaba de manera no tan óptima por temor a cometer errores o a ser ridiculizado. Así las cosas, iniciamos juntos un "estudio sobre el miedo" aprovechando una herramienta de evaluación de *Circumplex* para determinar el nivel de actividad dinámica, pasiva y constructiva tanto en mis organizaciones corporativas como de campo. Como resultado, logramos establecer la base de aquellas características culturales significativamente pasivo-agresivas que empequeñecían los comportamientos constructivos a nivel empresarial. Y lo que es más importante, cambiamos la narrativa al identificar el "miedo" como el desafío crucial de nuestro liderazgo en un entorno corporativo poco productivo. Después de determinar cuáles eran nuestros cocodrilos, establecimos un camino para domesticarlos, creando entre todos una hoja de ruta que nos mostrara cómo ser "intrépidos" y enfocar la energía que malgastábamos en nuestras preocupaciones empresariales internas en librar magníficos combates externos frente a nuestros competidores. Con el apoyo de Hylke, delineamos el camino hacia la autenticidad y el crecimiento personal necesario para remodelar la cultura de nuestro equipo y así liderar el camino para otros equipos dentro de Microsoft.

Herbert McCabe, citado en *Why Go to Church*, afirmó que "la raíz de todo pecado es el miedo: el profundo miedo de que no somos nada; la compulsión de hacer algo útil de nosotros mismos; de construir una imagen autohalagadora a la cual admirar; de creer en nosotros mismos, en nuestro ser fantasioso". Las posiciones que mantenemos, así como la capacidad para influir en nuestra existencia diaria, nos llevan a refinar nuestra imagen externa. Siendo sinceros, a menudo lideramos desde ese lugar y somos incapaces de distinguir la diferencia entre "lo que hacemos" y "quiénes somos". *Domando tus cocodrilos* nos proporciona un camino enfocado en nuestro verdadero ser y en el concepto que tenemos sobre liderazgo: solo desde nuestro ser auténtico y transparente podemos transformar el mundo que nos rodea. Con porciones iguales de inspiración (por qué enfrentamos nuestros miedos), dirección (en qué debemos centrarnos) e instrucción (cómo establecemos un entorno auténtico para nosotros y nuestros equipos), *Domando tus cocodrilos* nos brinda la rara oportunidad de *vernos* a nosotros mismos y de *liberarnos* a nosotros mismos como líderes en un contexto seguro. Solo desde esta base podremos adoptar y desplegar por completo la multitud de herramientas y metodologías de liderazgo disponibles en esta y otras publicaciones.

Fierce, Fearless & Forgiving es la narración personal que Hylke me ayudó a desarrollar con el conocimiento de cómo domar mis cocodrilos y liderar a una organización mundial icónica y compleja durante su etapa más transformadora. Te invito a leer, registrar y revisar todos los aspectos de este importante libro a medida que buscas operar con autenticidad y liderar equipos valientes.

Toni Townes-Whitley
Vicepresidente Corporativo
de la industria mundial de Microsoft Corporation
Enero 2018

Introducción

"La vida de cada hombre representa un camino hacia sí mismo".
—Hermann Hesse

¿Liderazgo auténtico o prestado?

¿Quién soy, en verdad? Esta puede ser la pregunta más importante que hagamos. Piensa en esto: ¿a quién miras primero cuando ves una foto en la que aparecen algunos de tus familiares y amigos junto contigo? Sí, admítelo, te miras a ti mismo. Estamos diseñados para mirarnos a nosotros mismos. Queremos conocernos a nosotros mismos.

Cuanto más nos conocemos, más entendemos qué es aquello que nos hace grandes y cuáles son esos bloqueos mentales que hemos ido instalando a lo largo de nuestro camino. Y entre más nos conocemos, más adaptables y valientes nos volvemos a medida que aprendemos a confiar en nosotros mismos sin importar lo que pase a nuestro alrededor. Nuestro verdadero yo no está atado a las circunstancias. "Conócete a ti mismo" es una frase que estaba inscrita sobre la puerta del oráculo en Delfos y se convirtió en el lema que les ayudó a miles de personas en la antigua Grecia a enfrentar sus mayores desafíos.

¿Qué sucede cuando ignoramos la pregunta: quién soy yo? De forma inconsciente, podemos dirigir nuestra vida a partir de un conjunto de ideas prestadas sobre quiénes somos, como por ejemplo: "Debería actuar a la fija, ser amado, productivo, especial y tener el control de mi vida". Es posible que hayamos recogido estas creencias de nuestra familia, de amigos y colegas, de nuestra cultura o de otras fuentes de condicionamiento. Y por un tiempo, todas esas ideas prestadas nos ayudan a llevar una vida plena... hasta que no nos funcionan más, pues la fijación en cualquier idea tiende a convertirse en una limitación. El apego a la seguridad es generador de temor; un enfoque en ser querido conlleva a traicionar nuestros propios ideales; la necesidad de sobresalir terminará por ejercer una presión excesiva sobre nosotros y sobre los demás; la obsesión por ejercer control conduce al aislamiento y la rigidez; y la necesidad de ser especial tiende a causar arrogancia, así como a la tendencia a hacer juicios de nosotros mismos y de los demás. La pregunta es: ¿en verdad queremos guiarnos a nosotros mismos y a quienes nos interesan basándonos en un conjunto de ideas prestadas? O por el contrario: ¿deseamos vivir y liderar desde una posición que refleje quiénes somos realmente y sin importar lo que otros nos hayan enseñado?

Vivir basados en ideas prestadas parece ser un hecho inevitable. Al comienzo de nuestra vida, aprendemos un conjunto de valores perteneciente a nuestros cuidadores primarios; luego, vamos a la escuela y aprendemos sobre cómo encajar en el mundo externo; después, obtenemos un trabajo en el cual estamos influenciados por la cultura de nuestra organización. Y al mismo tiempo, la publicidad siempre está enseñándonos cómo llevar nuestra vida a cada paso del camino. Si no somos conscientes de esto, terminaremos por pasarnos viviendo siempre de acuerdo con las ideas que en realidad son de los demás. Esa es una mala noticia.

LIDERAZGO DE CRECIMIENTO —TRANSFORMANDO LOS COCODRILOS EN BÚHOS

Sin embargo, también hay muchas buenas noticias. En lugar de vivir de valores prestados, tenemos la opción de abordar tanto la vida como el liderazgo desde un punto de vista diferente, como una gran aventura que nos llevará a aprender sobre quiénes somos realmente y a vivir desde esa perspectiva cada vez más auténtica. A esto lo llamamos ser líderes de crecimiento. Los líderes de crecimiento abordan cada momento como una oportunidad para el autodescubrimiento, la contribución y la excelencia. La palabra "liderazgo" proviene del término inglés *"leith"*, que significa "morir". Cuando nos comprometemos con el liderazgo de crecimiento, estamos dispuestos a dejar morir —a dejar ir— aquellas partes que no corresponden a nosotros y que hacen parte de ese nosotros prestado que somos para disponernos a crecer más y convertirnos en quienes en verdad somos todos los días y así servir desde ese lugar lo mejor que podamos.

¿Por qué nos aferramos a nuestro ser prestado, como por ejemplo, a ser perfectos, amados, los mejores, en control de todo y especiales, incluso cuando todos esos conceptos nos limitan? Exploraremos esta pregunta a profundidad, pero en resumen, todas estas dinámicas internas que son tan limitantes están basadas en el miedo. Parte de nuestro Sistema nervioso, el factor primitivo reptiliano, es un gran productor de miedo y nos genera estos pensamientos y comportamientos inhibidores que llamaremos nuestros "cocodrilos". Desde esta perspectiva, crecer en nuestro ser auténtico es desaprender el miedo —domesticar nuestros cocodrilos internos y ponerlos bajo el dominio de las partes más sabias de nosotros mismos a las cuales llamaremos nuestros "búhos".

A medida que avanzamos en este viaje de crecimiento durante el cual la meta es domar a nuestros cocodrilos y desarrollar nuestros búhos nos conectamos con una fuente infinita de satisfacción, innovación y conexión. Cuando Gallup encuestó a miles de gerentes con respecto a cómo retener a sus empleados más talentosos, descubrió que la mitad de los factores que interviene en este logro está relacionada con proporcionar una cultura que fomente el aprendizaje y el desarrollo. Nos encanta aprender y, cuando nos convertimos en nuestro principal campo de estudio, nos garantizamos una serie de descubrimientos que dura toda la vida. El autodescubrimiento motiva y no es un destino. Es un viaje sin fin. Nunca terminaremos de descubrir quiénes somos realmente y cómo servir desde esa posición.

PRESENTANDO LA PREGUNTA "¿CÓMO ESTOY CRECIENDO?"

Practicamos el liderazgo de crecimiento manteniendo la curiosidad sobre esta pregunta: *¿quién está impulsando mis comportamientos en este momento, mi pensamiento prestado, basado en el miedo o mi ser auténtico y sabio?* O en otras palabras, *¿quién está hablando ahora, el búho o el coco-*

drilo? Para abordar esta investigación como un viaje, es muy útil agregar otra pregunta: *¿cómo estoy creciendo?* Esta pregunta tiende a invocar una sensación constante de exploración y fascinación.

"¿Cómo estamos creciendo?" es una pregunta diferente a una que solemos hacer: "¿Cómo estás?". Tendemos a responderla: "Bien", "Ocupado", "Muy bien" o tal vez de ninguna manera. Sin embargo, "¿Cómo estás?" es una pregunta que ha ido perdiendo significado para la mayoría de nosotros.

Observa lo que sucede cuando preguntas "¿Cómo estoy creciendo?". ¿Cómo estoy creciendo cediendo menos a mis temerosos impulsos de cocodrilo? ¿Cómo estoy creciendo al actuar más desde mi sabio búho incluso si aún no me resulta cómodo hacerlo? ¿Cómo estoy creciendo en sabiduría cuando miro un desafío con ojos de búho en lugar de ceder ante mis reacciones basadas en el miedo? ¿Cómo estoy creciendo cuando pienso en que deseo convertirme en una persona cada vez menos impedida por pensamientos de cocodrilo? Es posible que al principio no conozcas las respuestas. Y aunque estas preguntas te hagan sentir como un paciente o como un dinámico detective, es muy probable que descubras cierto aprendizaje en ellas. Cuando te permitas pasar un tiempo haciendo estas nuevas preguntas, no dudes en aprovechar algunas fuentes inesperadas de fascinación e inspiración.

BENEFICIOS DEL LIDERAZGO DE CRECIMIENTO

Una y otra vez, he sentido gran alegría al hacerme la pregunta "¿Cómo estoy creciendo?", puesto que me ha permitido seguir descubriendo más de lo que es la realidad sobre mi mundo y sobre mí sin tener que juzgarme, ni arrepentirme. Al preguntarme "¿Cómo estoy creciendo?", he comenzado a ver la vida como un proceso de crecimiento en el cual hay un inmenso perdón por mis errores. Ya no me preocupo por mi destino; saber que he logrado cierto crecimiento a lo largo del viaje me ha ayudado a disminuir los juicios que hacía sobre mí mismo. Si doy un paso en falso o hago algo por lo que antes me habría castigado, no me detengo en eso. Más bien, aprendo la lección y sigo adelante. No me aferro a nada. Otra forma de ver el perdón es comprendiendo que perdonar es negarse a aferrarse al dolor del pasado. Cuando no me estoy aferrando a errores pasados, estoy disponible en el momento presente y me dispongo a hacer uso de todas mis facultades en ese mismo instante.

"¿Cómo estás creciendo?". Hemos descubierto que esta pregunta siempre proporciona orientación y fortaleza. Y cuando les pedimos a los líderes y equipos que analicen la pregunta "¿Cómo estás creciendo?", algo cambia. Su energía aumenta y surge un nuevo conjunto de ideas sobre cómo abordar los desafíos del día. El simple hecho de preguntarles "¿Cómo estás creciendo?" frente a un desafío, desata en las personas ideas que antes no eran visibles para ellas. Hacer comentarios difíciles se convierte en la práctica de compartir una perspectiva humilde, honesta y cuidadosa, con total desprendimiento de los resultados; trabajar para alcanzar un objetivo extenso se convierte en una práctica en equipo consistente en dar lo mejor de nosotros, crecer más de cerca y cuestionar las creencias limitantes que hicieron que antes el objetivo pareciera imposible de alcanzar y el manejo del estrés se convierte en un ejercicio de aprender a decir un "no" firme a lo que ya no nos sirve y un "sí" sincero a lo que sí nos funciona. El liderazgo de crecimiento abre nuestros ojos a recursos hasta ahora ocultos dentro de nosotros mismos y de los demás. A medida que nos damos cuenta de quiénes somos realmente, descubrimos más de nuestra riqueza interior.

¿Alguna vez has estado en una reunión en la que la gente hablaba, pero no hubo una conversación real? Quizás, estaban diciendo lo que se esperaba que ellos dijeran y no lo que fuera verdad. ¿Quién estaba hablando? ¿Sus sabios búhos o sus cocodrilos a la defensiva? Lo más probable es que fue un intercambio de cocodrilos. Cuando nos comprometemos a conocernos a nosotros mismos, aprendemos a conectarnos con otros desde ese lugar más auténtico: nuestro búho. Ponemos más de nuestro verdadero yo en la conversación. No "lo decimos por teléfono", sino que estamos completamente presentes en la conversación. Y cuando estamos más presentes, nuestra actitud alienta a otros a hacer lo mismo. Por lo general, en los talleres que dirijo les pedimos a los líderes del grupo que compartan de manera vulnerable cuáles eran al comienzo sus verdaderas aspiraciones y temores con respecto a la reunión. Imagínate estar en una reunión donde tus gerentes se atrevan a compartir abiertamente sus verdaderas aspiraciones y temores. ¿No te inspiraría eso a ser también más transparente? En un ambiente de apertura, donde las personas han dejado caer sus máscaras de cocodrilo prestadas, las conversaciones son mucho más fluidas. En lugar de preocuparnos por vernos bien, nos enfocamos en la verdad sobre los temas en cuestión. Los elefantes en la sala ya no crean tensión, puesto que ahora los temas se discuten y exploran en conjunto y se convierten en oportunidades de aprendizaje y unión. Una mentalidad compartida de curiosidad interna sobre quiénes somos realmente, más allá de ser las versiones prestadas de nosotros mismos, nos conecta entre nosotros y con las cosas reales de las que necesitamos hablar. El liderazgo de crecimiento nos ayuda a relacionarnos con mayor plenitud tanto con nosotros mismos como entre los presentes.

ELIGIENDO UN VERDADERO CRECIMIENTO EN ARAS DE OBTENER ALGÚN RESULTADO

Existen, por lo menos, dos formas en las que podemos abordar nuestro viaje de crecimiento: creciendo para llegar a algún destino que tengamos en mente centrándonos solo en el resultado o eligiendo el crecimiento en sí mismo y estando completamente abiertos a ir hacia donde este nos lleve. Cuando elegimos el crecimiento con un destino predeterminado en mente, limitamos nuestra expansión definiendo los resultados en función de lo que sabemos: nuestras ideas prestadas. En cambio, cuando elegimos el crecimiento sin agenda como una brújula que guíe nuestra vida, es casi seguro que, mediante esa decisión, generaremos fascinación, inspiración, creatividad y poder sin fin.

Cada vez que me miro a mí y a los demás, compruebo que, en lugar de elegir el crecimiento separado de los resultados, muchos de nosotros hemos aprendido a vivir bajo una mentalidad de crecimiento enfocada en obtener algo. Seguimos diciéndonos que queremos llegar "allí", a algún destino: a obtener bien sea resultados, aprobación, respuestas o la certeza de llegar a nuestro destino. En otras palabras, todo pareciera indicar que hemos creado un mundo que nos impulsa a querer obtener siempre más e incluso a expensas de dejar de ahondar con más profundidad hasta llegar a convertirnos en quienes en verdad somos. Cuando me detengo en un semáforo en rojo, veo gente a mi alrededor que va en su auto y está revisando su teléfono celular y siento un impulso que me invita a hacer lo mismo. Me pregunto: ¿qué tanta satisfacción estamos encontrando en los correos electrónicos, en los mensajes de texto y en las aplicaciones? ¿Nos estamos centrando tanto en obtener lo que creemos que queremos —un mensaje de texto de un amigo, un correo electrónico de nuestro jefe, un puntaje de un juego, un "me gusta" en Facebook o un seguidor en Instagram— que olvidamos que lo que en realidad nos debe importar es ir en busca de satisfacción duradera?

El hecho de dejarnos absorber por el objetivo de conseguir algo suele conducirnos, por ejemplo, a sentir cierto desinterés por el buen estado de nuestro ecosistema, lo cual resulta en desastres ecológicos; también puede conducirnos hacia una brecha económica cada vez más profunda —"cada vez recibo más y tú recibes menos"— y a una tensión social cada vez mayor a medida que diferentes grupos se señalan entre sí, tratando de obtener validación de sus respectivas cosmovisiones prestadas y de sus diversas formas de vida. Lo que este tipo de resultados indica es que quizá nuestra "mentalidad de obtener", una de las ideas que hemos tomado prestadas del pasado de manera colectiva, sobrevivió a su verdadera utilidad.

Muchos de nosotros como que sentimos que estamos al final de una era. Tenemos preocupación por la vida que nuestros hijos y nietos tendrán en este mundo que dejamos atrás, lleno de agitación política, social, económica y ambiental. La depresión, la ansiedad y otras afecciones sicológicas están en su punto más alto. Las empresas están gastando cantidades exponenciales de dinero para brindarles tratamiento sicológico y apoyo a sus empleados. Según Gallup, el nivel de compromiso de los empleados en los Estados Unidos ronda alrededor del 30%. ¿Deseamos continuar en esta dirección? ¿O lograremos dejar atrás nuestros cocodrilos y construir un entorno que fomente verdadero crecimiento y aprendizaje?

UNA GUÍA DE CRECIMIENTO

Escribí este libro para que nos sirva de guía en nuestro viaje de crecimiento hacia quienes realmente somos, yendo más allá de nuestras ideas prestadas con respecto a nosotros mismos y al mundo; para que nos ayude a expresar nuestra verdadera esencia al mismo tiempo que inspiramos a otros a hacer lo mismo. Esta lectura es un reflejo de los aprendizajes que tanto otros como yo hemos experimentado a lo largo de nuestra búsqueda por descubrir nuestro ser esencial *y* por llegar a ser líderes en el mundo que amamos y cuidamos a quienes nos rodean. A esto lo llamamos ser líderes de crecimiento. Como líderes de crecimiento, vemos cada momento, cada interacción y cada cambio como una oportunidad —una posibilidad para ser 100% quienes somos ahora y hacernos presentes desde esa nueva perspectiva; para convertirnos cada vez más en quienes en verdad somos y para ayudarles desinteresadamente desde ese lugar auténtico a otros al tiempo que damos lo mejor de nosotros mismos.

Hemos estructurado este libro a propósito. Está organizado con base en viajes de liderazgo que hemos guiado durante décadas bien sea con líderes de organizaciones, equipos y familias —grandes y pequeños.

Emprendemos el viaje sumergiéndonos más en cómo crecemos y evitamos crecer; luego, nos preparamos para nuestro primer gran paso: elegir un propósito, un llamado en el que deseemos crecer y servir. Una vez lo hayamos definido (a menudo, evoluciona con el tiempo), pasaremos a estudiar el núcleo del asunto con mayor profundidad: nosotros mismos. ¿Cómo usar todo lo que hay en nuestro mundo interno y externo como fertilizante para desarrollar nuestro potencial al máximo? ¿Y cómo y dónde deseamos contribuir? Seguiremos observando qué es posible aprender de nuestros miedos —nuestros cocodrilos— y cómo domarlos, cómo equilibrar los estilos de liderazgo orientados hacia el cerebro derecho e izquierdo y cómo investigar y descubrir cuáles son nuestras creencias limitantes más rígidas para así desbloquearlas y llegar a una verdad más profunda en tanto que aprendemos de las historias contadas por grandes líderes que ya han recorrido este camino o lo están recorriendo en la actualidad. En el proceso, estudiaremos cómo cultivar una fascinación inquebrantable por nuestros aprendizajes, hecho que nos ayudará a superar el viejo condicionamiento de los cocodrilos que nos dice que abandonemos este viaje hacia nuestro ser auténtico por completo. Nuestros cocodrilos son formidables defensores del *statu quo*. ¡Quizá, ya te estén diciendo que dejes de leer en este instante, ya que este viaje hacia ti mismo no los llevará a ellos a ninguna parte!

Después de esta autoexploración más profunda, veremos cómo hacer para ayudarles a otros a crecer. Examinaremos cómo lograr emplear cada conversación y cada interacción como una oportunidad para el desarrollo interno mediante la cual ambas partes salgan sintiéndose mucho mejor, más maduras. Y al final, aprenderemos cómo entrenar e inspirar a otros —uno a uno y a muchos— para que entre todos sepamos guiar a quienes nos rodean a adoptar una mentalidad de liderazgo de crecimiento, transformando juntos y día tras día a nuestros cocodrilos en búhos.

¿Cómo usar este libro? Tú decides. Puedes leerlo haciendo el viaje en el orden en que está presentado o comenzar tu viaje en cualquier capítulo en el que te sientas atraído en particular. Cada capítulo te brinda sus propias herramientas independientes para el crecimiento y al final de él encontrarás preguntas de trabajo de campo que te ayudarán a practicar dichas herramientas. Esta lectura no es una "tarea", así que implementa lo que veas que te sirva y olvídate del resto.

Este es también un manual complementario. Lo uso en mi trabajo de liderazgo con clientes, incluso en los cursos de "Líder como entrenador" que dicto en Columbia Business School Executive Education. Si lo prefieres, realiza el viaje descrito a lo largo de estas páginas por ti mismo o junto con otros, lo que tenga más sentido para ti. Sin embargo, hacer parte del trabajo de campo junto con alguien de tu entera confianza es una excelente manera de profundizar tu aprendizaje.

Muchos de nosotros, incluido yo, hemos emprendido este y otros viajes de crecimiento varias veces, ya que siempre nos proporcionan nuevas ideas. Podrías leer este libro una vez; luego, regresar y hacer las prácticas de trabajo de campo; también puedes seleccionar un capítulo en particular, uno que creas que te ayudará a crecer en una determinada situación que estés enfrentando; otra forma de sacarle provecho es tomando un párrafo o una frase y escribir sobre esto en tu diario… tú decides cómo usar este material en aras de tu crecimiento.

BIENVENIDO

Al leer todas y cada una de estas páginas, quizá pensarás: *"¡Pero me gusta mi vida tal como es!"*. Aun así, tómate un momento para escuchar qué dice lo más profundo de tu ser. ¿Qué te dice tu corazón? El corazón es la brújula que ha guiado a muchos de los grandes líderes antes que nosotros, si no a todos. Pregúntate: "¿Qué pasaría si muriera en un año? ¿Cómo querría vivir? ¿Qué me gustaría descubrir? ¿Cómo me relacionaría con los demás? ¿Cómo mejoraría los sistemas de los que formo parte (mi familia, mis organizaciones, mi negocio)? Y en una escala del 1 al 10, ¿cuánto me gustaría conocerme a mí mismo? ¿Conocerme realmente, sin miedo?

Observa cómo te parece esto: ¿qué pasaría si cada momento se convirtiera en una oportunidad para ser más tú mismo, aprendiendo quién eres en realidad y dando lo mejor de ti desde un lugar cada vez más auténtico? ¿Qué pasaría si lograras dejar de reaccionar ante tus miedos o de basarte en valores prestados? ¿Si consiguieras liberarte de los cocodrilos que han estado limitándote?

El próximo capítulo de la vida siempre comienza en este momento. Esta lectura te desafiará a profundizar en tu propia vida y en tu liderazgo. Sigue preguntándote: "¿Cómo estoy creciendo?" y avanza hacia lo que sea que te dicte tu interior.

Me siento agradecido por la oportunidad de ofrecer estos escritos para compartir con los lectores un camino que nos guíe en nuestro crecimiento. Es mi profunda intención que las páginas siguientes toquen tu corazón y te guíen tanto a ti como a quienes te rodean hacia una libertad cada vez mayor, a sentir amor propio y por nuestro mundo. Deja ir lo que crees saber sobre ti y ábrete a darle paso y a experimentar ese nuevo ser que habita en tu interior.

¡Disfruta esta lectura y el camino que tienes por delante!

Capítulo 1

CULTIVANDO UNA ACTITUD DE CRECIMIENTO

"La mente humana siempre progresa, pero es un progreso en espirales". —Madame de Stael

ETAPAS DE CRECIMIENTO

A lo largo de nuestra vida, cada uno de nosotros ha pasado por múltiples ciclos de crecimiento. Pasamos de bebés a niños, adolescentes, adultos jóvenes, etc. Cada una de estas etapas trae consigo experiencias de aprendizaje profundas —llamémoslas despertares— que tienen el potencial de acercarnos a nuestro verdadero ser. Desde que tengo memoria, me han fascinado estos despertares y, a medida que los he atravesado, he notado que este tipo de aprendizaje es el que forma a los grandes líderes. Cuando aprendemos, nos hacemos más grandes por dentro y más capaces por fuera. El aprendizaje, en particular, el autodescubrimiento, es esencial para convertirse en un líder efectivo y construir una vida plena.

¿Cómo cultivamos esta cualidad vivificante que compartimos los seres humanos que es nuestra capacidad de aprender? Una forma de hacerlo es tomando conciencia de cómo aprendemos y cómo no. En mi propia vida, ha habido ocasiones en que el crecimiento ha llegado a mí, pero solo después de un largo período en el que fallé en aprender las lecciones que me ofrecían. Muchas veces, respondemos de inmediato a los comentarios que recibimos de amigos o colegas o, simplemente, aprendemos después de concluir que, durante demasiado tiempo, nos quedamos con ciertas ideas anticuadas que solo nos trajeron problemas. Con frecuencia, el crecimiento proviene de dejar de lado las creencias equivocadas que heredamos y a las que estamos apegados; estas son los cocodrilos que han dominado nuestro cerebro reptiliano durante eternidades.

A continuación, te presentaré una parte de mi historia de crecimiento. A medida que la lees, observa de qué maneras vendría siendo similar a la tuya. Observa también los patrones de aprendizaje comunes en los que yo estaba cayendo.

Nací y crecí en una granja en el norte de los Países Bajos. Recuerdo que siempre me interesó la belleza de la región: los campos, los campanarios de las iglesias en el horizonte y el aspecto siempre cambiante de las nubes, la hierba, los animales y la luz. Los que no me interesaban ni en lo más mínimo eran los tractores, ni el cuidado de las vacas, ni la agricultura —los cuales sí les interesaban a muchos de mis amigos y familiares—. Al principio, mi mantra se convirtió en: *sácame de aquí lo antes posible*. Anhelaba conocer un horizonte más amplio.

Impulsado por este anhelo, terminé en la Ciudad de Nueva York cuando tenía poco más de 20 años de edad. Todavía recuerdo haber llegado allí por primera vez en un autobús Greyhound y mirar por la ventana, justo antes de entrar al Lincoln Tunnel. Me quedé sin aliento ante la belleza de aquellos altos edificios que se erguían en marcado contraste con el cielo azul oscuro de septiembre. En ese momento, me enamoré de Manhattan y decidí que llegaría a la cima de uno de estos edificios lo antes posible, no como turista, sino como CEO, socio, gerente o propietario —decidí apuntar bien alto.

Siendo ese mi objetivo, recorrí parte del camino hasta allí y, con el paso del tiempo, fui elegido como uno de los socios más jóvenes en la empresa de consultoría en la que trabajaba, obtuve una oficina en la esquina de Lexington Avenue y pensé que había logrado mi sueño, pero resultó que lograrlo no era un proceso tan rápido como yo pensaba. La vida me tenía guardadas algunas lecciones.

Recuerdo haber estado en una fiesta navideña justo después de aquella premiación. Allí, uno de mis colegas se me acercó y me dijo: "Hylke, pareces muy bueno en lo que estás haciendo, pero lo que haces ¿te gusta realmente?". En ese momento, pensé que la pregunta era bastante tonta. Cuando era niño, no me encantó trabajar en la granja; sentía que eso era algo que tenía que hacer. Para mí, el trabajo y la alegría no estaban conectados.

Luego, sucedió algo más. Lideraba un equipo de consultoría enorme. El gerente del proyecto me reportaba el estado del proceso y él y yo trabajábamos bastante unidos; al menos, eso era lo que yo pensaba. Sin embargo, casi una hora antes de presentarle nuestras recomendaciones finales a uno de nuestros clientes, la junta directiva de una compañía farmacéutica alemana, mi colega se me acercó y me dijo: "Hylke, tenemos que hablar. Te tengo malas noticias". La peor de las circunstancias pasó por mi cabeza. ¿Sería que después de cinco meses de análisis profundo nos salieron mal nuestros cálculos? Le pregunté cuál era el problema. Mi colega respondió: "Hylke, eres el peor gerente para el que he trabajado. ¡Es doloroso trabajar contigo y nunca más volveremos a trabajar juntos!".

Por extraño que parezca, me sentí aliviado. *¡Ufff! No tiene nada que ver con lo que en realidad importa: los cálculos presentados a nuestro cliente,* pensé. Como había asistido a entrenamientos de retroalimentación, le contesté: "Lamento escuchar eso. ¿Por qué no programas una cita con mi asistente para que nos sentemos a hablar al respecto cuando volvamos a Nueva York?". No hace falta decir que escuché sus comentarios y que, como resultado, no cambié nada en mí. No pensé que ser el peor gerente fuera problema, ya que durante mi juventud conocí en mi tierra a varios agricultores muy exitosos que alcanzaron sus metas, o eso pensé, siendo temidos por sus granjeros. Los empleados rotaban por sus granjas con frecuencia y yo creía que lo más probable era que, para hacer bien su trabajo, lo que ellos necesitaban era ser amedrentados o criticados. Pensé que esa era la forma de administrar una empresa exitosa.

Unos meses más tarde, llegó el momento de las revisiones anuales de desempeño y me encantaban. Hasta ese momento, había obtenido altas calificaciones a lo largo de mi vida; primero, en la escuela; ahora, en el trabajo. Allí, ganaba grandes bonificaciones, ascensos rápidos y tenía la posibilidad de desarrollar muy buenos proyectos. Sin embargo, esta vez, mi jefe me dijo: "Te tengo tres noticias. Una buena y dos malas". Pensé que él estaba bromeando conmigo. Una vez más, había cumplido mis metas más allá de lo presupuestado para ese año y sentía que estaba listo para otro ascenso.

"Lo primero que tengo que comunicarte es que te despediré en seis meses, a menos que cambies 100% tu comportamiento". A mi parecer, ese era un comentario extraño. ¿Quería que vendiera aún más? Pensé que mis cifras de venta eran bastante buenas. Él continuó: "Lo más difícil de expresarte es que nadie en esta empresa está dispuesto a trabajar más contigo. Todos están tratando de no hacerlo". ¡Eso dolió! "Por último", concluyó, "quiero que te tomes una semana libre. Completamente, libre. No revises tus correos de voz, ninguno de ellos en absoluto, y piensa muy bien en esto que te he dicho". Se suponía que esa era la buena noticia. Aunque no amaba mi trabajo, de él derivaba una sensación de seguridad e identidad, así que estar libre y desconectado no me pareció una gran oferta.

Durante esa semana fuera de la oficina, hablé con mis amigos sobre lo que había sucedido. Algunos me dijeron que mi jefe estaba loco, dado todo el trabajo duro y los excelentes resultados que yo estaba generando. Uno o dos más me dieron una voz de alerta y me propusieron que investigara cuáles eran a ciencia cierta los comentarios sobre mí y que, por lo menos, consiguiera un entrenador que me ayudara a trabajar en mis falencias para así mantener mi trabajo. Me pareció que aquella era una sabia idea y eso hice. Conseguí un entrenador y trabajamos juntos durante un año y no pasó mayor cosa. Sí, aprendí algunas técnicas valiosas, pero en el fondo, nada en mí cambió. Seguí creyendo que yo era mejor que la mayoría de las personas del lugar y que solo unas pocas eran mejores que yo. Esto significaba que tenía que ser amable con el grupo que yo consideraba mejor que yo y tolerante con los demás —pasando por las conductas necesarias para hacer que los procesos de comunicación que aprendí a lo largo de ese año en coaching fueran claros y amables.

De repente, me golpeé contra una pared. Estaba desarrollando un asma severa y mi insomnio se estaba intensificando. A veces, no dormía durante siete días seguidos. En una de estas semanas de insomnio, estaba de vacaciones con unos amigos en Ameland, una isla frente a la costa norte de Holanda. Compartíamos habitaciones y, mientras ellos roncaban a pierna suelta toda la noche, yo estaba allí, acostado y despierto a las 2:00 a.m., a las 3:00 a.m., a las 4:00 a.m., despierto por completo, con el cuerpo adolorido al no haber podido dormir. Entonces, caí en cuenta: algo grande tenía que cambiar. No podía seguir así. ¿Qué le había pasado al chico dulce que amaba los campos y la música y que tenía muchos buenos amigos en su tierra natal? Todo lo que veía ahora era a un robot que logró, logró y logró y nada más. Ya ni siquiera los logros ocurrían tan a menudo como antes, pues tanto mi cuerpo como mis relaciones sociales se estaban desmoronando.

¿Te suena familiar algo de esto? Quizá, tu propio viaje de crecimiento tomará una forma muy diferente, pero es probable que incluya un patrón de estancamiento o lucha similar al que te estoy contando. El crecimiento no es un proceso lineal. La vida es desordenada y hay épocas en las que parece que retrocedemos mucho, antes de que algo cambie. En mi caso, pasé por una década o más de decadencia interior y la vida se me hacía cada vez más difícil a medida que me volvía más frágil por dentro. Sin embargo, por difícil que haya sido, eso fue lo que me costó evolucionar. A veces, nuestro camino es suave; a veces, no; es como un río.

Aunque en ciertos momentos la vida y el crecimiento nos parecen difíciles e impredecibles, también notamos algunos patrones en la forma en que aprendemos y tener conciencia de ello nos ayuda a ser más hábiles para navegar en medio de nuestros viajes de aprendizaje, ya que sabemos cómo reconocer y soltar a nuestros cocodrilos.

En 1999, me entrené para participar en mi primera maratón. Se celebró en la Ciudad de Nueva York. La primera vez que realicé una carrera de larga distancia para prepararme para el gran día, me sorprendió el dolor y la fatiga que experimenté alrededor de la milla 12. Cuando llegó el día de la maratón, sabía qué esperar y cómo moverme a través de esa inmersión en mi energía —había aprendido a confiar en mi ritmo constante, en mi gallardía y en mi perseverancia y comprendí que estas fortalezas eran mis mejores ayudantes—. Del mismo modo, podemos aprender a remontarnos sobre las olas en nuestros viajes de aprendizaje. Estas ondas siguen patrones comunes y es factible entrenarnos por medio de ellas para avanzar en medio del oleaje, equipados con una mentalidad y unos comportamientos específicos.

ETAPA 1: INCONSCIENTE-NO CALIFICADO

Echémosle un vistazo a la primera etapa de crecimiento. La llamaremos "inconsciente-no calificado". Se trata de una fase en la que no sabes lo que no sabes. En mi caso, yo tenía puntos ciegos en grandes áreas de mi vida y de mi liderazgo. Por ejemplo, no tenía ni la menor idea de que la vida (sobre todo, la vida laboral) y la alegría tuvieran algo en común. Tampoco sabía que el hecho de tener la capacidad para identificar la grandeza de los colegas, así como tratarlos con sincero respeto, es importante y hace que el trabajo sea mucho más divertido. Mucho menos, sabía quién yo era, ni que mis cocodrilos me mantenían atrapado.

La vida es nuestra mejor maestra. Escuchamos esto todo el tiempo y, aun así, ¿qué tanto la escuchamos? Ciertamente, yo no lo estaba haciendo. Me había cerrado por completo, pensando que lo tenía todo resuelto: ganar mucho dinero, cultivar algunas amistades y formar parte de la súper élite que dirige el mundo era mi credo en ese momento. Con esta mentalidad fija, no aprecié la sabiduría de mi colega cuando me preguntó si en realidad me gustaba o no lo que hacía. Tampoco escuché el grito de transformación del colega que me hizo los comentarios acerca de lo "mal gerente" que yo era. Incluso, racionalicé los comentarios de mi jefe a pesar de que me había dicho que me iba a despedir. En el pasado, él ya había despedido a otros colegas y yo sabía que me estaba hablando en serio. Y aun así, no interioricé nada de esto. ¿Por qué no?

Porque tenía un sistema de creencias muy arraigado con relación a lo que significa ser una buena persona y a lo que tenía que hacer para ser feliz. Pensé que tenía que actuar para ser feliz, incluso si eso significaba alienar a los demás y, lo más doloroso, a mí mismo. Hoy, puedo verlo. En aquel entonces, era 100% inconsciente de esta orientación hacia el rendimiento por encima de todo lo demás. Así que era incapaz de hacer nada al respecto, pues esta falencia estaba manejando mi vida sin que yo mismo lo supiera.

"Escucha los susurros, para que no tengas que escuchar los gritos" es un viejo dicho cherokee. Mis propios susurros me dijeron una y otra vez que necesitaba parar, dar un paso atrás y mirar hacia dentro, ser más introspectivo, pero no quise hacerlo. Cerré mis oídos a todas las señales que se me cruzaron por el camino, llevando una vida que, mirando hacia atrás ahora, en muchos sentidos, parece un poco absurda. El sacerdote holandés Henri Nouwen escribió: "El ruido de nuestra vida nos vuelve 'sordos', incapaces de escuchar cuando nos llaman, ni desde qué dirección". Según él, nuestra vida se vuelve "absurda" cuando perdemos contacto con la realidad tal como es o nos hacemos sordos a la canción natural de la vida. Además, afirma que la palabra *absurdo* tiene la raíz latina *surdus*, que significa "sordo". Me habría beneficiado al haber abierto antes mis oídos a los ritmos naturales a los que fui llamado a vivir. En inglés, las palabras *hearing* (que significa *audición*) y *healing* (que significa *curación*) tienen solo una letra de diferencia: podríamos llamar a esto una coincidencia o considerarlo como un indicador del poder curativo transformador de sintonizarnos con los ritmos naturales de nuestra vida. Hasta que lo hagamos, permanecemos inconscientes, no calificados, enajenados de dónde estamos atrapados y dónde debemos crecer.

ETAPA 2: CONSCIENTE-NO CALIFICADO

En algún momento de mi vida, comencé a escuchar los gritos y a tomar conciencia de dónde yo no era calificado. Paradójicamente, mi insomnio me despertó al darme cuenta que necesitaba transformarme. "¿Qué le había pasado al niño sensible que amaba los campos, los campanarios de la iglesia y la naturaleza, y que tenía muchas amistades maravillosas?", me pregunté. Me di cuenta que me había convertido en un robot impulsado por mis apegos al rendimiento, al prestigio y al poder. La persona en la que me había convertido tenía muy poco que ver con el chico que yo recordaba que había sido. Comprendí que mi vida se había vuelto ingobernable —mi salud estaba fallando, ya no podía dormir, solo me quedaban algunas amistades superficiales y mi trabajo se estaba volviendo rutinario—. Esa noche de insomnio durante mis vacaciones en Ameland fue el momento en que ingresé en la siguiente etapa de crecimiento: me convertí en un "consciente-no calificado". En otras palabras, ahora sabía que no lo sabía. Vi que había grandes partes de mi enfoque sobre la vida que debían cambiar para poder comenzar a vivir desde un lugar mucho más auténtico.

Llegué a la etapa de ser consciente-no calificado al permitirme estar más presente, más consciente de lo que en realidad estaba sucediendo a mi alrededor, abriéndome a los comentarios que recibía de la vida. Una forma en que podemos acelerar nuestro crecimiento es estando presentes en lo que estamos viviendo y dejando entrar por completo todo aquello que notamos. Cuando nos detenemos el tiempo suficiente, con la atención enfocada en lo que sucede en nuestra vida, estamos en capacidad de crear una distancia suficiente de nuestros hábitos que nos permita ver qué nos está frenando y dónde están nuestras mayores oportunidades de crecimiento. A menudo, nos resistimos a hacerlo porque ser honestos con nosotros mismos es demasiado amenazante para nuestros cocodrilos, pero esa es nuestra única vía para avanzar hacia el aprendizaje real.

ETAPA 3: CONSCIENTE-CALIFICADO

El paso de la fase inconsciente-no calificado a la fase consciente-no calificado es el comienzo del crecimiento. Esta transición es importante, ya que solo crecemos una vez que hayamos tomado consciencia de lo que aún tenemos que aprender. Nos estamos dando cuenta de que no lo sabemos todo (casi siempre, al darnos cuenta de nuestras propias deficiencias, propias de los cocodrilos), pero aún no hemos adquirido el conocimiento y las habilidades que necesitamos para superarlo. No es sino hasta que llegamos a una encrucijada y tomamos la decisión deliberada de desarrollarnos más plenamente que comenzamos a pasar de ser conscientes-no calificados a ser "conscientes-calificados". Necesitamos desarrollar la *resolución interna* para abordar por entero nuestra(s) área(s) de desconocimiento. Durante esa noche de insomnio sentí que, si quería volver a ser feliz, *tendría* que cambiar mi vida. Entonces, me decidí a encontrar una nueva forma de vivir, sin importar qué. Busqué libros, maestros y, por último, la meditación me encontró y, a través de ella, comencé a encontrar un camino de regreso a quien realmente era. Descubrí cómo dejar de lado las viejas creencias prestadas que me habían mantenido estancado, por ejemplo, como "debería ser reconocido", "ser mejor que los demás", "ser perfecto", "saberlo y poderlo todo" y "tener todas las respuestas". Dejar de lado todas estas creencias me llevó a percibirme y a comportarme de nuevas maneras y me ayudó a desarrollar las habilidades de las que antes carecía con respecto a mis relaciones interpersonales. Lo que esto significa es que nos convertimos en conscientes-calificados cuando comenzamos a adquirir nuevas capacidades, mentalidades y comportamientos y decidimos aplicarlos en nuestra vida diaria. Mi nueva habilidad de ser amable conmigo mismo, la cual he ido perfeccionando con ayuda de la meditación, me llevó a tomarme el tiempo para investigar sobre lo que en realidad quería hacer con mi vida. Esta investigación me llevó a convertirme casi en un monje y luego decidí dedicar mi carrera a ayudarles a otros a encontrar y aplicar en el campo del liderazgo la paz y la compasión que estaba encontrando en mi práctica de la meditación, convirtiéndome así en entrenador ejecutivo y facilitador de equipo.

El viaje de cada etapa de crecimiento a la siguiente es diferente para todos. Sin embargo, en general, cuando comenzamos a encontrar nuestra nueva forma de vida, este puede parecer un viaje desorientador. Quizá, sentimos que ya no sabemos quiénes somos. Si hemos vivido toda una vida basándonos en ser "el especial", nos parecerá incómodo ser "solo" uno de los muchos contribuyentes que hacen parte de un equipo. Si ser "el más simpático" ha sido nuestro personaje prestado, la primera vez que decimos "no" sin pedirle disculpas a alguien que nos importa, lo más probable es que sintamos ganas de saltar de un avión. Si estamos acostumbrados a ser "los rescatadores", permitir que alguien que está luchando por encontrar su propio camino sin que nosotros saltemos a arreglárselo nos parecerá algo así como una blasfemia. Al principio, esta forma de ser y hacer me pareció muy nueva e incómoda para mí. Todavía estaba en la etapa de consciente-calificado y tuve la tentación de volver a la forma de vida de rata que conocía tan bien. Ser consciente-calificado es como conducir un automóvil justo después de haber obtenido nuestra licencia de conducción; puede que esa todavía no sea nuestra segunda naturaleza, pero se está convirtiendo en una parte funcional de nuestra vida. Estamos comenzando a vivir y, poco a poco, nos estamos acostumbrando a nuestra nueva forma de ser y hacer. Ya no se trata solo de un susurro a lo lejos.

ETAPA 4: INCONSCIENTE-CALIFICADO

Pasamos de la habilidad consciente a la inconsciente cuando comenzamos a integrar sin esfuerzo nuestras aptitudes recién descubiertas en nuestra vida diaria: estas se convierten en nuestra segunda naturaleza. Entonces, conducimos el automóvil sin tener que pensar mucho en que lo estamos conduciendo. Nuestra consciencia recién descubierta se ha traducido en habilidades que realizamos de forma natural —como inhalar y exhalar.

Llegar a este punto requiere, por lo menos, tres cosas de parte nuestra. La primera, es la práctica repetida. La segunda, es hacer uso de nuestro arrojo, de nuestra capacidad de ser sinceros y de no rendirnos sean cuales sean los obstáculos que encontremos en el camino. La tercera, es la humildad. Las dos primeras, práctica y arrojo, son bastante intuitivas. La última, humildad, tiende a ser menos fácil de entender y, sin embargo, es un ingrediente crucial en todas las etapas de crecimiento. Exploremos a qué nos referimos cuando decimos que *debemos ser humildes para aprender.*

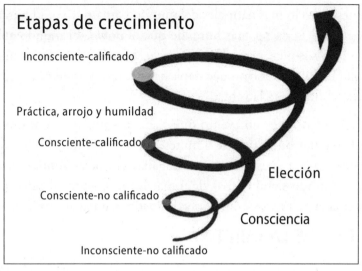

Adaptado de Abraham Maslow y Gita Bellin

CULTIVANDO EL CRECIMIENTO A TRAVÉS DE LA HUMILDAD

La palabra *humildad* tiene una raíz muy hermosa —proviene de la palabra *humus*, que significa "suelo"—. Humildad significa estar dispuesto a aceptar que no sabemos. Significa disponernos a cuestionar todo en nuestras vidas en aras de la verdad. Necesitamos estar dispuestos a decir: "He vivido mi vida basándome en creencias que no sé si son ciertas. Sin embargo, si descubro que no lo son, estoy dispuesto a cuestionarlas y a abandonarlas. Dejaré todo lo que no sea cierto con respecto a mí para hacer espacio para lo que sí es".

Para evolucionar y ver cambios reales necesitamos encontrar los medios que nos permitan analizar de manera meticulosa y continua todas esas creencias y motivaciones mediante las cuales nos guiamos y que todavía no hemos examinado. La humildad nos permite seguir creciendo hasta llegar a ser quienes somos y alejarnos de lo que no somos. En mi historia de vida, comprendí que, para lograr evolucionar y crecer, yo tenía que estar dispuesto a cuestionar mis creencias, por ejemplo, sobre ser especial, ser mejor que los demás y saberlo todo. Según Gandhi, "los instrumentos que intervienen en la búsqueda de la verdad son tanto sencillos como difíciles. Parecerán bastante complicados para los arrogantes, pero lo más naturales del mundo para un niño. El buscador de la verdad debería ser más humilde que el polvo. El mundo aplasta el polvo bajo sus pies, pero el buscador de la verdad debería humillarse tanto que incluso el polvo pueda aplastarlo. Solo entonces, y no hasta entonces, vislumbrará la verdad".

La humildad no es un evento único. Es una práctica continua. ¿Te atreves a ser tan humilde que admites que todavía no lo sabes todo? ¿Estás dispuesto a cuestionar tus arraigadas creencias sobre ti mismo y sobre el mundo siendo capaz de tomar los momentos desafiantes de cualquier área de tu vida como oportunidades para la autorreflexión?

PRÁCTICA DE LA QUIETUD

Al reflexionar sobre los despertares que he presenciado en mí y en otros, surge otro aspecto de la humildad. Se trata de la quietud. Todo indica que crecemos a pasos agigantados cuando nos permitimos quedarnos quietos. Cuando dejamos de lado nuestras actividades y las charlas del pensamiento cotidiano, nos volvemos más abiertos a vernos desde un ángulo diferente. A veces, la vida nos arroja a una quietud a la que podríamos llamar la noche del alma, cuando no tenemos otra opción que no hacer nada y reflexionar, como esa noche mía en Ameland, en que mi insomnio me despertó para que me detuviera y mirara mi vida con honestidad. En el momento que lo queramos, tenemos la opción de elegir entrar en esa quietud, pausar todo lo que estamos haciendo y permitirnos callar. Hacerlo significará tomarnos un instante para detener lo que estamos haciendo, dar un paseo o mirar al cielo. Entonces, podremos preguntarnos, sin expectativa alguna sobre la respuesta, *¿cómo estoy creciendo? ¿Qué me dicen los susurros? ¿Qué creencias que he sostenido como verdaderas no lo son? ¿Qué es verdad sobre mí ahora?* O tal vez, dejemos de lado todas las preguntas para rendirnos al momento dejando que fluya lo que tenga que fluir. La quietud hablará cuando tengamos la humildad de escucharla. Quizás, ahora mismo sea un buen momento para hacerlo. Tómate un momento para estar contigo mismo, dejándolo todo. Quédate quieto.

APRENDE A AMAR EL PROCESO— ADOPTA UNA MENTALIDAD DE FASCINACIÓN

El crecimiento no es un proceso lineal. El camino del aprendizaje es algo así como ir en una espiral: vemos las mismas cosas una y otra vez, pero desde una mayor altitud cada vez más alta. Consiste en un proceso desordenado y permanecer en él durante todas las etapas de crecimiento requiere de un compromiso continuo con el aprendizaje. Como me enseñó Patrick Connor, uno de mis maestros, nuestra fascinación inquebrantable por el aprendizaje nos motivará a seguir adelante sin importar qué, incluso cuando la vida nos arroja "bolas curvas" como la pérdida, la decepción y el rechazo. Siempre es posible confiar en nuestra fascinación. Es, simplemente, una elección que repetiremos una y otra vez. Sabemos que podemos dar un paso atrás y reflejar "¿Cómo estoy creciendo?" en el momento que queramos. Mira lo que sucede cuando te comprometes con la pregunta "¿Cómo estoy creciendo?" como una práctica habitual. Descubrirás una fuerza oculta, una especie de determinación para enfrentar lo que sea que se te presente hoy; estarás listo para aprender un poco más sobre quién eres realmente y quién no eres en tu situación actual, *sea cual sea*. A veces, enciendo mi fascinación eligiendo estar asombrado con el momento presente, preguntándome: "¿Qué estará enseñándome este momento presente?". Al adoptar la actitud de estar siempre dispuesto a evolucionar, me siento más arraigado en mi viaje de crecimiento.

CRECIMIENTO INSTANTÁNEO

Cuando nos enfrentamos más plenamente, con atención concentrada, llegamos a ver qué es y qué no es verdad sobre nosotros. A menudo, hay un desencadenante al que llamaremos un *"evento relevante"*, dado que nos proporciona el impulso que necesitamos para activar a fondo nuestra nueva conciencia. Sin embargo, antes de aceptar un evento como relevante para nuestro crecimiento, tendemos a ignorar muchos eventos, con frecuencia más sutiles, que tienen la misma enseñanza. En mi caso, yo había hecho que los comentarios de mis colegas y de mi jefe fueran *"eventos irrelevantes"* para mí. Sin embargo, en determinado momento, el insomnio se convirtió en mi evento relevante. Ahora, mirando hacia atrás, recuerdo cientos de sencillas e importantes situaciones de las que podría haber aprendido las mismas lecciones, y, aun así, las dejé pasar de largo sin prestarles atención. Pensaba que estaba demasiado ocupado, demasiado viejo, que era demasiado importante y que había invertido demasiado en mis formas de escuchar como para ahora comenzar a hacer algún cambio.

Piensa en los susurros en tu vida que te has encargado de volver irrelevantes —tal vez, porque pensaste que no era el momento adecuado para detener tu impulso o porque despediste a la persona que te lo dijo o porque temías hacer los cambios que se requería—. Es muy humano querer descartar los susurros, pero el hecho es que, para crecer, debemos encontrar el coraje de abrir los oídos y escuchar.

Con el fin de recordar el poder de los eventos relevantes que nos ayudan a crecer, también los llamamos "instantes de crecimiento". Cuando nos activamos o cuando sentimos un sutil susurro, tenemos la opción de detenernos y preguntarnos: *¿cómo estoy creciendo?* No dejamos que ningún momento sea irrelevante, pues cada uno nos brinda un potencial de crecimiento instantáneo y no queremos quitarle ni un ápice de nuestro máximo potencial a este nuevo estilo de vida producto de nuestro despertar. Ahora, escuchamos todos los comentarios que recibimos y nunca descartamos ninguna señal de que quizás estemos dirigiéndonos a un camino sin salida. Ya no ignoramos los empujones que nos sirven para proceder de una nueva manera que nos ayudará a crecer.

SUSURROS A DIESTRA Y SINIESTRA

Los susurros provienen de diferentes direcciones. Fred Kofman, otro de mis maestros, sugiere una forma de organizarlos que nos ayuda a abrirnos también a áreas de nuestra vida a las que no solemos mirar.

Kofman describe la percepción de la realidad como una silla con tres patas: "mi yo, mi mismo", "nosotros, las relaciones" y "eso, tarea". La parte "eso" de nuestra percepción de la realidad está ligada a nuestro enfoque en lo tangible —qué hacemos, qué tan bien, qué tan efectivos y eficientes somos—. La parte "nosotros" describe nuestra atención a nuestra conexión con los demás —cuánta confianza y empatía hay, cuán profundos son nuestros lazos y cuánto disfrutamos de estar juntos—. Y la dimensión "yo" se refiere a nuestra vida interior —cuán alineados estamos con nuestros valores, cómo nos sentimos y cuán satisfechos estamos.

Es una silla de tres patas, ya que nuestra perspectiva de la vida se equilibra solo cuando les prestamos atención a las tres áreas. Está fuera de balance cuando nos enfocamos en uno o dos aspectos de la realidad, excluyendo el(los) otro(s). Cuando solo nos enfocamos en las tareas, tenemos éxito por un tiempo, pero si ignoramos nuestras relaciones y nuestra vida interior, terminaremos quemando puentes con quienes nos rodean y nos convertiremos en extraños incluso para nosotros mismos. Cuando priorizamos las relaciones sobre todo lo demás, tendemos a perder el enfoque en nuestras tareas, así como el contacto con nuestras necesidades y aspiraciones auténticas. Y cuando nos enfocamos solo en nuestra vida interior, llegamos al punto de desconectarnos de los demás y de no ocuparnos de nuestras tareas, ni siquiera de las básicas.

Ahora, pregúntate: ¿a dónde va habitualmente mi atención? ¿Está enfocada en mi yo, en mí mismo? ¿En nosotros y en las relaciones? ¿O en el eso, en la tarea? ¿Cuál es el impacto de esa atención específica en las otras dos dimensiones de mi vida? ¿En qué área escucho los susurros más fuertes? ¿Cómo estoy evolucionando al hacer esta reflexión?

En mi caso, me centré tanto en el tema de mis tareas que perdí por completo el contacto con los demás y con mi verdadero yo. Esa noche, cuando me quedé despierto en Ameland, comencé a escuchar los gritos de los tres aspectos de la realidad: me sentía profundamente infeliz (mi yo), me había alejado por completo de aquellos que me importaban (el nosotros) e incluso en mi área de enfoque (el eso) estaba perdiendo, ya que me estaba volviendo cada vez menos efectivo en el exterior y más frágil por dentro.

LOS OJOS DEL AMOR VERSUS LA MIRADA DE JUICIO

Mantenernos valientes, humildes y fascinados nos hace más abiertos a ver en dónde tenemos oportunidades para crecer y aprender. Y hay otras mentalidades que podríamos adoptar para seguir en el camino del aprendizaje. Una que me gusta especialmente es mirarnos a nosotros mismos y a los demás con lo que podemos llamar "los ojos del amor". Se trata de elegir ser gentiles con nosotros mismos, en especial, cuando la vida se pone difícil, en lugar de ceder a nuestro instinto de autojuicio de cocodrilo.

Crecemos mucho con el simple hecho de ser gentiles con nosotros mismos. Observa qué tan rápido crecen los niños cuando están en una atmósfera de amor y no de juicios. Por desgracia, como adultos, la mayoría de nosotros tenemos doctorados en hacer juicios. Nuestro crítico interno es muy fuerte. Nos juzgamos y nos criticamos por no saber más y por no crecer más rápido; nos decimos que crecer es demasiado difícil, que no valemos la pena y que no tenemos tiempo para ello.

Mirarnos a nosotros mismos con ojos críticos disminuye nuestro crecimiento y hace que terminemos en un espiral descendente. Examinemos cómo funciona este patrón autolimitante.

Por temor a juzgar si lo intentamos y fallamos, preferimos mirar hacia otro lado desde nuestras oportunidades de crecimiento. Como resultado, poco a poco, nos volvemos incapaces de identificar esas oportunidades, nos ensordecemos a los susurros que surgen en nuestra vida, ya que estos nos piden que hagamos cambios y que corramos riesgos a los cuales les teme nuestro crítico interno. Esto significa que terminamos haciendo las mismas elecciones autolimitantes una y otra vez. Entonces, debido a que no podemos pasar por alto fácilmente las consecuencias de ese tipo de elecciones como las relaciones disfuncionales, la falta de satisfacción y la falta de efectividad, comenzamos a juzgarnos por estas desgracias creadas por nosotros mismos hasta terminar sintiéndonos aún peor con nosotros mismos. Y a medida que permanecemos en nuestra espiral inconsciente, autocastigadora y descendente, las capas de autojuicio se vuelven tan gruesas que, con el tiempo, terminan por paralizarnos. Nos sentimos mal con respecto a nosotros y hasta nos sentimos mal por sentirnos mal, volviéndonos cada vez más resistentes a dejar ir las viejas formas limitantes. Con cada revés, nos juzgamos más, nos sentimos peor y seguimos enredándonos en esta espiral descendente que tanto nos desanima y arrastra.

He estado atrapado en este patrón autodestructivo muchas veces, durante los 10 años anteriores a esa noche en Ameland. Saboteé mi aprendizaje al negarme a reconocer el creciente dolor en mi cuerpo y en mi mente. No quería admitir que no me estaba amando a mí mismo, ni a lo que estaba haciendo, ni que la calidad de mi trabajo estaba disminuyendo. No quería aceptar que mis colegas estaban hartos de mí.

Para lidiar con mi dolor, elegí la alternativa del autocastigo y culpar a los demás —trabajando cada vez más duro y siendo cada vez más agresivo con mis colegas—. Me estaba dopando con mi trabajo. Mi alto desempeño laboral se había convertido en un pobre sustituto de la tarea más difícil: mirar hacia adentro, reevaluar mis prioridades y cambiar de rumbo. Traté de hacer que mi inquietud desapareciera adoptando más estrategias de autoevaluación, trabajando aún más duro y, como resultado de todo esto, aislándome más, lo que me provocaba un mayor dolor, más frustración y más autojuicio. Estaba atrapado en una espiral descendente.

Afortunadamente, había una forma de salir de este patrón. Cuando desperté después de mi insomnio, tomé la decisión consciente de aprender lo que fuera necesario de mi desesperación. Mi decisión y mis acciones posteriores me ayudaron a ir transformando poco a poco mi espiral descendente de adicto al trabajo en un viaje de crecimiento —remplazando la desesperación con esperanza, el estancamiento con creatividad y la soledad con conexión.

¿Qué me ha mantenido en marcha? Mi afabilidad y mi total honestidad: he estado aprendiendo a verme con los ojos del amor y no a través de una lente de juicio.

El ejercicio de reflexionar siendo afable sobre algunas de las siguientes preguntas nos ayuda a salir del espiral de juicio negativo:

- ¿Qué me enseña esta estación de la vida?
- ¿Qué viejas formas de pensar me limitan?
- ¿Cómo me han ayudado estas formas de pensar? ¿Cómo me ayudan a mejorar mi vida estas estrategias comunes y comprensibles de la mente?

- ¿Qué no quiero ver? ¿Qué pasaría si me permitiera detenerme a ver y analizar estos pensamientos limitantes?

- ¿Quién sería yo sin estas formas de pensar? ¿Qué nuevas formas de pensar puedo adoptar para obtener más combustible, lograr mejor conexión y alcanzar mayor nivel de eficacia?

- ¿Cómo puedo responder de manera diferente a mi situación actual?

- ¿De qué estoy agradecido? ¿Cómo puedo aportar más de todo aquello que me haga sentir agradecido en mi vida?

O, en una pregunta: "¿Cómo estoy creciendo?".

A veces, quizá la respuesta sea "en nada" o "no de la manera que me gustaría". Es entonces cuando sabemos que necesitamos encontrar el coraje y la humildad necesarios para seguir buscando formas de seguir creciendo sin necesidad de autojuicios.

Después de esa noche de insomnio en Ameland, reflexionando sobre algunas de estas preguntas con honestidad y cierta gentileza hacia mí recién descubierta, descubrí que debajo de todas mis penas había un profundo anhelo de ser yo mismo, el verdadero Hylke; necesitaba comprobar que yo no era ni esos pensamientos, ni esas acciones que habían estado impulsado mi condicionamiento pasado a ser alguien especial y que, en cambio, sí era capaz de elegir otro camino que me brindara más crecimiento y autenticidad —uno en el que aquel pequeño niño que ama la naturaleza, la música y la verdad de la vida quisiera tomar el asiento del conductor.

———◆———

Tómate un momento para analizar algunas de las preguntas anteriores y trata de relacionarlas con algún desafío que te encuentres enfrentando. Mírate con ojos amables, con ojos de amor. ¿Sí notas que surge cierto espacio cuando te das un momento para reflexionar más compasivamente sobre cómo estás creciendo y dónde aún estás algo atascado? ¿Ves que sí hay en ti una fuerza interior disponible cuando dejas de juzgarte?

Cada vez que, mediante una investigación amable comenzamos a descubrir las nuevas oportunidades de crecimiento que tenemos a nuestra disposición, hallamos más motivación para seguir abordando cada desafío con los ojos del amor. Cuando vemos que la afabilidad funciona, nos sentimos aún más motivados a usarla.

CREANDO UNA CULTURA DE CRECIMIENTO JUNTOS

Es posible adoptar las prácticas del coraje, la humildad, la fascinación y la afabilidad de forma individual, pero también funcionan en colectivo, haciendo parte de diversos equipos, de empresas enteras e incluso al interior de la familia. Cuando los líderes de una organización se enfocan en generar una atmósfera de fascinación con el proceso de crecimiento, el trabajo comienza a ser emocionante sin importar lo que esté sucediendo. Como niños, comenzamos a amar la posibilidad de aprender más sobre nosotros mismos y sobre lo que somos capaces. Con este entusiasmo viene la confianza. Luego, nuestras oficinas y nuestros hogares se convierten en lugares para descubrir y compartir verdades mutuas. Como resultado, nuestras familias, nuestros equipos y nuestras organizaciones se vuelven "*sadhu*". A propósito, *sadhu* significa "eficiente". En una cultura *sadhu*, ni el más mínimo momento está al servicio de objetivos que tengan que ver con el ego y que no contribuyan a un aprendizaje real. Todo enfoque debe estar puesto en aras de que nuestro crecimiento sea cada vez mayor y preste algún servicio. Los comentarios de los clientes y compañeros de trabajo deben convertirse en una oportunidad para incrementar y aplicar cada vez más nuestra creatividad; la reducción de nuestras fuerzas no puede ser otra cosa que una oportunidad para hallar más firmeza y para pensar más afablemente acerca de sí mismos; de igual manera, el inicio de un nuevo proyecto debe ser tomado como una invitación a ser aún más claros con respecto a aquello en lo que realmente queremos contribuir en el trabajo.

Imagínate si lográramos llegar a un punto en que esa fuera la atmósfera predominante en el campo del liderazgo a nivel mundial. ¿Qué pasaría con nuestros llamados problemas? Creceríamos a través de ellos y los resolveríamos desde nuestra conciencia colectiva en constante expansión. Las recompensas serían incomparables: un mundo más saludable y, lo que es más importante, habría infinidad de vidas llenas de satisfacción.

HAZ LO TUYO

Entonces, ¿cómo sigues alimentando tu deseo de crecimiento? Al final, depende de ti. Lo más probable es que el hecho de tener una conciencia más profunda de la etapa de aprendizaje que atraviesas te ayudará a mantener el rumbo de crecimiento cuando las cosas se pongan difíciles. Tal vez, actuando con mayor humildad y desarrollando la capacidad de cuestionar más tus creencias encontrarás nuevas vías hacia tu crecimiento. También podría ocurrir que tu firme coraje te ayude a examinar mejor todo aquello que se te presente con el fin de aprender y crecer día tras día. Sin embargo, no importa lo que elijas, sé amable contigo mismo. Eso es algo a lo que siempre podemos recurrir, pase lo que pase.

En síntesis, solo tú eres el encargado de diseñar tu propio camino hacia el aprendizaje. Tómate un momento y piensa en cómo planificar tu viaje hacia el conocimiento de tal manera que te resulte atractivo. Hazlo atractivo para ti. De pronto, necesitas agregarle un poco más de coraje, de gentileza; quizás, es cuestión de buscar más momentos de quietud o para la meditación; tal vez, tengas la intención de tener al menos un instante de crecimiento todos los días. ¿O qué hay del juego? Esa también es una herramienta muy poderosa para aprender. Lo cierto es que, hagas lo que hagas, hazlo tuyo. Luego, da el primer paso por pequeño que este sea. Observa cómo te sientes. Celebra cualquier progreso así sea mínimo. Es como regar pequeños retoños que sean lo suficientemente audaces como para germinar. El hecho de pasar de ser ciego en alguna área de nuestra vida a comenzar a verla de manera consciente es un cambio sísmico. Deja que suceda. Primero, solo había una pequeña semilla, pero ahora, está surgiendo y se está convirtiendo en esta hermosa cosa verde. ¡Ese es un gran milagro!

———◆◆◆———

Elige un momento para hacer una pausa y agradécete a ti mismo por tomarte el trabajo de enfocar toda tu atención en tu propio crecimiento. Y luego, cuando estés listo, continúa leyendo.

—TRABAJO DE CAMPO—

1. ¿Qué te dicen los susurros que escuchas en tu vida? ¿Cuáles son esas cosas que te están diciendo en este momento que tal vez no quieras escuchar? Podría tratarse de una retroalimentación directa por parte de tus compañeros de trabajo, supervisores, clientes o empleados; quizá, sean solicitudes que requieran de más atención de tu parte como un mayor respeto o atención hacia los miembros de tu familia o hacia alguien en especial; también podría ser que escuches con más atención algún mensaje de tu propio cuerpo.

2. ¿En dónde está ubicada tu mayor oportunidad de crecimiento? ¿Está en la dimensión del "yo" (del mí mismo)? ¿Por ejemplo: en ejercer una mayor conciencia de tus valores, en buscar con más ahínco quién eres? ¿En qué consiste tu verdadera realización? De pronto, ¿está en la dimensión del "nosotros" (otros)? ¿En el impacto que ejerces en quienes te rodean, en tus relaciones, en tu nivel de confianza hacia los demás? O en el "eso": ¿en cómo contribuyes a corto y largo plazo al sistema del que formas parte? ¿O se trata de alguna combinación de estas tres dimensiones?

3. Dada tu reflexión sobre las preguntas 1 y 2, ¿qué es aquello de lo que te estás dando cuenta que eres consciente-no calificado? ¿En qué aspecto estás en la etapa de consciente-calificado? Escribe tus respuestas en un formato como el que ves a continuación:

DE: Mi estado de consciente-no calificado	A: Mi anhelado estado de consciente-calificado
Ejemplo: Me estoy esforzando demasiado en mi trabajo.	Ejemplo: Trabajo serenamente y tengo equilibrio en mi vida.

4. ¿Qué situación o reto elegirás para pasar de consciente-no calificado a consciente-calificado y luego a inconsciente-calificado? ¿Qué vas a practicar?

5. ¿De qué manera te juzgas por ser consciente-no calificado en esta área de tu vida? ¿Qué dice tu cocodrilo de juicio propio acerca de que tú aún no dominas esto? ¿Cuál es el impacto de este cocodrilo en tu aprendizaje? ¿Qué le sucede a tu aprendizaje cuando domas estos cocodrilos?

6. ¿Cómo puedes actuar con más afabilidad hacia ti mismo con relación con los susurros que llegan a tu vida? Sigue haciéndote esta pregunta hasta que sientas que encontraste una respuesta que en verdad te convenza.

7. ¿Cómo estás creciendo?

Capítulo 2

IDENTIFICANDO NUESTRO PRINCIPAL LLAMADO EN LA VIDA

"Selecciona tu propósito… y luego utiliza todos los medios que estén a tu alcance para lograr tu objetivo. No recurras a la violencia aunque a primera vista parezca prometerte obtener el éxito que quieras alcanzar, pues esta solo irá en contra de tus ideales. Más bien, utiliza el camino del amor y el respeto, aun cuando al transitar por ese sendero el resultado parezca lejano o incierto".
—Mahatma Gandhi

Conéctate con tu verdadero propósito

Cuando te despiertas a iniciar tu jornada, ¿ya sabes a qué te dedicarás durante ella? ¿Ya hay en ti un sentido de propósito? ¿O solo estás reaccionando a lo que aparezca en tu bandeja de entrada o en la pantalla de tu mente? ¿Estás dejándote guiar por las primeras tareas, los primeros sentimientos y las primeras ideas que vengan a ti cuando te despiertas? Tener un sentido de propósito nos ayuda a concentrarnos. Es como irnos de excursión con la meta de llegar a la cima de la montaña hacia la que nos dirigimos. Ese sentido de dirección es el que nos servirá para planificar nuestro viaje, para llegar más allá de lo presupuestado y para hacer más de aquello que nos sintamos más cómodos haciendo en ese momento. Lo más probable será que no nos detengamos en los paraderos que encontremos por el camino para disfrutar de un buen café y que a cambio llevemos agua extra para mantenernos hidratados aunque hacerlo signifique echarle más peso a nuestro equipaje. Por decisiones como esta debe ser que se dice que nuestra intención alimenta nuestra determinación.

En el fondo, todos nos sentimos llamados a hacer algo grandioso en esta vida y, entre más claridad tengamos con respecto a cuál es ese llamado, más energía sentiremos para responder a él. Nuestro llamado es muy personal —es exclusivo de nosotros y no es algo que alguien más pueda decirnos—. Es algo muy profundo dentro de nosotros que nos da energía, que nos ayuda a comenzar nuestro día, a enfocar nuestras prioridades, a abordar los desafíos que enfrentamos y que nos motiva a seguir creciendo. La única persona capaz de definir ese llamado es la persona que en estos momentos está leyendo esta frase. (En caso de que te lo estés preguntando, sí, esa persona eres tú).

¿De dónde proviene nuestro llamado? Siendo sinceros, no hay respuesta para esta pregunta. Lo que sí sabemos es que estamos influenciados por las prioridades de otras personas —casi siempre, sin darnos cuenta—. Reflexionemos por un momento: ¿qué aprendemos sobre nuestro propósito a través de nuestra familia, la escuela, los trabajos, los amigos y el mundo en general? Recibimos toneladas de mensajes de las tribus a las que pertenecemos. Los siguientes son algunos de ellos: para sobrevivir, necesitas estar ocupado; para tener sentido de pertenencia, debes conformarte y no agitar tu entorno; para tener éxito, es imperioso ser mejor que quienes te rodean y hacer mucho dinero; para crecer, tienes que saber la mayor cantidad de respuestas posible; y para ser digno de respeto y admiración, debes ser especial.

Y como queremos sobrevivir, pertenecer, tener éxito, crecer y ser dignos, y además preferimos no cuestionar las prioridades de las personas más cercanas a nosotros, adaptamos nuestra vida a las prioridades de nuestra tribu, en lugar de adaptarlas a las nuestras, por lo general, sin siquiera saberlo. O por el contrario, nos rebelamos y rechazamos las prioridades de la tribu y vivimos todo lo opuesto a lo que ellos valoran. Lo cierto es que, en ambos casos, corremos el riesgo de llevar vidas prestadas en lugar de auténticas, pues, inconscientemente, estamos reaccionando a nuestro entorno.

Y ¿por qué vivimos vidas prestadas? Porque todavía no hemos descubierto quiénes somos, ni cuál es nuestro verdadero llamado, ni mucho menos nos hemos comprometido con él. En lugar de primero descubrir quiénes somos y adoptar una postura al respecto, somos influenciados por nuestra tribu y adoptamos nuestra posición bien sea uniéndonos a ella o yéndonos en su contra. Por un tiempo, viví el enfoque de mi tribu en lo referente al concepto de riqueza, subiendo la escalera corporativa tan rápido como pude. Luego, me rebelé y casi me convertí en monje, pensando que quería vivir sin tener que volver a pensar en el dinero. Sin embargo, el resultado final de estas dos decisiones fue que ninguno de los dos caminos era sostenible para mí, ya que ninguno reflejaba quién yo soy realmente. En lugar de guiarme según mi ser auténtico, lo que decidí hacer incluía dinero en el medio —obtener mucho o nada de dinero—. Fue después de una reflexión continua que aprendí que mi llamado tenía que ver con algo que era inherente a mí: mi deseo de crecer y descubrir más y más de quién soy yo de manera individual y en conjunto. Entonces, comprendí que, para encontrar nuestro llamado, tenemos que estar dispuestos a mirar hacia adentro y a desenmarañarnos de los mensajes y de toda la programación que nos fue impuesta.

Lo único que sabemos con certeza sobre la vida es esto: todos moriremos. La mayoría de las veces, el hecho de vislumbrar y sopesar nuestra mortalidad suele ayudarnos a aclarar nuestro llamado. Uno de mis tíos, Gerrit Visbeek, murió de cáncer a los 62 años de edad. Hablamos muy seguido durante los últimos meses de su vida y me contó que su mayor arrepentimiento era haber pospuesto hasta cuando ya estaba en su lecho de muerte la labor de saber quién era él realmente. También me expresó que estaba descubriendo que su esencia tenía algo que ver con el amor que permanece hasta después de la muerte. Y en lugar de centrarse en ese amor y extenderlo a los demás, se dio cuenta de que había gastado una gran parte de su vida dedicado a otras prioridades —prioridades que había tomado prestadas de quienes lo rodeaban— como ser alguien en el mundo, tener éxito y acumular riqueza.

Por lo que sabemos, es posible que mañana no nos despertemos de nuevo. Así que ¿cómo quieres vivir las próximas horas? ¿Quién quieres ser? ¿Cómo quieres vivir un poco más tu llamado hoy? Incluso si aún no tienes una idea muy clara sobre cuál es tu vocación, reflexionar al respecto te ayudará a avanzar hacia ella. Estas son preguntas esenciales para nuestro crecimiento. Mi tío Gerrit aprendió de su padre, Douwe Visbeek, que era imprescindible ser exitoso e importante para sobrevivir y disfrutar de una buena vida. Esto es comprensible, ya que mi abuelo provenía de orígenes muy humildes y tuvo que trabajar duro toda su vida, primero que todo, para obtener estabilidad financiera; y luego, para mantener su riqueza y estatus como un destacado productor lechero en el norte de los Países Bajos. Lo más probable es que mi abuelo haya aprendido sobre las prioridades de su vida a través de su padre y mi bisabuelo de su padre y así sucesivamente.

Lo que esto muestra es que, en nuestra familia, muchos de nosotros hemos estado operando con estas brújulas prestadas para "hacerse rico" o "volverse respetable" que fueron tan importantes para mi tío y su padre. Tal como nos lo muestra la vida del tío Gerrit, una brújula prestada puede llevarnos muy lejos en términos externos (él terminó siendo dueño de uno de los invernaderos más grandes de los Países Bajos) y, sin embargo, tal como él me enseñó al final de su vida, una brújula prestada nunca nos conducirá hacia una vida verdaderamente satisfactoria. Hay mucha más inspiración en la autenticidad.

✓ Puntaje

En una escala de 1 a 10, ¿qué tanta de tu energía inviertes en prioridades que sean realmente auténticas para ti (y no prestadas de tu tribu)?
Encierra en un círculo el número que te describa.

1   2   3   4   5   6   7   8   9   10

DESCUBRIENDO NUESTRO COMPÁS

Hallar el propósito de nuestra vida tiende a ser como escalar una montaña. Nuestra intención inicial es alcanzar determinado pico. Sin embargo, a lo largo del camino, descubrimos que esa no era la parte más alta de la montaña y decidimos redefinir nuestro objetivo. Lo mismo sucede en la vida.

Con el paso del tiempo, nos conocemos de maneras cada vez más profundas —muchos vamos aumentando nuestra visión del propósito de nuestra vida a medida que envejecemos—. Esa ha sido mi experiencia. Cuando tenemos cinco años, identificamos nuestro llamado diciendo: "Quiero ser astronauta". Cuando tenemos 12 años, reinventamos nuestro llamado afirmando: "Voy a ser maestro y ayudaré a los demás". Y cuando ya tenemos 40, nuestro llamado se convierte en: "Daré lo mejor de mí cada día para criar a mis hijos y los guiaré hacia sus propios descubrimientos".

Siempre he sentido que mi llamado en la vida tiene algo que ver con ayudarles a los demás y con hacer tangible lo intangible. Siempre me ha encantado cómo la música —en particular, la música que se toca en el gran órgano eclesiástico del siglo XVII que se encuentra en el pueblo donde crecí— tiene el poder de transportarme a un espacio de vitalidad, asombro e inspiración que solo he experimentado en ese lugar. Cuando era niño, comencé a tocar algunas melodías en mi trompa con la esperanza de llegar a provocar una experiencia similar en otros. Sin embargo, también tenía el fuerte impulso heredado de mi familia de ser alguien en el mundo. Dicho impulso me llevó a priorizar en el hecho de llegar a ser alguien destacado, rico y que subiera la escalera corporativa en Manhattan lo más rápido posible. Es decir, me condujo hasta la mitad de mi montaña personal. Desde allí, aprendí a pensar e interactuar de una manera muy emocionante para mí con los equipos de consultoría de los que formé parte. Comencé a apreciar las maravillas que suceden en las sala de conferencias cuando las gentes ponen todo su corazón y su mente en resolver creativamente un problema complejo.

Cuando este propósito se me acabó, durante un viaje a Vietnam me topé con la meditación. Había oído hablar de ella e incluso tomé clases de yoga durante corto tiempo. Luego, un amigo me invitó a practicar meditación a un templo ubicado en una calle ruidosa de la ciudad de Ho Chi Minh, la cual estábamos visitando. Pensé que sabía lo que me esperaba: serían algunos ejercicios suaves de respiración y relajación y no mucho más que un ejercicio mental leve. En cambio, mi amigo me pidió que me sentara sobre un cojín en un piso de concreto, que mantuviera mi cuerpo quieto, que respirara de forma natural y que pusiera toda mi atención en las entradas y salidas de mi respiración, dejando que los pensamientos y las sensaciones fluyeran dentro de mí sin prestarles atención. Luego, me sugirió que practicáramos de esa manera durante una hora. Así lo hice y me gustó un poco aunque me pareció muy doloroso, sobre todo, el hecho de permanecer sentado con las piernas cruzadas. No voy a negar que, cuando la clase terminó, me sentí aliviado. Después, me sentí adolorido, pero relajado y algo eufórico. Sin embargo, no le di mayor importancia a la experiencia y continuamos con nuestro día, conociendo los lugares de interés de la ciudad.

Esa noche, dormí siete horas, lo cual no me había sucedido en años. Y lo logré mientras mi reloj interno estaba fuera de control, pues me encontraba a 11 horas de diferencia de mi zona horaria habitual en mi apartamento de Nueva York. ¡Todo esto, después de solo una hora de concentrarme en mi respiración aun en medio de la enorme cantidad de distracción que se escuchaba en el fondo debida a los fuertes ruidos del tráfico de la ciudad de Ho Chi Minh! Me sentí profundamente agradecido de haber sido invitado a esta clase inicial de meditación. La experiencia me impactó tanto que, casi de la noche a la mañana, decidí dedicarme a la práctica de la conciencia plena. Comencé a meditar todos los días y a pensar en cómo prestarle total atención a todo lo que estaba haciendo. Como resultado, vi que a medida que continuaba meditando, me fui conectando con aquella paz y alegría, y con ese sentimiento de amor que no había experimentado desde cuando era niño y escuchaba la música de órgano en la iglesia de mi pueblo. ¡Estaba descubriendo una solución para todo ese sentimiento de inquietud que me embargaba en aquel tiempo! Es difícil traducir esta experiencia en palabras, pero de todos modos, lo intentaré aunque sé que fracasaré de la mejor manera posible…como solo yo sé hacerlo.

Estaba empezando a experimentar una quietud parecida a la del cielo, que abarca todo sin tomar ninguna posición específica; que refleja claridad y no pretende cambiar nada. Descubrí que accedería a esta amplitud interior al estar realmente presente en ese mismo momento y al dejar que cualquier pensamiento sobre el pasado o el futuro fluyera a través de mí. Empecé a ver que, cuando me hago consciente de mi ser, experimento paz, vitalidad y un amor que está a mi disposición en todo momento, no algunas veces, está ahí todo el tiempo, es solo cuestión de querer conectarme con él. Ante esto, la práctica de la meditación y de la atención plena se me convirtió en una forma de acceder a este reabastecimiento de quietud.

Como me enamoré de esta sensación de paz, decidí dedicarle mi vida a ella. Día tras día, el propósito de mi vida había evolucionado desde la búsqueda de la importancia y la riqueza a toda costa hasta el cultivo de esta sensación de paz interior y alegría. Inspirado por mi nueva vocación, me encontré repensando mi vida por completo, incluso considerando convertirme en monje. Así que, en ese entonces, pasé mucho tiempo en centros de retiro y en monasterios.

Y aunque en ese momento mi propósito me pareció bastante definitivo, nunca di el paso final de dedicarme a la vida monástica. Algo dentro de mí me dijo que no lo hiciera y le hice caso a ese susurro. Descubrí que entrar en el monasterio no sería adecuado para mí. Sentí un fuego en mi vientre que me dejaba saber que ese no era mi destino. Si bien estaba comprometido a encontrar la paz, una parte de mí no se sentía satisfecha ante un hecho tan radical como ese. Entonces, comencé a comprender que no estaría 100% satisfecho con el crecimiento interno y la introspección desde en un entorno relativamente aislado, pues también quería honrar el profundo anhelo que tenía de expresarme y llevar una vida de servicio en el mundo, pero de otras maneras.

Este anhelo alimentó la siguiente etapa de mi viaje. Durante ese tiempo, me topé con una forma de vida que parecía fusionar mi atracción hacia la experiencia monástica y las recompensas intrínsecas del mundo de los negocios. Siendo todavía socio de una empresa de consultoría en la Ciudad de Nueva York, Karen Aberle, una experimentada entrenadora ejecutiva, me guiaba. Al trabajar con ella para descubrir más sobre mi verdadera vocación, comencé a ver que podía tenerlo todo a la vez: profundizar mi experiencia de paz a través de la atención plena y mantenerme conectado al mundo ayudando a otras personas, a gente como yo, que trabaja en corporaciones y busca algo que le brinde una satisfacción más duradera. Al final de este capítulo, comparto algunas de las preguntas que me hizo mi entrenadora durante el trabajo de campo.

En síntesis, *¿qué te hace sentir vivo? ¿Qué es aquello que realmente deseas contribuirle a tu mundo?* Esas eran dos de sus preguntas y hoy todavía pienso en ellas con frecuencia. Con la ayuda de Karen, descubrí que gran parte de mi llamado era ayudarles a otros a crecer. Así compartiría mi experiencia del cojín de meditación con personas que se pasan la mayor parte de su vida en función de su trabajo. Y así, me convertí en entrenador ejecutivo y en facilitador de equipos, trabajando con personas con el propósito de darnos cuenta de la paz y la alegría que se encuentran en el centro de nuestro ser y a aplicarlas en nuestro trabajo diario. Todavía recuerdo el correo electrónico de Karen cuando le envié un mensaje contándole que estaba pensando en la posibilidad de inscribirme en un programa de capacitación de un año para ser entrenador. "¡Salta!". Esa fue la única palabra que ella me respondió. Y lo hice. ¡Salté! Recuerdo lo emocionado que me sentí frente a esa decisión.

"¡Eureka!", pensé en ese momento. "¡Por fin, he llegado a lo que se supone que debo hacer en este mundo!". "¡No tan rápido!", me respondió la vida. Había mucha más evolución por venir y parte de ella surgió al conocer a otras personas inspiradoras que me han ayudado a ver la vida y mi lugar en ella con nuevos ojos. Una de estas personas es Gene White.

ENCONTRANDO NUESTRO PROPÓSITO

Gene es la Presidenta de Global Child Nutrition Foundation, una entidad que trabaja en pos de erradicar el hambre infantil en el mundo.

Ella es una de esas personas cuyo sentido de propósito se hace evidente de inmediato y su ejemplo me inspiró a echarle otro vistazo al mío. Gene trabaja de 12 a 15 horas diarias, viaja por todo el mundo (más que todo, en autocar); cuenta con más energía que la mayoría de las personas que conozco y tiene más de 90 años. La conocí durante una entrevista que le hice para un artículo que estaba escribiendo sobre grandes líderes. Me presenté en su casa en Whidbey Island, cerca de Seattle, Washington, alrededor de la 1:45 p.m., en medio de un día soleado, 15 minutos antes de nuestra cita. Todavía no quería llamar a su puerta (quería esperar a que una mujer de su edad acabara de hacer su siesta), así que me senté en el banco junto a la puerta de su casa a esperar el momento de la cita. Para mi sorpresa, a los pocos minutos de haberme sentado, la puerta se abrió y allí estaba Gene, de pie frente a mí, lista para recibirme en su casa.

Hablamos sin parar durante dos horas, después de las cuales, ella me preguntó qué me gustaría hacer a continuación. Le dije que tenía curiosidad por conocer su vecindario. Sin dudarlo, me acompañó hasta el auto y se acomodó en el asiento del copiloto y desde ahí me compartía sus ideas, esta vez, sobre Whidbey Island. Cuando regresamos a su casa y nos despedimos, Gene estaba a punto de comenzar una teleconferencia. ¿Cuál era su secreto?

Gene no se preocupa por sí misma, ni por su nivel de energía—ella siente que es tan solo una persona común y corriente que hace su parte—. Durante la entrevista, esta hermosa guerrera me compartió parte de la sabiduría adquirida a lo largo sus nueve décadas de vida y servicio, y al hacerlo, me ayudó a crear una imagen en mi mente de cómo "tener lo que ella tiene". ¿Cuál es el secreto detrás de su increíble nivel de energía?

En una palabra: determinación. Concluí que ser clara y estar comprometida con su llamado en la vida son unas de las principales fuerzas impulsoras de la magia de Gene. Pero ¿cómo encontró Gene su propósito? ¿O cómo el propósito encontró a Gene?

Cuando me encontraba en su casa, hablando con ella por primera vez, para mí fue evidente de inmediato que su mentalidad tenía el enfoque de un rayo láser. Después de asegurarse de que estaba cómoda, me preguntó: "¿Comenzamos a hablar ya?". Estaba lista para sumergirse en la conversación. Decidí hacerle la gran pregunta primero: "Gene, ya no tienes 18 años. ¿De dónde sacas tu energía?".

"Soy una persona muy afortunada en el sentido de que creo en lo que estoy haciendo", me respondió. Reflexionando un poco más, miró hacia el techo y comenzó a contarme sobre un evento que le cambió la vida cuando tenía treinta y tantos años de edad. Compartiré su recuerdo del evento en su totalidad, ya que contiene algunas claves sobre cómo aprovechar nuestra motivación intrínseca:

"Las experiencias que cambian la vida se presentan de múltiples formas. Para mí, ocurrió en Túnez, donde me encontraba haciendo un trabajo como voluntaria para US Agency for International Development. Me dirigiría hacia el sur del país, al desierto del Sahara y, antes de partir, visité la tienda de la Embajada de los Estados Unidos para comprar algunos suministros que incluían una caja de galletas en forma de animales.

"Una semana después, llegué a un pequeño pueblo junto a un oasis donde la longevidad de los adultos era de 35 años, lo que significaba que muchos niños no tenían hogar, ni padres y con gran desesperación buscaban comida en medio de la nada. Cuando bajé del auto, me vi rodeada de niños hambrientos con las manos extendidas, listos a recibir cualquier cosa que yo pudiera darles. Bueno, fue claro que ese era el día de las galletas de forma de animales, si alguna vez hubo uno. Había tantos niños que comencé a romper las galletas por la mitad, dándole la cabeza a un pequeñín, la cola a otro, hasta que me quedé sin galletas.

"De repente sentí a alguien tirando de mi vestido y, al mirar hacia abajo, me encontré a esta pequeña niña de tres o cuatro años, rogando por su galleta y yo no podía creer que no tenía forma de ayudarla. Su desnutrición había llegado a tal punto que su estructura celular se estaba desmoronando; un flujo muy fuerte salía de sus ojos, su nariz y su boca y los gusanos se arrastraban en medio de la suciedad de su rostro. Su cabello nunca había sido peinado y parecía piel en su pequeña cabeza. Supe que esta niña se estaba muriendo y, aunque yo tenía entrenamiento en nutrición infantil, no tenía nada que darle a pesar de que ella se encontraba en semejante estado de inanición —ni siquiera una galleta.

"Aunque no sé el nombre de la niña, ni tampoco el del pueblo, sí sé que decidí que ese día, en ese instante y en ese pueblo, haría todo lo posible para evitar que sucedieran tragedias como esa. Esto sucedió hace muchos años y todavía lo estoy intentando. Una hambrienta niña de Túnez me puso en un nuevo camino con una nueva dirección y le estoy muy agradecida por eso".

Hubo lágrimas en sus ojos cuando Gene me contó su historia. Antes de su visita a este pueblo tunecino, ella percibía su trabajo de voluntaria como "algo agradable que hacer", algo a través de lo cual ella aprendería mucho. Después de conocer a esta niña hambrienta y sin tener nada que darle, la vida de Gene cambió para siempre, pues se comprometió a erradicar el hambre infantil. Este propósito la ha guiado durante más de 60 años.

Y hay otro aspecto en la brújula interna de Gene que alimenta su vitalidad. "Leo mucho, amo la música, en especial, la música clásica; pertenezco a clubes de lectura, a grupos de redacción, a la junta de un banco local de alimentos y permanezco inmersa en actividades comunitarias. Vivo en una zona increíblemente hermosa del noroeste del Pacífico y muchas noches visito las playas para ver la puesta de sol, reflexionar sobre la plenitud de la vida y encontrar formas de enriquecer aún más el futuro". La gente le pregunta por qué no renuncia a todo este aprendizaje. ¿Para qué le sirve? "No me imagino viviendo en un mundo que cambia tan rápidamente y no cambiar a la par con él. A veces, encuentro personas que, sea cual sea su edad, se resisten el cambio y son 'viejas' de espíritu. Por el contrario, muchas personas mayores son siempre 'jóvenes' en lo que se refiere a su voluntad para aprender y colaborar". Gene explica cómo es para ella la perspectiva de una persona mayor. "Independientemente de nuestra edad, no deberíamos tener vacas sagradas. En otras palabras, no deberíamos estar tan comprometidos con la tradición, ni con el pasado a tal punto que pensemos que hay que perpetuarlos. Para mí, no hay vacas sagradas, es mejor usarlas como hamburguesas".

Gene ve que a su alrededor hay jóvenes que parecen viejos, que han internalizado las vacas sagradas de su entorno con respecto a cuál es su lugar en el mundo y a qué pueden y qué no pueden hacer: "Quizá, se sienten inseguros y tienen miedo de probar algo nuevo y creer en sí mismos". También opina que hay muchas personas atrapadas en sus carreras, en sus trabajos. Gene cree que tenemos múltiples carreras en nuestra vida. Mirándome fijamente a los ojos, me dijo: "Tú también". En ese momento, escuché a las vacas sagradas que hay dentro de mí gemir en señal de protesta.

Una vaca sagrada que Gene ha convertido en hamburguesas es la idea de la jubilación. "Algunas personas piensan que al jubilarse les ha llegado la hora de relajarse y olvidarse de los problemas del mundo. En cambio, yo veo la jubilación de manera diferente. Para mí, esta es la etapa de la vida para hacer cosas que antes no nos fue posible hacer. No estás comprometido con un horario específico, ni con la rutina y las expectativas de los demás. El retiro es una oportunidad más para ser quien eres y hacer las cosas que son importantes para ti". Gene ha estado aprendiendo toda su vida y así continuará hasta el final.

Le pregunté: "¿Qué harías si supieras que solo tienes seis horas de vida?". Gene reflexionó y respondió: "Exactamente lo que estoy haciendo ahora... aunque no... no creo que esa sea la respuesta correcta. Si supiera que voy a partir hacia el otro mundo esta noche, no limpiaría la casa hoy, ya que alguien más tendría que ocuparse de eso al día siguiente. Francamente, no sería algo muy diferente a lo que estoy haciendo. No estaría hablando por teléfono llamando a un montón de personas. Simplemente, me relajaría y diría: 'Bueno, este es el comienzo de algo maravilloso' y me dejaría ir hacia el más allá. Me sentiría en paz".

No todos somos tan afortunados como para tener un contacto tan directo con nuestro propósito de vida como le ocurrió a Gene en Túnez. Sin embargo, incluso sin ese tipo de experiencia, también nosotros podemos encontrar nuestro llamado —eso que llevamos arraigado muy, muy en el fondo de nuestro ser—. Aprender de líderes como Gene nos ayuda en nuestro proceso de descubrimiento. Gene mantuvo su curiosidad y vio lo que necesitaba ver, aplicó sus talentos y habilidades y se comprometió a una causa más grande que su identidad individual. Desde entonces, sus elecciones han sido vivificantes para aquellos a quienes ella sirve (y también para sí misma).

Sabemos que hemos encontrado nuestro llamado cuando se trata de algo que nos da la certeza y la energía necesarias para trabajar en ello de manera consistente, sin importar lo que esté sucediendo en el mundo externo, ni en nuestra propia vida. Nuestro llamado es muy personal: nadie puede decirnos cuál es. Inspirado en parte con la fascinación de Gene por la vida y por su dedicación a erradicar el hambre infantil, desarrollé el propósito de buscar mi propia paz interior y así dedicarme al autodescubrimiento *y* al servicio a los demás.

Gene y otros grandes líderes como ella sobre los cuales conocerás más adelante en este libro despertaron mi fascinación hacia el latente potencial ilimitado que existe dentro de todos y cada uno de nosotros. Fue así como decidí que tenía que descubrirlo junto con todos sus secretos y excavar más y más hasta llegara al fondo de esta riqueza interna que permanece intrínseca en nuestro ser.

TRANSFORMÁNDONOS EN QUIENES SIEMPRE HEMOS SIDO

Entonces, ¿qué hay dentro de nosotros? A continuación, compartiré lo que he descubierto hasta ahora. No se trata de que esta sea la *única* respuesta, pero la comparto para que te sirva como una señal en medio de tu viaje.

En nuestro interior, somos como el cielo, que irradia conciencia, amor incondicional, potencial ilimitado y paz verdadera. Conciencia, amor, potencial y paz son grandes conceptos. Déjame tratar de describir lo que significan. Quizá, algo de esto te parezca esotérico, pero, por favor, no dejes que eso te moleste. No se trata de una descripción exacta. Léelo más como si observaras una pintura o escucharas una pieza musical. Toma lo que te suene y olvídate del resto.

Cuando me quedo quieto y me dejo desconectar por completo de mis pensamientos, de mis sentimientos y de las sensaciones fugaces de mi cuerpo y mi mente, noto un espacio en mí. Este espacio no tiene límites y se me va tornando cada vez más claro a medida que me entrego a él. Desde allí, estoy presente en el momento. Al estar presente, soy consciente de lo que sucede a mi alrededor y dentro de mí, en mi interior y en el exterior —yo y el mundo— dejamos de ser diferentes. Esta conciencia, como el cielo, no tiene límites, no cambia, solo existe. Siempre está ahí aunque, a veces, olvido que la conciencia está en funcionamiento constante. Y además, es exigente. Desde allí, se hace más claro qué es verdad y qué no, qué es sabio y qué no lo es, qué es útil y qué no. La conciencia nos ayuda a poner las cosas según su verdadera perspectiva.

Nuestra esencia también es el amor incondicional: cuidar de todo y de todos sin necesidad de que haya reciprocidad. No les impone condiciones a otros, ni a las circunstancias. No tiene agenda, ni quiere nada de los demás. Gene hace lo que hace porque quiere ayudar y no por las recompensas. Su servicio es su recompensa. Como una flor, ella comparte libremente su fragancia. Esa es su naturaleza. Como ella misma dice: "La afabilidad no tiene limitaciones". Eso incluye a todos y a cada situación. En nuestra esencia, parecemos amar a todos y a todo, incluso si nuestra temible mente de cocodrilo tiene otras ideas.

Nuestra esencia también está relacionada con nuestro potencial. Podemos convertirnos en cualquier cosa que elijamos. Si decidimos cuidarnos, encontramos formas de cuidar a los demás; si decidimos ser innovadores, encontramos nuevas formas de ver las cosas; si decidimos ser productivos, hacemos las cosas. Por el contrario, si decidimos permanecer enojados, nos lastimamos a nosotros mismos y a los demás. Por supuesto, también podemos usar nuestra ira para establecer límites, otro acto creativo. Si decidimos ceder ante el miedo, experimentamos pequeñez. Y si cedemos a la desesperación, experimentamos la miseria. Lo cierto es que depende de nosotros cómo usamos el potencial que somos.

La próxima vez que estés atrapado en el tráfico, prueba lo siguiente: decide pensar en todo aquello por lo cual estás agradecido en lugar de ceder ante la impaciencia o la frustración. Siente la comodidad de tu asiento, la respiración suave en tu estómago, el hermoso niño que mira por la ventana del auto que va al lado, el jugueteo de las nubes en el cielo, la voz de un cantante en la radio y, si es posible, hasta un resplandor dentro de ti que se va volviendo más fuerte a medida que disfrutas de todo eso por lo que estás tan agradecido. Observa cómo sí tienes un potencial ilimitado para crear tus propias experiencias sin importar lo que ocurra en el exterior. En una de mis películas favoritas, *La vita è bella*, vemos a un padre judío cuidar a su hijo en un campo de concentración nazi. A través de canciones, afabilidad, risas, historias y un sinfín de otras formas de cuidarlo, él se las arregla para brindarle a su hijo una hermosa experiencia aun estando en medio de un campo de concentración. Pienso en esto a menudo, cuando la frustración comienza a bloquear mi visión interna de lo posible. Entonces, me recuerdo que es crucial reenfocar mi atención hacia algo por lo cual me sienta agradecido. Pensar con gratitud es una excelente manera de tener acceso a la alegría. Entonces, cuando me doy cuenta de lo rápido que cambia mi experiencia a través de un sencillo giro de mentalidad, ese hecho me recuerda el potencial ilimitado que hay dentro de mí.

También siento que somos una paz sin oposición, así como el cielo, que incluye opuestos como las nubes, pero no es tocado por ellas. Cuando nos quedamos muy callados experimentamos esta sensación de paz que va más allá de nuestra comprensión racional. Entonces, sentimos una quietud que no carece de nada y, sin embargo, subyace y lo envuelve todo. Incluso está allí cuando estamos de duelo. El verano pasado, perdí a un querido amigo. Sentí tanta tristeza que al principio le tenía miedo a la profundidad de mi sentimiento. Pensé que me destruiría y lo reprimí. Luego, una voz quieta dentro de mí me empujó a abrirme a mis emociones y a dejarlas salir. A medida que lo hacía y me permitía llorar, sentí una extraña sensación de alivio, una paz que iba mucho más allá de la comprensión de mi mente racional. La paz que somos siempre está ahí inclusive cuando estamos pasando un mal momento. Es solo que no siempre la notamos.

¿CUÁL ES TU LLAMADO?

Conciencia, amor incondicional, potencial ilimitado y paz sin oposición —así es como veo la cima de la montaña del autodescubrimiento ahora— y me doy cuenta de que, inevitablemente, mi percepción cambiará a medida que siga avanzando por este camino. En esencia, descansando cada vez más en la certeza de ser como una claraboya y experimentando la alegría, la fuerza y la compasión que surgen junto con todo esto, me siento más motivado para ayudarles a otros a descubrir más sobre quiénes son realmente.

¿Cómo ves la cima de tu montaña? ¿Cuál crees que sea tu esencia? Independientemente de las palabras, imágenes y sensaciones que te lleguen, déjalas allí, déjalas ser. No hagas absolutamente nada más. Permanece así un momento y toma nota de lo que estás viendo. Esta reflexión te ayudará a descubrir más acerca de tu vocación, de aquello a lo que deseas dedicarle tu vida.

❖

No importa cuál sea tu llamado. Mientras te satisfaga, te será útil en tu viaje de crecimiento. Una vez que te hayas comprometido con él, notarás una mayor energía apoyándote y motivándote a seguir aprendiendo y contribuyendo, al igual que el propósito de Gene (acabar con el hambre infantil y generar paz) le ha dado enfoque e impulso a su vida durante sus últimos 60 años.

Una vez te comprometas de todo corazón con tu propósito, se te presentarán todo tipo de oportunidades. "Nunca he dudado de esto", reflexionó Gene durante nuestra charla. "Los caminos se abrieron de maneras asombrosas. Después de mi experiencia en Túnez, me ofrecí como voluntaria en varias organizaciones internacionales, trabajé en otros países y luego me involucré en la recién establecida Global Child Nutrition Foundation (GCNF), donde hoy continúo sirviendo. Nuestro propósito es ampliar las oportunidades para que los niños del mundo tengan acceso a comida nutritiva en la escuela utilizando alimentos suministrados por la producción agrícola local. En GCNF tenemos el privilegio de ayudarles a los países a avanzar en la salud y la educación de los niños a través de programas de nutrición escolar. Es difícil imaginar algo que sea más importante para los niños y sus países".

EL PROPÓSITO REMPLAZA A LA COMPETENCIA

La claridad de propósito nos une y, cuando este se entiende profundamente, trasciende la competencia. Según Gene: "Con frecuencia, observo que las organizaciones humanitarias bien intencionadas eligen trabajar de manera independiente y no en asociación con otras para lograr en esencia los mismos objetivos. Aliviar la pobreza y el hambre son megaproblemas que no se resuelven solos; nadie tiene todas las respuestas; las agendas personales deben quedar a un lado; debemos compartir información, habilidades y muchos otros recursos necesarios para ayudar a construir un mundo más seguro y pacífico.

"Esto me lleva una vez más a mi punto básico. No debemos competir, no podemos permitírnoslo, los problemas son demasiado grandes. Debemos aprender y trabajar juntos en este momento crítico para la comunidad global".

Quizá, pensamos: *"Bueno, pero yo necesito competir con otros para tener participación en el mercado, para ganar ascensos, para ocupar mejores cargos, para tener un lugar donde vivir, etc. Entonces, ¿cómo puede ser cierto para mí eso de que no necesitamos competir?"*. Gene afirma que, cuando tenemos claro cuál es nuestra contribución única y estamos verdaderamente abiertos a ver qué es lo que se necesita, los lugares para vivir y servir están disponibles para todos y cada uno de nosotros. Cuando nos ponemos a disposición de la vida, esta se vuelve disponible para nosotros.

Trabajando con empresas y equipos durante los últimos 20 años, he notado que los que permanecen son aquellos que están dedicados a hacer su contribución única al mundo, no aquellos que están distraídos comparándose con los demás. La gente dedicada ha transformado la visión de sus competidores y los ha convertido en sus socios, en emprendedores que cumplen un objetivo común con quienes y de quienes es posible aprender. Esto tiene sentido lógico. Cuanto más pensamos en cómo vencer a los demás, menos atención ponemos en cultivar nuestros talentos únicos y en descubrir qué es lo que en realidad necesitan aquellos a quienes servimos. Ver a otras compañías como competidores en lugar de socios es una vieja creencia prestada, una vaca sagrada a la cual hay que convertir en hamburguesas.

INTENCIÓN INCONDICIONAL

Es muy probable que tengas una idea del propósito o la vocación de tu vida. Sin embargo, para verificarlo, para estar más seguro, pregúntate: "¿Estoy dispuesto a vivir este llamado todos los días, comenzando ahora mismo?". Descubrir cuál es nuestro llamado es como traer vida al mundo —el llamado crece, se desarrolla dentro de nosotros y, una vez nace, siempre será nuestro amor, pase lo que pase—. Me inspiran las madres que día a día están ahí para sus hijos, desde el momento en que los dieron a luz. Los llamados de la vida crecen y maduran como lo hacen los niños; contribuimos a que nuestra vocación viva y crezca mediante nuestro compromiso inquebrantable y continuo.

Para mantenernos comprometidos, nuestro propósito no debe depender de las condiciones externas. Compara estos dos llamados:

Llamado #1. Tengo la intención de ayudar a las personas a ser lo mejor posible, pase lo que pase.

Llamado #2. Tengo la intención de dar lo mejor de mí, pase lo que pase.

¿Que notaste? Ambos pueden verse como llamamientos hermosos y, sin embargo, uno de ellos tiene más poder para resistir las tormentas de la vida.

Por sutil que sea, el primer llamado enuncia cómo ayudarás a las personas, lo que implica cierta condicionalidad o dependencia del mundo exterior. ¿Cómo te sentirás en los días en que el mundo no parezca querer tu ayuda? Por ejemplo, tu colega amaneció de mal humor, tu cónyuge se siente molesto por algo o tu amigo optó por no participar más en lo planeado. Si intentas ayudar a otros en estas circunstancias, podría ser contraproducente y agotar tu inspiración.

Me doy cuenta de esto en los talleres de crecimiento. A veces, hay personas que no están interesadas en lo que estamos haciendo. Una parte de mí siente que debería ayudarles a los demás a ser lo mejor posible. Sin embargo, cuando enfoco mi atención en aquellos que no quieren mi ayuda, ellos se frustran; por su parte, los participantes que sí están interesados en obtener ayuda reciben menos de lo que vinieron a buscar; y al final, yo me siento agotado. Como consecuencia, surge una sensación de oposición entre lo que yo siento que se necesita y lo que en verdad se necesita.

Cuando opero desde el segundo llamado, dando lo mejor de mí sin importar qué, estoy operando desde un lugar sin oposición. *Siempre* puedo dar lo mejor de mí. En mi caso, dar lo mejor de mí es estar presente, amar, aprender y contribuir, pase lo que pase.

Y cuando miramos un poco más a fondo, también es posible descubrir cierta condicionalidad en el llamado #2. ¿Qué pasa con los momentos en los que parece que no nos quede nada por dar? ¿Qué hacer cuando estamos cansados o enfermos? Cuando "lo mejor de mí" está ligado a palabras y acciones, condicionado a que seamos capaces de pensar, hablar y actuar. Y en algunas ocasiones, eso puede no ocurrir. Entonces, incluso esta intención de dar lo mejor de nosotros no es a prueba de todo. ¿Cuál sería una intención 100% incondicional?

Para mí, es decir "aquí estoy". Me encuentro aquí, presente. Eso sí es algo en lo que siempre puedo confiar. He descubierto que estar presente es un poderoso regalo que puedo darme a mí mismo y darles a los demás. Y no tiene oposición, no depende de nada. Pregúntate, en una escala del 1 al 10, ¿qué tan presente estás ahora? "10" es que estás totalmente aquí, tan presente como cuando sostuviste a tu recién nacido por primera vez o como cuando le pediste a tu pareja que se casara contigo o cuando le confesaste a esa persona que realmente te interesaba tener una cita con ella. El número 1 es para cuando estás completamente distraído, tal vez, pensando en tu lista de tareas pendientes, obsesionado con aquello que no te salió bien hoy o fantaseando con lo que quieres que suceda después. Observa lo que sucede cuando te haces esta pregunta varias veces: "¿Qué tan presente estoy ahora, en una escala del 1 al 10?". Te vuelves más presente a medida que repites la pregunta. Nos hacemos presentes poniendo nuestra atención en el aquí y ahora. Hacer presencia es una elección. Y cuando nos hacemos presentes, ¿qué nota-

mos? Que una sensación de quietud, vitalidad, claridad y alivio aparece en primer plano. Además, algunas emociones y sensaciones difíciles
tienden a volverse más notorias, pero no importa lo que notemos. Necesitamos estar presentes en todo, en cualquier cosa, pase lo que pase.
Siempre hay que estar ahí.

Ahora, al mirar estos tres llamados, ¿qué notas? ¿Cuál es el más ro-
busto y capaz de soportar lo que suceda?

Llamado #1. Tengo la intención de ayudar a las personas a ser lo
mejor posible, pase lo que pase.

Llamado #2. Tengo la intención de dar lo mejor de mí, pase lo
que pase.

Llamando #3. Estoy presente.

El llamado #3 es aún más independiente de las circunstancias que
el llamado #2. No se ve afectado por eventos externos, ni por nuestro
estado de ánimo interno; simplemente, lo observamos todo haciendo
presencia. Hacer presencia 100% es mejor que cualquier cosa. Es cuestión de, simplemente, estar ahí, presente como el cielo.

Reflexiona sobre cuál sería una intención incondicional para tu vida.
¿Qué es eso en lo que siempre puedes confiar? A lo mejor, te resulte
útil tener una vocación dual —una que sea 100% sin oposición y duradera, y una que involucre al mundo externo y, por lo tanto, sea más
condicional—. Jesús es un líder increíble de quien aprendemos acerca
de tener un llamado dual. Él se dedicó a la acción amorosa hacia todos,
incluidas las prostitutas, los recaudadores de impuestos, los leprosos—
los marginados de la sociedad en ese momento—. Y cuando ya no pudo
actuar físicamente, se mantuvo firme en su amor —en su llamado sin
oposición—. Vislumbramos ese amor sin oposición al final de su vida,
cuando animó con cariño a los criminales que colgaban en las cruces
a lado y lado de Él para que no se desesperaran, sino que tuvieran fe y
supieran que todo estaba bien. Él enseñó: "Estén en el mundo, pero no
pertenezcan a él". En otras palabras, ten un llamado mundano sabiendo que este será algo condicional y al mismo tiempo permanece firme,
arraigado en tu llamado incondicional que quizá tenga algo que ver con
brindar amor, estar siempre presente y generar paz.

Mi llamado incondicional es estar siempre presente. Mi vocación mundana es descubrir quién soy y ayudarles a otros a hacer lo mismo para crear así un mundo pacífico. En el trabajo, mi compromiso de estar presente me ayuda a ser consciente de mí mismo, de los demás y de lo que se necesita, sin enredarme en nada de eso. Y cuando me enredo, estar presente me ayuda a darme cuenta en qué estoy enredado y a dejar ir los pensamientos y sentimientos que me atrapan, como "Necesito la aprobación de los demás", "Necesito ser especial" y "Necesito rescate".

Mi vocación mundana de autodescubrimiento y ayuda hacia otros en su viaje por la vida me ayuda a mantenerme enfocado en trabajar conmigo mismo y con otros en el proceso de crecimiento interno y a decirles no a las actividades y proyectos que no estén relacionados con esta vocación.

———•———

¿Cuál es tu llamado en el mundo? ¿Y cuál es tu llamado sin oposición?

CRISTALIZANDO NUESTRO LLAMADO EN LA VIDA

Ahora, exploremos algunas otras perspectivas desde las cuales analizar estas preguntas. A lo largo de los años, he visto a diferentes líderes, como Gene, vivir su llamado en la vida. Casi todos sus llamamientos están relacionados con la sensación de ayudar a otros. Mencionaré algunos muy conocidos. Steve Jobs afirmó: "Estamos aquí para hacer mella en el universo. De lo contrario, ¿por qué más estar aquí?". Y Jeff Weiner, CEO de LinkedIn, está convencido de que está aquí para "expandir la sabiduría y la compasión colectiva del mundo". Todos somos los CEO de nuestra propia vida. ¿De qué maneras deseamos usarla para contribuir al mundo?

SIETE MOTIVACIONES, SIETE INTENCIONES DE ÉXITO

Nuestro llamado puede ser tomado como un compuesto entre lo que valoramos profundamente y lo que se necesita en el mundo. Esto es diferente para todos y además tiende a evolucionar a lo largo de la vida.

Con el fin de ayudar a mapear los estados de conciencia de las organizaciones, Richard Barrett, el autor británico y pionero del desarrollo del liderazgo, volvió a concebir la jerarquía de necesidades de Maslow basándose en la investigación de miles de líderes y organizaciones. Yo he modificado ligeramente su trabajo con el fin de crear un mapa de siete niveles de motivación que nos sirva de orientación durante nuestros viajes de crecimiento. Me parece que es un mapa muy útil para lograr mayor claridad sobre nuestro llamado.

Échales un vistazo a estas siete motivaciones. Luego, pregúntate: ¿dónde enfoco la mayor parte de mi atención? Medita en la respuesta y procura aclarar al máximo cualquier patrón que esté relacionado con tu motivación:

1. Supervivencia: ganarme la vida, mantener a mi familia

2. Relación: tener relaciones saludables y satisfactorias

3. Autoestima: tener un fuerte sentido de mí mismo y de logro

4. Descubrimiento: aprender quién soy realmente y evolucionar

5. Hacer una contribución: dejar el mundo mejor de lo que lo encontré

6. Cohesión: ver y hacer conexiones en todo y entre todos

7. Sabiduría, compasión e iluminación: prestar un servicio desinteresado, comprender mi esencia, vivir según ella y verme a mí mismo como a todos y a todo.

Notarás que las primeras tres motivaciones están relacionadas con cuidar nuestros mundos más pequeños y personales; las tres últimas son formas de interactuar con el mundo y la vida en general; y el cuarto, el descubrimiento, es un puente entre el mundo personal y el mundo y la vida en general. Tendemos a comenzar en la vida enfocándonos en la supervivencia y creando una red de pertenencia a nuestro alrededor. Y luego, a medida que crecemos, sentimos curiosidad por saber quiénes somos realmente y cómo podemos cuidar a los demás en el mundo que nos rodea.

El llamado de Gene dice lo siguiente: "Erradicar el hambre entre los niños para que puedan centrarse en su educación y convertirse en contribuyentes pacíficos de la sociedad". Se trata de las motivaciones 5 y 6: ayudar a los niños (motivación 5) a crear una sociedad pacífica (motivación 6). Mi vocación se ve impulsada principalmente por mi interés en el autodescubrimiento (motivación 4), por vivir siendo quien soy realmente (motivación 7) y he agregado un elemento de contribución creando un mundo pacífico (motivaciones 5 y 6). Esto no significa que no me interesen las finanzas, ni las relaciones, ni hacer lo mejor que pueda. Es solo que esos valores no impulsan mi vocación. Esto significa que vivo de manera simple y participo en dinero, relaciones y trabajo como formas de fortalecer mi conciencia.

Te resultará útil analizar todas estas siete motivaciones e identificar las que hagan eco en tu llamado. Esto es más un arte que una ciencia. Para facilitar el hecho de trabajar con estas siete motivaciones al considerar nuestro llamado, también pienso en ellas como siete intenciones que podríamos elegir para nuestra vida. Las he resumido en un acrónimo para recordarlas con mayor facilidad: siete intenciones de ÉXITO: samurái, unidad, enfoque *(centered)*, curiosidad, expresividad, sensibilidad y sencillez*.

*Estas siete intenciones conforman el acrónimo de *success* (palabra que en español, significa éxito).

—— • ◆ • ——

A continuación, échales un vistazo y elige cuáles, si las hay, te gustaría integrar más a tu vocación.

1. *Samurái:* Tener el coraje y la fortaleza de guerrero para atender mis necesidades básicas y enfrentar mis retos de maneras recursivas y sin dejarme abrumar por ellos.

2. *Unidad:* Generar relaciones auténticas y empáticas que acojan a todos los involucrados y que vayan más allá de la dinámica tribal del nosotros versus ellos.

3. *Enfoque (Centered, para conservar el acrónimo de SUCCESS):* Ser impulsado por mi brújula interna, perseguir mis objetivos de

todo corazón, orientado y viendo cada "fracaso" como parte del proceso de seguir adelante.

4. *Curiosidad:* abrir mi corazón a las enseñanzas de la vida y a los susurros, pase lo que pase y viendo cada momento como una oportunidad para descubrir nuevas cosas, tener una visión más amplia y ser innovador.

5. *Expresividad:* manifestarles mis dones a los demás mediante muestras de cariño y sin que haya necesidad que pedirles disculpas.

6. *Sensibilidad:* usar mi intuición, buscar la conexión entre todo y todos integrando las diversas polaridades que surjan en la vida y creando cohesión entre ellas.

7. *Sencillez:* ver lo que se necesita y hacerlo, dejar ir el ego, ser y contribuir con lo que soy.

Escudriña estas siete intenciones de ÉXITO. ¿Cuáles te atraen más? ¿Cuáles menos? ¿Por qué? ¿Qué te dice eso sobre tu llamado? No te preocupes por hacerlo bien. Tu llamado es algo tuyo y con el tiempo tiende a evolucionar.

Analiza este llamado de una joven llamada Selina Taylor Townes. Su vocación es ayudarles a las organizaciones a aprender cómo resolver conflictos y aumentar la productividad alentando a los empleados a comunicarse y a operar de manera auténtica. Actualmente, ella está buscando empleo en el Área de Relaciones y Recursos Humanos para obtener experiencia profesional y luego planea obtener un Doctorado en Sicología Industrial y Resolución de Conflictos. El llamado de Selina incluye la intención #1, *samurái:* elegir ganarse la vida como consejera trabajando con empleados; la #5, *expresividad:* ayudar a otros en el trabajo; y la #7, *sencillez:* no ser absorbida por el "pequeño yo", sino satisfacer una necesidad específica en el lugar de trabajo de una manera que refleje su esencia.

¿Y qué decir de Thomas Neergaard Hansen, EVP de Carbon Black, el proveedor de seguridad de última generación? En su página de LinkedIn, él escribe: "Dirijo a las personas y organizaciones a ir más lejos de lo que ellas lo harían". ¿Qué intenciones de ÉXITO lees aquí? Veo la

#3, *enfoque:* él está afirmando su papel de liderazgo que, según lo que sé acerca de Thomas, es natural en él; la # 4, *curiosidad:* "Ir más lejos de lo que ellas lo harían"; y la # 5, *expresividad:* "Ayudando a personas y organizaciones".

Y aquí está el llamado de Augusto Muench para desempeñar un papel específico en su vida: coaching. Lo escribió durante el programa Leader as Coach Columbia en el cual lo conocí. Augusto es coach y Presidente de América del Sur para Boehringer Ingelheim, la compañía de ciencias de la vida. Su llamado dice: "Como coach, tengo la intención de estar aquí, presente para ti, para mí, para nosotros, por amor al prójimo y al aprendizaje: quiero estar presente y fluir con tu propia energía para ayudarte a encontrar tu camino juntos en medio de la inconsciencia de nuestra rutina diaria". Yo identifiqué la intención #1, *samurái:* "En medio de la inconsciencia de nuestra rutina diaria"; la #2, *unidad:* "Para nosotros"; la #3, *enfoque:* "Tengo la intención de estar aquí"; la #4, *curiosidad*: "Por amor al prójimo y al aprendizaje"; la #5, *expresividad:* "Para ti"; la #6, *sensibilidad:* "Fluir con tu propia energía"; y la #7, *sencillez:* "Estar aquí, presente para ti".

Por último, este es el llamado de Debbie Lynd. Debbie es una amiga íntima, una coach increíble y muchas otras cosas más. Cofundó Growth Leaders Network. Su llamado consiste en: "Me deleitaré con cada persona que conozca". En su breve, pero poderosa declaración, identifiqué las siete intenciones de ÉXITO: *samurái, unidad, enfoque (centered), curiosidad, expresividad, sensibilidad y sencillez.*

Tómate un tiempo para dejar que tu llamado llegue a ti mientras reflexionas sobre estas siete intenciones de ÉXITO. Lo más probable es que te resulte útil pensar en alguien a quien admires. ¿Cuál de las siete intenciones de ÉXITO motiva a esta persona? A lo mejor, tengas aspiraciones similares a las de ella. Tómate un tiempo y deja que tu llamado llegue a ti.

DA UN PASEO

Para descubrir el llamado de tu vida te será muy útil pasar un tiempo a solas y en silencio. El silencio es el maestro más confiable y amoroso que conozco. Además, en aras de hallar tu vocación, te será muy útil que te adentres en la naturaleza —en particular, en la naturaleza que no ha sido trastocada por nosotros, los seres humanos—. En general, la naturaleza es una maestra poderosa. ¿Alguna vez te has topado con una naturaleza virgen que no inspire un sentido de belleza y majestad? Ella siempre está en armonía consigo misma, integrando todos sus componentes únicos en un todo vibrante, vivo, que eleva el espíritu humano porque es un reflejo de él. La naturaleza nos recuerda quiénes somos realmente. Hay algo muy simple y muy profundo en cada uno de nosotros que es nuestra esencia; que quiere expresarse sin disculpas, ni temor alguno, así, como la flor que nace entre las rocas, dándoles sus colores y fragancias al mundo sin la carga de las opiniones de los demás. ¿Te atreves a vivir como la flor, conociendo tu esencia y compartiéndola con total libertad?

Mientras caminas por la naturaleza, ya sea de manera literal o mental, sé consciente y amable contigo mismo. Deja que tu yo más interno te cuente sobre cuáles son sus anhelos para tu vida. Sin duda, ellos te encontrarán cuando comiences a escucharlos desde lo más profundo de tu ser. Sin embargo, para salir a su encuentro, es probable que tengas que hacer una caminata árida, pero eso se debe a que estamos tan acostumbrados a escuchar las opiniones de los demás que olvidamos cómo escuchar nuestra voz interior. El caso es que la naturaleza está lista a hablarnos desde su más profunda, profunda quietud, y quiere guiarnos con respecto a quiénes somos y cómo cuidar de la vida en todas sus formas. Si sientes dudas, sigue caminando, meditando, echando a volar tus sueños a sabiendas de que tu llamado te está esperando. Cuando lo encuentres, aprópiate de él con fuerza, creatividad y calidez.

LA ELECCIÓN DIARIA PARA SER TÚ MISMO

Es posible que algunos días no tengas ganas de vivir tu llamado y que desees ceder a esos pensamientos que te incitan a jugar poniendo poco sobre la mesa: *"No seas quien en realidad eres. De pronto, otras personas se sienten inseguras estando a tu alrededor". "Nunca has hecho esto antes, no lograrás hacerlo". "No tienes la fuerza para esto, será mejor que retrocedas".* Cuando escuches estas voces, recuerda que, como ser humano, tienes la capacidad única de elegir cómo responder tanto a los eventos externos como a tus pensamientos y sentimientos internos. En los días que me he sentido más vulnerable a mi propia pequeñez, días en los que he querido olvidar que tengo diversas opciones, me ha sido útil traer a mi mente a personas que admiro por su capacidad de ser quienes ellas realmente son en medio de las situaciones más difíciles. Una de esas personas es Viktor Frankl.

Viktor Frankl fue un siquiatra judío que se destacó por su floreciente práctica profesional en Viena, Austria, durante la década de 1930. Cuando se le dio la opción de emigrar a los Estados Unidos, él decidió no hacerlo, ya que sus padres no podrían unírsele y él no quería dejarlos atrás en la inminente oscuridad de tiempos tan inciertos. Frankl terminó encarcelado en cuatro campos de concentración y no solo sobrevivió, sino que decidió permanecer presente en lo que estaba sucediendo, atento a su entorno. Semanas después de ser liberado de un campo de concentración, escribió un libro que ha personificado el poder de elección para millones de personas en todo el mundo desde entonces. Se trata de *Man's Search of Meaning*. Como ser humano y siquiatra que sobrevivió en medio de aquellos campos de concentración, él quería comprender cómo las personas podían sobrevivir a la dura realidad del asesinato, el hambre, la tortura y la enfermedad. ¿Cómo sobrevivieron las pocas personas que no fueron asesinadas, viviendo en semejantes dificultades tan inimaginables, día tras día y sin vislumbrar cuál habría de ser su final?

Frankl reflexiona en su libro: "Nosotros, los que vivimos en campos de concentración, recordamos a esos hombres que caminaron por aquellos lugares consolando a otros, regalando su último pedazo de pan. Puede que hayan sido pocos en número, pero ellos son pruebas suficientes de que al ser humano se le puede despojar de todo, menos de una cosa: la más excelsa de las libertades humanas, la de elegir su actitud en cualquier tipo de circunstancias, la de escoger su propio camino".

El ejemplo de Frankl nos enseña que siempre tenemos la opción de elegir cómo responder, de darnos cuenta en qué consiste la inspiración que necesitamos para permanecer fieles a nuestro llamado sin importar lo que esté sucediendo a nuestro alrededor o en nuestro interior.

Para mantenerte fiel a tu llamado, la clave es elegir que eso es lo que harás día tras día, todos los días, sin importar qué esté sucediendo. Si te encuentras con ganas de rendirte, si sientes que no puedes y crees que lo que estás afrontando es demasiado difícil e incómodo, afróntalo de todos modos. Sorpréndete a ti mismo. Si Viktor Frankl logró mantenerse fiel a sí mismo en un campo de concentración, ¿podrás tú también mantenerte fiel a ti y a tu propósito hoy?

Toma una postura sobre quién eres realmente y déjate sorprender por la fuerza que te genera esta verdad.

—TRABAJO DE CAMPO—

1. Lee el siguiente segmento de *Long Walk to Freedom*, de Nelson Mandela:

"No nací con hambre de ser libre. Nací libre —libre en todo lo que pudiera…

"Pero luego, poco a poco, vi que no solo no era libre, sino que mis hermanos y hermanas tampoco lo eran. Vi que no solo se redujo mi libertad, sino la libertad de todos los que lucían como yo. Fue entonces cuando me uní al Congreso Nacional Africano, y fue cuando el hambre de mi propia libertad se convirtió en la gran hambre de la libertad de mi pueblo. Fue este deseo de la libertad de mi pueblo de vivir su vida con dignidad y respeto propio lo que animó mi vida, lo que transformó a un joven asustado en audaz, lo que llevó a un abogado respetuoso de la ley a convertirse en un criminal, lo que convirtió un esposo amante de la familia en un hombre sin hogar, lo que obligó a un hombre amante de la vida a vivir como un monje. No soy más virtuoso, ni más sacrificado que otros como yo, pero descubrí que ni siquiera podía disfrutar de las pobres y limitadas libertades que me permitían a sabiendas de que mi gente no era libre".

Ahora, reflexiona en lo siguiente por unos minutos:

"Lo que animó mi vida fue este deseo de libertad de mi gente por vivir su vida con dignidad y autoestima".

¿Qué anima tu vida?

¿Cuál es la contribución que deseas hacer al mundo?

2. Otra forma de ver tu llamado es como si este fuera tu "visión de crecimiento", la cual es una declaración de en QUIÉN deseas convertirte y QUÉ es eso que deseas contribuir. Tómate un tiempo para revisar y responder las siguientes preguntas:

   A. ¿Qué me encantaba hacer de niño? ¿Cómo me gustaba jugar?

   B. ¿Qué me hace cobrar vida?

   C. ¿Cuál es el regalo que tengo para ofrecerle a mi comunidad y del cual esta no se puede perder?

   D. ¿Qué poema o cita capta la esencia de quien yo soy?

   E. ¿Qué temores tengo de ser quien realmente soy?

   F. ¿Cuándo y de quién aprendí estos temores?

   G. ¿Quién sería sin estos temores?

   H. ¿Cuál de las siete intenciones de ÉXITO me atrae más en este momento de mi vida? (Elige al menos dos). ¿Qué pasaría si practicara esta intención dos veces en mi vida?

      1. *Samurái:* tener el coraje y la fortaleza de un guerrero para atender a mis necesidades básicas y enfrentar mis desafíos con todos mis recursos y sin ser abrumado por ellas.

      2. *Unidad:* generar relaciones auténticas y empáticas que acojan a todos y que vayan más allá de la dinámica tribal del nosotros versus ellos.

      3. *Enfoque:* ser impulsado por mi brújula interna, persiguiendo mis objetivos de todo corazón y con enfoque,

viendo cada "fracaso" como una parte intrínseca de seguir adelante.

4. *Curiosidad:* abrirles mi corazón a las enseñanzas de la vida, a los susurros, pase lo que pase, viendo cada momento como una oportunidad para el descubrimiento, como una visión más amplia y e innovadora.

5. *Expresividad:* expresarles mi don a los demás sin sentir que hay razones para pedirles disculpas y brindándoles mi cariño.

6. *Sensibilidad:* saber usar mi intuición, buscando la conexión entre todo y todos, integrando las aparentes polaridades en la vida, creando cohesión.

7. *Sencillez:* ver lo que se necesita y hacerlo, dejar ir el ego; simplemente, ser y contribuir con lo que soy.

I. ¿Cómo deseo contribuir a mi mundo?

J. ¿Qué necesita realmente mi mundo?

K. ¿Con qué visión me comprometo, pase lo que pase?

L. ¿De qué formas manifestaré mi visión?

Usando tus respuestas a las preguntas anteriores, crea tu visión de crecimiento y ve refinándola hasta lograr expresarla en una frase.

Capítulo 3

CRECIENDO A TRAVÉS DE LOS DESAFÍOS—TRANSFORMANDO COCODRILOS EN BÚHOS

"Deja de tener miedo de lo que podría salir mal y piensa qué podría salir bien". —Autor desconocido

Mentalidad por encima de lo material

¿En qué circunstancias damos nuestros mayores saltos en el aprendizaje? ¿Cuando van bien las cosas o cuando tenemos problemas? Si estamos abiertos a él, el aprendizaje ocurre en cualquier momento. Es posible transformar cualquier circunstancia en un motivo de crecimiento instantáneo. Sin embargo, las dificultades son nuestras oportunidades de aprendizaje más poderosas —son enormes puertas que le dan paso al crecimiento—. Es crucial verlas como momentos de verdad. Entonces, ¿responderemos desde la pequeñez o desde la grandeza a los obstáculos que surjan en nuestro camino? ¿Y dónde encontramos los medios para seguir aprendiendo y contribuyendo incluso cuando estamos bajo estrés?

Estudiando líderes que considero geniales, encontré algunas pistas a este respecto. Algunos de ellos son bien conocidos, como Mahatma Gandhi, Nelson Mandela y Franklin D. Roosevelt mientras que otros son menos conocidos, como Chris Capossela (Presidente de Marketing de Microsoft), Gene White (Presidente de Global Child Nutrition Foundation), Robert Tarkoff (CEO de Lithium Technologies) y Gerrit Visbeek, mi tío que era granjero de un invernadero. En cualquier caso, ¿qué hace de estos líderes excelentes en tiempos de desafío? *¿Cómo responden ellos a los obstáculos?* ¿Y qué podríamos aprender de ellos?

Hace 80 años, FDR se enfrentó a uno de los desafíos de liderazgo más grandes y apremiantes que los Estados Unidos haya vivido a lo largo de sus 150 años de Historia: la Gran Depresión, pues esta envió al país y al mundo rumbo a una espiral descendente. Algunos hasta temían que el declive nunca terminara. Solo en los Estados Unidos, nueve millones de cuentas de ahorro quedaron en ceros, la tasa de desempleo llegó a estar por encima del 25% y la situación solo parecía empeorar. En febrero de 1933, hubo otra conmoción bancaria, erosionando aún más la estabilidad del sistema financiero. Un visitante de la Casa Blanca le dijo a FDR: "O vas a ser nuestro presidente más grande o serás nuestro peor presidente", a lo que FDR respondió: "No, si fallo, seré el último presidente de nuestra nación". Le preguntaron a John Maynard Keynes, el economista británico, si algo así había sucedido antes. Él respondió: "Sí, se llamó Edad Media y duró 400 años".

El hecho es que FDR respondió decisivamente a la crisis. William Silber, un economista de la Universidad de Nueva York, describe las acciones que él tomó al día siguiente de su nombramiento como presidente: "El domingo 5 de marzo de 1933, después de una carrera de un mes en los bancos estadounidenses, el recién inaugurado Presidente de los Estados Unidos proclamó una suspensión de todas las transacciones bancarias durante cuatro días, comenzando al día siguiente. Sin embargo, FDR no abrió los bancos como estaba previsto el jueves 9 de marzo, sino que extendió el cierre por otros tres días".

Lo que FDR hizo fue tomar una decisión valiente, decretando un feriado bancario que permitiera cerrar todos los bancos. Con el paso de los días, explicó que ese había sido un "primer paso por parte del gobierno en la reconstrucción de nuestro tejido financiero y económico". Dicho feriado bancario fue una gran medida que nunca antes se había tomado, pues jamás se produjo una interrupción completa del sistema de pagos de Estados Unidos. Aquella fue una gran apuesta, ya que muchos temían que la gente, presa de un pánico aún mayor que el de antes de que los bancos cerraran, los asaltaran cuando estos reabrieran.

El domingo 12 de marzo a las 9:30 p.m., hora estándar del Este, la noche antes de la reapertura de los bancos y ocho días después de su posesión como presidente, FDR llamó a la radio para dar su primer Fireside Chat. La alocución duró 14:30 y la mayoría de los estadounidenses con acceso a un radio se reunió para escucharlo. Hasta el día de hoy, este discurso es uno de los actos más notables de gran liderazgo que conozco:

"Amigos míos, quiero hablar unos minutos con la gente de los Estados Unidos sobre la banca, —hablar con los relativamente pocos que entienden la mecánica de este sector—, pero en especial, con la abrumadora mayoría de ustedes, los que usan los bancos para hacer sus depósitos de dinero y girar cheques. Aunque en muchos casos, este feriado bancario representa un gran inconveniente, es indudable que nos brinda la oportunidad de suministrar el efectivo necesario para enfrentar la situación.

"Después de todo, hay un elemento en el reajuste de nuestro sistema financiero que es más importante que la moneda corriente y el oro: se trata de la confianza de ustedes. La confianza y el coraje son los elementos esenciales del éxito en la realización de nuestro plan. Ustedes deben tener fe; no se dejen llevar por rumores o conjeturas. Unámonos para desterrar el miedo. Hemos proporcionado la maquinaria para restaurar nuestro sistema financiero y depende de todos y cada uno de nosotros apoyarlo y hacerlo funcionar… Es su problema, mis amigos, es su problema no menos que el mío. Unidos, no fallaremos".

El día después del discurso de FDR, la gente volvió corriendo a los bancos. Esta vez, no fue para retirar dinero, sino para devolver el efectivo acumulado. Según *The New York Times*: "El público demostró claramente que se recuperó del miedo y la histeria que caracterizaron a los últimos días antes de que se proclamara el feriado bancario. Era obvio que la gente tenía plena confianza en los bancos que recibieron licencias del Banco de la Reserva Federal para reabrir". Al final de ese mes, la gente devolvió dos tercios del efectivo que había acumulado desde el inicio del pánico. En retrospectiva, vemos que el feriado bancario de FDR y su primer Fireside Chat terminaron con las ejecuciones bancarias que se estaban presentando en la Gran Depresión.

¿Qué podemos aprender con respecto al manejo de FDR durante ese desafiante momento de la Historia? FDR tenía una estrategia y un proceso muy claros para evitar el colapso financiero. Y sin embargo, eso no es lo que la gente más recuerda sobre su liderazgo. Su primera charla junto a la chimenea es la que se conoce como la "más valiosa que el oro". Entonces, ¿qué era más importante que el oro? Según FDR, "la confianza de ustedes. La confianza y el coraje son los elementos esenciales del éxito en la ejecución de nuestro plan". FDR se centró en la mentalidad más que en la materia para ayudar a abordar la crisis financiera. En el lapso de menos de 15 minutos, FDR transformó la mentalidad de una nación paralizada por el miedo y la histeria en una mentalidad basada en valor y confianza en el sistema.

Peter Drucker, el consultor de gestión reconocido como el "fundador de la gestión moderna", afirmó que "la cultura come estrategia a la hora del desayuno". Además, señala algo que FDR entendió a cabalidad: nuestra mentalidad, cómo nos vemos a nosotros mismos y a nuestro mundo, determina cuán efectivamente podemos actuar. Una mentalidad paralizada por la histeria conducirá a acciones histéricas que producirán resultados desastrosos. Una mentalidad de coraje y confianza nos permite actuar con valentía, aprender y movernos con eficacia y crear nuevas posibilidades de excelencia, prosperidad y conexión.

Para los grandes líderes, la mentalidad es tan importante como la estrategia y el proceso. Algunos la ven como el activo más importante que tenemos para abordar los desafíos. Yo estoy de acuerdo con ellos. Piensa en Gandhi llevando a India hacia una actitud de no violencia y autosuficiencia; en Mikhail Gorbachev alimentando una atmósfera de apertura en la antigua Unión Soviética, procurando encontrar el camino que la sacara del comunismo; y en Satya Nadella, CEO de Microsoft, transformando la compañía al generar una mentalidad de crecimiento.

UNA MENTALIDAD DE GRANDEZA

Si cultivar una mentalidad que conduzca al éxito es tan importante para que un líder sea efectivo, ¿existe alguna mentalidad específica en la que los grandes líderes se concentran cuando enfrentan obstáculos? A medida que estudiaba a los grandes líderes, me encontré con una enorme cantidad de mentalidades aptas para enfrentar los desafíos. Veamos las siguientes:

- Mentalidad de dominio propio y no de víctima: consiste en centrarse en los aspectos de la situación que están bajo nuestro control en lugar de ocuparnos en culpar a la situación y a las personas involucradas en ella.

- Mentalidad de aprendiz: es tener la humildad de ver las limitaciones de nuestra perspectiva propia y los méritos de las perspectivas de los demás; es disponerse a cuestionar todos los supuestos para llegar a una comprensión más integral de la realidad.

- Mentalidad de equipo: es apreciar los beneficios de la colaboración profunda por encima de la independencia heroica.

Todos estos focos son efectivos para los líderes… hasta que ya no lo sean. Cualquier fuerza exagerada podría convertirse en una debilidad. La belleza del desarrollo humano es que las cosas que funcionaron bien ayer pueden no funcionar tan bien hoy. Y este hecho nos proporciona el ímpetu para reinventarnos constantemente, para crecer. Confiar demasiado en el dominio propio nos conducirá a alienar a los demás; apoyarse solo en el aprendizaje conduce a la indecisión; y enfatizar demasiado en la colaboración tiende a conducir a la falta de responsabilidad.

Entonces, ¿qué conjunto de mentalidades, qué orientación general es útil para los líderes sin importar a qué desafío se enfrentan?

———•◦•———

Pienso en mi tío Gerrit Visbeek. Era un agricultor que poseía y dirigía uno de los invernaderos más grandes de los Países Bajos. En abril de

2009, le diagnosticaron cáncer. Al principio, su prioridad era continuar su vida como siempre. Unos meses más tarde, los médicos le dijeron que no podían hacer nada más por él y que tenía que prepararse para morir. Después de escuchar una noticia como esa, mi tío y yo comenzamos a hablar por teléfono casi a diario. Durante las últimas conversaciones antes de su muerte en diciembre de 2009, Gerrit me enseñó algo que me dio una valiosa pista acerca de qué es de lo que se trata mi vida y de cuál es la mejor clase de orientación tanto para la vida como para el liderazgo, incluso ante las mayores dificultades.

Durante el verano de 2009, cuando comenzamos a hablar, era frecuente que mi tío me contara sobre el dolor que sentía. Decía que el dolor físico de su cuerpo lo estaba convirtiendo en un esqueleto a medida que el cáncer lo devoraba, junto con el dolor emocional de tener que despedirse de su esposa e hijos y de tener que separarse de todas sus posesiones —su bello hogar, su empresa, su yate, su auto, su ropa, todo aquello por lo cual había trabajado tan duro a lo largo de su vida.

Entonces, el tenor de nuestras conversaciones comenzó a cambiar. La voz de Gerrit se hizo más profunda, más melodiosa y más suave. Se sentía más gentileza en él. Me contó cómo el hecho de enfocar su atención en el amor que profesaba hacia su familia lo ayudaba a no sentir el dolor; cómo, rindiéndose a ese amor, se sentía contento; y cómo sabía que su amor no moriría con su cuerpo. "Algo que me habría encantado hubiera sido encontrar este amor en mí mismo desde mucho tiempo atrás. Sin embargo, estoy muy agradecido de disfrutarlo ahora", me compartió Gerrit. Unas semanas antes de su muerte, me dijo que ya no tenía miedo de su fallecimiento y afirmó: "Si la vida ha sido una aventura tan grande, ¿qué tan magnífica irá a ser la de la muerte?".

Gerrit me inspira hasta el día de hoy. Su memoria me enseña a ser amoroso y a estar fascinado con la vida y con quien soy realmente, pase lo que pase. Su ejemplo me enseñó a ver los momentos más oscuros como mis grandes maestros para ayudarme a descubrir más sobre quien realmente soy. Siento que sus enseñanzas son eternas y que se alinean con el siguiente razonamiento filosófico de Nisargadatta Maharaj, uno de los grandes sabios de la India:

"Una vez te das cuenta de que el objetivo es el camino y que siempre vas por él, no para alcanzar el objetivo, sino para disfrutar de su belleza y sabiduría, la vida deja de ser una tarea y se vuelve natural y simple, un éxtasis en sí misma".

FDR ejemplifica esta misma filosofía. Cuando lo observo en documentales y fotos, veo a un guerrero inquebrantable que sonríe y sigue siendo ingenioso incluso ante enormes desafíos, como la poliomielitis que lo paralizó a los 39 años, la Gran Depresión y la Segunda Guerra Mundial, que casi destruyó el mundo tal como él lo conocía. Era como si él hubiera podido ver la promesa de nuevas posibilidades, incluso en los momentos más oscuros.

FDR, Nisargadatta Maharaj y Gerrit Visbeek son el ejemplo de una mentalidad a la cual nosotros también tenemos acceso sin importar cuán grande sea nuestro desafío y a quién lideremos, bien sea a nosotros mismos, a nuestros amigos y familiares o a nuestros compañeros de trabajo. A este tipo de mentalidad la llamamos mentalidad de liderazgo de crecimiento.

MENTALIDAD DE LIDERAZGO DE CRECIMIENTO

La mentalidad de liderazgo de crecimiento es aquella mediante la cual vemos cada momento, cada interacción y cada cambio como una oportunidad de hacer presencia, autodescubrimiento, contribución y excelencia. Cuando la adoptamos, alimentamos el fuego continuo de fascinación hacia nosotros mismos, hacia los demás y hacia nuestro mundo en general. Comenzamos a ver los que llamamos "problemas" como oportunidades para nuestra evolución. Nos preguntamos "¿Cómo estás creciendo hoy?" tan a menudo como nos preguntamos unos a otros "¿Cómo estás?". Es decir, estamos igualmente comprometidos con nuestro crecimiento interno y con el crecimiento de nuestro mundo. Una mentalidad de liderazgo de crecimiento tiene cuatro ingredientes principales: presencia, autodescubrimiento, contribución y excelencia. Podemos pensar en estos ingredientes como en los que se necesitan para preparar una rica sopa: la presencia es el caldo y el autodescubrimiento, la contribución y la excelencia son los otros ingredientes que agregamos para darle sustancia. Juntos, proporcionan una orientación nutritiva desde la cual podemos disfrutar de vidas satisfactorias y ayudar a otros a hacer lo mismo, incluso ante los desafíos.

PRESENCIA

De los cuatro ingredientes principales que conforman la mentalidad de liderazgo de crecimiento, la presencia es para muchos la más abstracta, a pesar de que es posible que hayamos oído hablar de ella en el contexto de las prácticas de meditación de atención plena que nos han sido introducidas por pioneros de la sabiduría como Jon Kabat-Zinn, Eckhardt Tolle y Jack Kornfield.

Entonces, ¿qué es la presencia y por qué es fundamental ser un líder de crecimiento? Como seres humanos, la mayoría de nosotros nos pasamos una cantidad considerable de tiempo viviendo en nuestra cabeza. Ya sea que nos preocupemos por lo que haremos para cenar, recordando ese verano hace cinco años o preguntándonos qué piensan nuestros socios, lo cierto es que nuestra mente siempre parece estar en otro lugar. Presencia significa dejar ir el pasado, el futuro, nuestras especulaciones y cualquier otro pensamiento distractor; es estar aquí, en nuestro cuerpo, ahora mismo, en el momento que se está desarrollando ante nuestros ojos. *La presencia es el arte sin esfuerzo de observar, apreciar y estar plenamente aquí y ahora.* Esto es especialmente importante cuando tenemos dificultades, pues nuestra mente tiende a volverse loca de arrepentimiento, culpa, miedo y otras formas de ansiedad. Descansando al estar en modo presencia, simplemente, observamos nuestra mente y nos desenredamos de nuestro ruido mental.

Algunos ya estamos familiarizados con esta idea que aquí llamamos "presencia". En cambio, otros hasta ahora la están descubriendo. Si el concepto de presencia se vuelve un poco confuso o difícil de entender, intenta sustituir la palabra *presencia* por estas otras:

1. *Atención plena*

2. *Conciencia*

La atención plena es la práctica de enfocar nuestra atención en el momento presente. Cuando la practicamos, nos hacemos presentes. Descansar nuestra atención en nuestra respiración es una forma de practicar la atención plena. El aliento siempre está aquí y ahora; cuando nos enfocamos en él, nos volvemos íntimos con la parte de nosotros que es atemporal, neutral, la que siempre está aquí y ahora. Podría decirse que la atención plena es una herramienta para enfocarnos en el momento presente.

La conciencia es la base desde la cual tenemos los medios para notar nuestros pensamientos, sentimientos y sensaciones. Siendo conscientes, notamos lo que está sucediendo sin quedarnos atrapados por ello. Cuando estos nos atrapan, también los observamos desapasionadamente y volvemos a ser el observador neutral e incluso podemos entrenarnos para tomar conciencia de la conciencia misma —observando al observador—. La conciencia es presencia y está ahí para brindarnos la sensación de satisfacción y confianza.

Al igual que un superhéroe que debe aprender a controlar su superpoder, cuanto más practiquemos ser conscientes, más rápido esta capacidad se convertirá en nuestra segunda naturaleza. La vida se volverá más clara y se sentirá menos estresante. Viviremos más tranquilos y alegres. Como siempre está ahí, la conciencia, la presencia o como quieras llamarla, puede convertirse en tu mejor amiga y socia en tu vida y tu liderazgo. Es un espacio al que siempre puedes regresar sin importar el desafío que toque a tu puerta.

Para estar más presente, practica con frecuencia la atención plena. A continuación, encontrarás un ejemplo. Si crees que estás demasiado ocupado para hacerlo ahora, te garantizo que te beneficiarás aún más si de todos modos lo haces. Una advertencia: existen miles de prácticas de atención plena y esta es solo una de ellas. Te la propongo por su simplicidad.

PRÁCTICA DE PRESENCIA EN 12 RESPIRACIONES

Aquí vamos:

Sonríe y cierra suavemente la boca. Permítete tomar conciencia de la entrada y salida de tu respiración por la nariz. Deja que la respiración se profundice y tome conciencia de ella moviendo tu estómago hacia adentro y hacia afuera. Deja que cualquier pensamiento y sentimiento esté allí y continúa volviendo tu atención al flujo de entrada y salida de tu respiración. Después de haberla experimentado de esta manera durante unos segundos, cierra los ojos y toma 12 respiraciones lentas dentro y fuera de tu vientre. Sigue enfocando tu atención en la respiración a medida que haces esto. Deja que haya pensamientos y sentimientos allí. No los toques. Sigue enfocado en tu respiración y apoya tu atención en ella.

Ahora, detén la práctica y descansa por un momento. Luego, pregúntate: ¿qué tan presente estoy ahora en una escala del 1 al 10? Puede que te hayas vuelto más presente haciendo esta práctica de 12 respiraciones; quizás, ahora estés más en el presente, disfrutando más de este momento; a lo mejor, te sientes más tranquilo, disfrutando de un poco más de claridad. Cualquiera que sea tu experiencia, está bien, no vas mal. Simplemente, hacer esta práctica te ayudará a estar más presente con el paso del tiempo.

<hr />

Hago esta breve práctica a menudo entre reuniones, en aviones, durante las líneas de espera (con los ojos abiertos para estar al tanto de lo que está sucediendo a mi alrededor) o después del almuerzo para revitalizarme. En tu caso, ¿cuándo podría serte útil esta práctica? Comienza eligiendo un tiempo establecido una vez al día y practica al menos siete días, si es posible, de forma consecutiva. Esa es la frecuencia con la que necesitamos repetir una nueva práctica antes de comenzar a experimentar los beneficios más que la incomodidad, según descubrieron mis colegas (y estoy de acuerdo).

"Estar aquí y ahora".

Esa es una forma de resumir lo que significa presencia. Recordarnos a nosotros mismos "estar aquí y ahora" es otra forma de practicar la atención plena en cualquier momento y en cualquier lugar.

Encontrarás una práctica de meditación adicional en el Apéndice 1.

PRESENTANDO LOS OTROS TRES INGREDIENTES: AUTODESCUBRIMIENTO, CONTRIBUCIÓN Y EXCELENCIA

Al practicar la presencia en nuestras actividades e interacciones diarias, le abrimos la puerta al segundo ingrediente del liderazgo de crecimiento: el autodescubrimiento. Cuando nos damos cuenta de lo que está sucediendo en el momento, desarrollamos la capacidad de discernir con más facilidad lo que es cierto para nosotros y acerca de nosotros. Notamos nuestros pensamientos y sentimientos más vívidamente, somos conscientes de lo que hacemos y de lo que no nos gusta y a través de este aprendizaje amortiguamos el riesgo de volver a caer en rutinas de comportamiento autolimitantes. Al practicar el autodescubrimiento y aplicarlo a cada situación, nos beneficiamos de cualquier desafío que la vida nos presente. Cuando vemos un obstáculo como una oportunidad para aprender, más que como una derrota, encontramos emoción e inspiración para seguir creciendo y evolucionando. Desde esta perspectiva, estaremos agradecidos por cada desafío que recibamos como líderes, bien sea en forma de comentarios difíciles, de un objetivo demasiado complicado, de una conversación tensa o de un desafío de flujo de efectivo —todas estas son lecciones de la vida para ayudarnos a descubrir más sobre quiénes somos y quienes no somos verdaderamente—. La retroalimentación puede ayudarnos a enfocar nuestra atención en puntos ciegos; un objetivo puede ayudarnos a acceder a cierta fortaleza oculta dentro de nosotros; una conversación puede recordarnos que no estamos solos en nuestro trabajo y un desafío de flujo de efectivo puede desatar la creatividad latente que yace en nosotros.

Al igual que el autodescubrimiento, la contribución hacia quienes nos rodean, que es el tercer ingrediente del liderazgo de crecimiento, también nos brinda oportunidades para nuestro propio crecimiento, en especial, frente a los desafíos. Los padres lo experimentamos a medida que criamos a nuestros hijos; los empleados también, cuando atienden a los clientes y trabajan entre ellos; y los líderes, guiando a sus equipos. Somos como árboles que, a medida que crecen, les dan sombra, refugio y alimento a innumerables criaturas. A menudo, los líderes que aumentan su capacidad de liderazgo se encargan de dirigir organizaciones más grandes, lo que les da la oportunidad de aumentar aún más su capacidad de inspirar y cuidar de otros. Para liderar grupos más grandes, necesitamos tener acceso a la mayor cantidad de recursos que albergamos dentro de nosotros. Y cuando tenemos más experiencia en liderar a más personas, existe mayor probabilidad de que nos pidan que lideremos a más gente —y afrontamos nuestro próximo desafío de crecimiento—. Crecimiento, contribución, crecimiento —este es un ciclo infinito.

Por último, el liderazgo de crecimiento también es una cuestión de excelencia –el cuarto ingrediente—. La palabra *excelencia* proviene del verbo latino *excellere*, que significa "sobrepasar". Cuando nos comprometemos con la *excelencia,* estamos llamados a ir más allá de lo que hay aquí y ahora con el fin de poder crear algo de lo que nos sintamos orgullosos. Como una flor en pleno proceso de florecimiento, nosotros también compartimos lo mejor de nosotros mismos. Desde esta perspectiva, la dificultad se convierte en nuestra próxima invitación para sobresalir y superar nuestras limitaciones. La excelencia requiere enfoque y creación. Exige crecimiento interno y este a su vez alimenta la excelencia —otro ciclo infinito.

Estos cuatro ingredientes de liderazgo de crecimiento son como una mesa de cuatro patas —la ausencia de cualquiera de las cuatro conduce al desequilibrio—. El autodescubrimiento sin contribuir a los demás tiende a conducir al narcisismo y al aislamiento. La contribución sin excelencia nos lleva al estancamiento y al aburrimiento. La excelencia sin presencia puede conducir al perfeccionismo y la inquietud. Y la presencia sin autodescubrimiento, contribución y excelencia puede convertirse en rigidez y aislamiento. Por esta razón, los cuatro ingredientes juntos proporcionan una base interna para la inspiración, la conexión y la creatividad sin fin.

Contempla estas cuatro orientaciones: presencia, autodescubrimiento, contribución y excelencia. ¿No son ellas parte innata de nuestra humanidad? ¿No todos anhelamos estar presentes (conscientes de lo que sucede dentro y alrededor de nosotros), aprender, contribuir (con nosotros mismos y con las personas y sistemas que cuidamos) y sobresalir?

Si el liderazgo de crecimiento es parte de lo que somos, ¿por qué no lo practicamos todo el tiempo? Vamos a sumergirnos en la tierra de las neuronas, los hábitos y la Historia.

MENTALIDAD DE CONTRACCIÓN— EL COCODRILO SERVIL: PARTE 1

Piense en cómo reaccionamos típicamente ante algo que no nos está saliendo como queremos. Nos encerramos. Nos abruma una sensación de temor. Nuestro diálogo interno tiende a ser: "¡Oh, no!". Nuestros sentimientos molestos provocan contracciones y tensiones incómodas en nuestro cuerpo. Nos sentimos frenéticos o indefensos. ¿Por qué es esto?

La neurociencia moderna nos da algunas pistas. Afirma que nuestro Sistema nervioso está conectado principalmente para ayudarnos en nuestra supervivencia. Cada uno de nuestros cerebros contiene la amígdala, un grupo de núcleos en forma de almendra, la cual está alerta las 24 horas del día y los 7 días de la semana para asegurarse de que no nos lastimemos. Si estamos cruzando la calle y nos vemos obligados a correr por causa de un conductor descuidado, podríamos decir: "Gracias, amígdala, por salvarme la vida una vez más". Justo después de recibir la señal de peligro, la amígdala generó la liberación de una cantidad de adrenalina y hormonas que hicieron que nuestra sangre corriera y nuestros músculos se contrajeran produciendo así la rápida reacción de esquivar el vehículo que se aproximaba. Esa es la buena noticia con respecto a la parte reactiva "reptiliana" de nuestro Sistema nervioso.

La mala noticia es que la amígdala a menudo se equivoca. Es por eso que, por ejemplo, podríamos confundir una indefensa rama de un árbol con una serpiente venenosa y huir de ella. Y debido a que esta parte de nuestro cerebro es un sistema de alarma aproximado, no distingue entre amenazas físicas y emocionales. Desde la perspectiva de la amígdala, alguien que no está de acuerdo con nosotros o nuestro jefe que desaprueba nuestra propuesta nos parecen tan amenazadores como un tigre saltando sobre nosotros para devorarnos. En la década de 1960, el sicólogo Daniel Goleman fue pionero de este concepto. Y en una investigación reciente, él descubrió que nuestra sociedad está en un estado constante de bajo nivel de secuestro por parte de la amígdala. Se llama "secuestro" porque, cuando estamos bajo la influencia de la amígdala, tendemos a ser controlados por ella, a menos que estemos muy conscientes de lo que está sucediendo. Y es un estado constante porque, en el mundo de hoy, no nos damos suficiente descanso real para calmar nuestra amígdala. Más bien, tendemos a optar por navegar en internet, practicar los juegos que hay en los teléfonos celulares, mirar televisión y seguir trabajando, en pocas palabras, a hacer cualquier cosa que nos estimule. Estamos olvidando cómo descansar y por esa razón nuestra amígdala permanece en alerta máxima.

La amígdala hace parte del área "cocodriliana" o reptiliana de nuestro cerebro, que es primitivo y agresivo/defensivo-reactivo. Cuando este es impulsado por la amígdala, tenemos una capacidad limitada para el autodescubrimiento, la contribución y la excelencia. En cambio, somos impulsados por la reacción inmediata a luchar, huir o quedarnos paralizados. En lugar de operar de tal manera que deje espacio para el crecimiento o el cuidado, esta "mentalidad de contracción" es un cocodrilo que tiende a operar en el nivel de victimización — un estado "seguro" destinado a fomentar la autoconservación— y, como efecto secundario, nos mantiene empequeñecidos y controlados.

Sabemos que estamos bajo el control de este cocodrilo cuando reaccionamos a una tensión, ya sea emocional o física. Como nota al margen, llamaremos a esta reactividad "cocodrilo servil" para distinguirlo de su hermano al que conoceremos más adelante en este mismo capítulo. Dicha reactividad incluye ceder ante *pensamientos* negativos incluso si no respondemos verbal o físicamente a una determinada situación. Aun así, notamos que nos sentimos nerviosos, estresados, agitados, abrumados, altaneros, abatidos, conmocionados, ansiosos, enojados o en medio de una combinación de estos sentimientos. Nos resistimos a la realidad, lo que hace que el mundo se sienta muy pequeño. Este hecho minimiza nuestras posibilidades de crecer.

Bajo la influencia del cocodrilo servil, recurrimos a comportamientos reactivos de lucha, huida y parálisis. Dominamos, controlamos, gritamos, juzgamos, manipulamos, discutimos, trabajamos en exceso, hablamos demasiado y empujamos a los demás hacia un lado quedando atrapados en una reacción de lucha. En circunstancias normales, nos alejamos de los demás, somos cautelosos, prudentes, evitamos conflictos, chismes y nos apaciguamos. ¿Y qué ocurre cuando nos paralizamos? Nos quedamos sin palabras, nos ponemos nerviosos, nos encerramos, reprimimos nuestros pensamientos y nos volvemos invisibles. El repertorio de reacciones de lucha/huida/parálisis del cocodrilo es enorme. Piensa en los comportamientos reactivos en los que podrías caer bajo la influencia de esta astuta criatura. Serían algunos de los comportamientos enumerados anteriormente y también hay muchos otros, pero todos están basados en el miedo y nos impiden aprender.

También tenemos pistas de que estamos en manos de este cocodrilo servil cuando notamos que hay tensión en nuestro cuerpo e incurrimos en peleas, huidas o conductas paralizantes. Este es el lenguaje de nuestros pensamientos, nuestro diálogo interno. Como el cocodrilo trabaja para nuestra supervivencia, no le interesan los matices, pues tenerlos en cuenta le llevaría demasiado tiempo. El cocodrilo no quiere que pensemos, quiere actuar ahora. ¡Un tigre está a punto de comernos! No podemos esperar. Entonces, la parte de cocodrilo de nuestro Sistema nervioso hace juicios instantáneos y no los verifica. Inmediatamente, etiqueta todo como blanco o negro, correcto o incorrecto, bueno o malo, seguro o peligroso. Para mantenerse simple y práctico en ese mismo instante, el cocodrilo no necesita tiempo para verificar suposiciones. Por eso, las declara como hechos. Nuestro cocodrilo a menudo dice algo como "X es Y". Los siguientes son algunos ejemplos muy comunes:

"Nunca voy a aprender esto".

"Soy así".

"No puedo".

"No hay nada que yo pueda hacer".

"Somos los mejores".

"Deberían/ no deberían tener…"

"Es así".

"No hay otra opción".

"Es de esta manera".

Para tomar conciencia del lenguaje de este cocodrilo servil, tómate un momento y enumera las declaraciones de cocodrilo que observas en tu diálogo interno, especialmente, cuando te sientes desafiado, cuando declaras tus suposiciones como hechos.

━━━━◆━━━━

Cuando decidimos escucharla, la conversación del cocodrilo servil puede tener grandes implicaciones. Toma nota de lo siguiente:

"Todo lo que se podía inventar ya está inventado".
>   —Charles Duell, Director de la Oficina de Patentes de los
>   Estados Unidos, 1899

"Las mujeres sensibles y responsables no quieren votar".
>   —Grover Cleveland, Presidente de los Estados Unidos, 1905

"No hay ninguna razón para que una persona tenga una computadora en su casa".
>   —Ken Olsen, Presidente de Digital Equipment, 1977

El cocodrilo servil decide cómo son las cosas y las declara como verdad absoluta. Excelente para la supervivencia física —es útil tener información inequívoca que nos diga que corramos ahora cuando aparece un tigre—, pero no es tan bueno para el resto de aspectos de nuestra vida.

¿Cuál es el costo de estas declaraciones de cocodrilo servil? Volvamos a las tres dimensiones de la percepción de la realidad: el yo, el nosotros y el ello.

En la dimensión del yo, las declaraciones de cocodrilo causan estrés, ya que nos preocupa tener razón. Y cuando sabemos que no la tenemos, nuestro cocodrilo creará aún más confusión emocional al hacernos fabricar supuestos disfrazados de hechos, para así respaldar nuestros juicios. ¿Alguna vez estuviste en una reunión en la que aprendiste algo nuevo que contradecía una conclusión que escribiste en tu diapositiva de PowerPoint y de alguna manera seguiste inventando razones que sustentaran por qué sí tenías razón?

Las declaraciones de cocodrilo servil también corroen la dimensión del nosotros y nuestras relaciones, ya que no hay la posibilidad de un diálogo real cuando creemos que estamos en lo correcto y que los demás están equivocados.

¿Y qué hay de la dimensión del ello, de nuestra efectividad? Si Duell, Cleveland y Olsen hubieran estado en lo correcto, nos habríamos perdido de todas las innovaciones de por lo menos más de los últimos 100 años, nada nuevo habría sido inventado, las mujeres no votarían, ni la computadora en la que estoy escribiendo existiría.

Los cocodrilos interfieren para cambiar el statu quo. ¿Por qué? ¡Porque desde su perspectiva reactiva, cambiar el estado de las cosas es mejor para nuestra supervivencia, ya que necesitamos saber las respuestas a nuestras inquietudes aquí y ahora mismo o moriremos! En general, cuando nuestros cocodrilos controlan nuestro Sistema Nervioso, no aprendemos y, en cambio, permanecemos en suposiciones no controladas y basamos nuestra vida en este pseudosentido reptiliano de certeza. Esas son malas noticias.

Sin embargo, también hay buenas noticias sobre nuestro sistema nervioso. Veamos qué podemos aprender de FDR sobre otra parte de nuestro sistema nervioso que, como resultado, tiene la capacidad de domar nuestros cocodrilos y ayudarnos a aprender también de nuestros obstáculos. Había bastantes cocodrilos para ser domesticados en 1933.

PONIENDO LOS COCODRILOS BAJO LA SABIA COBERTURA DEL BÚHO

Franklin D. Roosevelt no sabía nada sobre cocodrilos, ya que los estudios sobre este tema no eran de conocimiento público durante su tiempo en el cargo presidencial. Sin embargo, reconoció el miedo como uno de los mayores desafíos de su país, en particular, para enfrentar la crisis bancaria. Como dijo al principio de su discurso inaugural: "Permítanme manifestar mi firme creencia de que a lo único que debemos temerle es al miedo mismo". Una semana después, durante su famoso Fireside Chat, FDR enfatizó tres veces con respecto a la importancia de combatir el miedo, concluyendo: "Unámonos para desterrar el miedo… juntos, no podemos fallar". Él hizo que la gente tomara conciencia de las trampas de cocodrilo que podrían socavar la recuperación de la nación, le hizo saber a la gente que no apoyaría el comportamiento basado en el miedo y afirmó: "Permítanme aclararles que los bancos se encargarán de todas las necesidades, excepto, por supuesto, de las demandas histéricas de los acumuladores, y creo que el acaparamiento durante la semana pasada se ha convertido en un pasatiempo extremadamente pasado de moda en cada parte de nuestra nación". Ni FDR, ni los bancos alimentaron a los cocodrilos.

FDR entrenó a toda una nación para que domesticara sus cocodrilos y creciera en sabiduría. Podemos referirnos al opuesto del cocodrilo como "sabiduría de búho", señalando la parte sabia y compasiva de nuestro sistema nervioso sobre la cual ahora sabemos que está relacionada con el área de nuestro corazón y las cortezas prefrontales.

Imagina un escenario de oficina en el que recibimos críticas por un trabajo que acabamos de terminar. ¿Cómo responder a esa circunstancia con sabiduría de búho y no con histeria de cocodrilo? ¿Y cómo querría nuestro cocodrilo que reaccionáramos? ¿Ves cuántas opciones más tenemos cuando respondemos desde la sabiduría de búho? Por ejemplo, procurando obtener más información sobre los comentarios que recibimos, interesándonos en los detalles para ver dónde lo hicimos bien y dónde podríamos mejorar y, probablemente, disponiéndonos a entender cómo hacer para abordar la tarea de manera más efectiva en el futuro. Por el contrario, el cocodrilo solo estaría a la defensiva, tratando de demostrar que el equivocado es el otro y no nosotros, ignorando la retroalimentación recibida o intentando solucionar el problema a toda velocidad y sin detenerse a analizar nada.

A propósito de la mentalidad de FDR, el historiador David McCullough comentó: "FDR pronunció discursos que querían hacer que la gente se levantara, que fuera mejor de lo que pensaba que podía ser". FDR ayudó a las personas a sobresalir, a superar sus limitaciones imaginarias de cocodrilo. Ayudó a cambiar la conciencia colectiva de una nación, basada en un miedo de cocodrilo, a una mentalidad de liderazgo de crecimiento basada en una sabiduría de búho, ayudándole a la gente a ver la Gran Depresión con una mirada fresca. En lugar de actuar desde el "pobre de mí", las personas crecieron para volver a concebir su abrumador problema como un desafío de crecimiento compartido. *¿Cómo puedo contribuir a la solución?* se convirtió en su nueva perspectiva. Y contribuyeron. Lo hicieron. Recuerda que, de manera voluntaria, devolvieron a los bancos dos tercios del efectivo acumulado antes de fin del mes en que FDR dio su charla titulada "Más importante que el oro". FDR entrenó exitosamente a la gente para que transformara sus cocodrilos reactivos en sabiduría constructiva de búhos.

PRACTICANDO LA DOMESTICACIÓN DE NUESTROS COCODRILOS

Siguiendo los pasos de FDR, cuando somos desafiados, nos entrenamos para pasar de cocodrilos a búhos. Es ahí cuando es sabio practicar una mentalidad de liderazgo de crecimiento —*elegir presencia, autodescubrimiento, contribución y excelencia en lugar de distracción, reactividad, obtención y abandono*—. Sin embargo, en el calor del momento, por ejemplo, cuando estamos recibiendo comentarios difíciles de aceptar, practicar este tipo de mentalidad nos parece una tarea imposible de lograr.

Para que la domesticación de nuestros cocodrilos sea más manejable es bastante útil hacer una pausa con respecto a lo que estemos pensando y haciendo, respirar profundo y hacernos esta pregunta: "*¿Quién está hablando ahora, el búho o el cocodrilo?*".

Cuando nos sentimos inseguros, de lo que sí podemos estar seguros es del hecho de que el que habla es nuestro cocodrilo reactivo. Si es así, simplemente, sonriamos, hagamos una pausa y preguntémonos: *"¿Cómo respondería mi búho en este momento?"*.

Ahora, mira lo que sigue: hazte consciente de transformar tu reactividad. Domestica tu cocodrilo y procura encontrar un camino que te lleve a adquirir más sabiduría al hacerte la pregunta central del liderazgo de crecimiento: *"¿Cómo estoy creciendo?"*.

Tal vez, lo que tengas frente a ti sea algo importante o superficial. Eso no importa. Lo que importa es que estás aprendiendo un poco —o mucho— más de tu sabiduría de búho.

En todo caso, el hecho de reflexionar sobre estas tres sencillas preguntas domestica nuestros patrones de cocodrilos y los pone bajo el control de nuestra sabiduría de búhos. Cuando dudemos de que esta práctica funciona, pensemos en grandes líderes que domesticaron no solo sus propios cocodrilos, sino también los de una nación entera, como FDR.

Trabajo en función de domesticar mis cocodrilos todo el tiempo. El siguiente es uno de muchos ejemplos de lo que enfrento. Hace unos meses, estaba hablando por teléfono con un cliente y, en determinado momento, me pidió posponer algunos de los talleres de desarrollo cultural que habíamos planeado. Me sentí ansioso, ya que no estaba seguro de tener suficiente espacio ese próximo otoño para reacomodarlo en mi agenda. Mis pensamientos internos fueron: "¡¿Por qué no pensó en esto antes?!". "¡Ahora, todo fallará!". "¡Hice algo mal y por eso es que esto está sucediendo!". Después de la llamada, hice una pausa y me planteé las tres preguntas para domesticar cocodrilos:

1. ¿Quién está hablando ahora, el búho o el cocodrilo?

2. ¿Cómo respondería mi búho en este momento?

3. ¿Cómo estoy creciendo?

DECLARACIONES APOCALÍPTICAS E ILUSAS

Claramente, mi cocodrilo servil estaba hablando. Todos mis pensamientos de diálogo interno estaban llenos de negatividad y escenarios apocalípticos.

Anticipar lo peor y presentar esa suposición como un hecho es otra forma en que nuestro astuto cocodrilo trata de protegernos convirtiendo una pesadilla en una convincente alucinación, así, nos sentiremos obligados a entrar en estado de lucha/huida/parálisis. Cuando estamos estresados, nuestro cocodrilo servil es feliz. "Al menos, sé que estamos en alerta máxima", se dice nuestro cocodrilo a sí mismo, "he hecho mi trabajo, nos estamos preparando para lo peor". Este tipo de pensamiento trágico puede aparecer en forma de exceso de trabajo, inquietud, perfeccionismo y en otras formas de comportamiento obsesivo.

Como nota al margen, las charlas de cocodrilo no solo vienen en forma tremebunda. También pueden ser ilusas. Por ejemplo: "Somos los mejores", "Eso nunca sucederá" y "Sé la respuesta con certeza". Esas son formas en que el cocodrilo trata que nos sintamos seguros al hacernos ignorar lo que en realidad está sucediendo. En este capítulo aprenderemos más sobre la charla de este cocodrilo inocentón.

"¿Cómo respondería mi búho?" fue la siguiente pregunta que me hice después de la conversación telefónica con mi cliente. Me di cuenta de que, simplemente, podía mapear lo que este cliente necesitaba y comparar nuestros compromisos ya establecidos con otras personas para evitar un cruce de agendas y acordar entre juntos cómo abordar la situación. Y sí, fue así de simple.

Por último, reflexioné sobre "¿Cómo estoy creciendo?". Una vez más, comprendí cuánta alegría hay en el hecho de trabajar en equipo con los clientes, ser auténtico con ellos e incluso con respecto a mis propias limitaciones, pero sin temor a lo que pueda suceder. Si dejo ir mis terribles proyecciones de cocodrilo, esas que me pintan el peor de los escenarios, experimentaré el fluir de las cosas y hallaré la colaboración necesaria junto con nuevas posibilidades para resolver los problemas.

Cuando obligamos a los temores de cocodrilo a sujetarse a la sabiduría del búho, nuestra vida tiende a ser más simple y más alegre. ¿La clave para domesticar cocodrilos? Notar que estamos bajo su influencia. Reconocer que estamos atrapados en medio del juego.

Conozcamos otro cocodrilo común que tiende a mantenernos débiles y reactivos. Lo llamaremos "el chico/la chica bueno(a)", o, en resumen, otro "cocodrilo servil". Este es el cocodrilo que intenta complacer a los demás y es similar al comportamiento de acción y parálisis de su hermano servil. Sin embargo, su funcionamiento interno es un tanto diferente aunque los dos cocodrilos juntos nos mantienen empequeñecidos, en la mentalidad de contracción.

MENTALIDAD DE CONTRACCIÓN— EL COCODRILO SERVIL: PARTE 2

¿Cómo reforzaron tus padres tu comportamiento cuando pronunciaste tus primeras palabras? ¿Y qué dijeron cuando aprendiste a deletrear tu nombre? ¿Qué pasó cuando obtuviste una buena calificación en una prueba?

Lo más probable es que hayas escuchado ese "¡Sí, bien!" muchas veces en tu vida y en el camino desarrollaste las ansias de obtener ese tipo de respuesta. ¿Qué te dices a ti mismo cuando terminas tu trabajo a tiempo, cuando alguien está de acuerdo contigo, cuando llegas a tu destino? Probablemente, digas: "¡Sí, bien!". Y como resultado, te sientes dichoso.

El problema con la validación "¡Sí, bien!" es que se convierte en un bloqueador de nuestro potencial cuando comenzamos a necesitarla. Y nos demos cuenta o no, muchos de nosotros buscamos esa validación constante. Lo bueno de esto es que la neurociencia nos ayuda a entender porqué. Recuerda que nuestro sistema nervioso está conectado principalmente para efectos de supervivencia. Una de las muchas formas en que nos ayuda a sobrevivir es motivándonos a hacer lo que es predecible. Piensa en los tiempos prehistóricos. Cuando los seres humanos de la época escuchaban por primera vez el sonido del agua corriendo y descubrían un arroyo cercano, se sentían felices ante el hecho de haber descubierto una nueva fuente de abastecimiento confiable. Sus cerebros liberaban una oleada de dopamina, lo que los hacía sentir bien y los incentivaba a volver al suministro cercano de agua potable que acababan de descubrir.

En pocas palabras, obtenemos una liberación de dopamina cuando nos sentimos validados. Entonces, cada vez que alguien nos dice: "¡Sí, bien!", recibimos este pequeño incentivo químico. Esto, en sí mismo, no es un problema. Sin embargo, la validación se convierte en un problema cuando malgastamos una cantidad excesiva de energía mental e incluso física en obtenerla. Luego, en lugar de centrarnos en ser conscientes de nosotros mismos y aprender, en cuidar y dar lo mejor de nosotros, tendemos a seguir volviendo a nuestras tácticas familiares de búsqueda de validación. Las tácticas incluyen jugar en pequeño, no decir lo que en verdad queremos decir, actuar de manera hipócrita con tal de obtener aprobación, trabajar demasiado para sentirnos dignos y renunciar a los sueños de nuestra vida para mantenernos seguros y mimados en medio de la aprobación de quienes nos validan.

Nuestros comportamientos de "cocodrilo adicto" en búsqueda de dopamina también son más básicos que eso. Cada vez que hagamos una predicción y obtengamos la respuesta que queremos, recibiremos dulces de dopamina. Cuando revisamos nuestros dispositivos, anticipamos un mensaje y lo recibimos (correo electrónico, texto, me gusta, etc.), recibimos una pequeña dosis de dopamina. Esto puede explicar por qué muchos, en lugar de fumar, ahora son adictos a revisar sus dispositivos, incluso cuando conducen su auto, esperan el autobús o se sientan a la mesa. Dosis de caramelo de dopamina ¡El sabor de la comida real, aparentemente!

Todas estas reacciones de cocodrilo adicto comenzaron a través de patrones que aprendimos de niños —patrones en los que nuestra función primitiva de dopamina nos impulsa y nos ayuda a sobrevivir—. Recuerda cuando eras niño. Tú no tenías medios para mantenerte a ti mismo, sino que te tocaba confiar en tus cuidadores para sobrevivir. Cuando recibías su validación, esto significaba que lo estabas haciendo bien —que ibas por el camino correcto, rumbo a la sobrevivencia—. Y por el contrario, ser reprendido significaba que no estabas haciendo las cosas bien, lo que detonaba la posibilidad de abandono y, por lo tanto, la muerte, o eso creía tu joven cocodrilo. Para evitar esto, aprendiste ciertas rutinas de defensa que te ayudaran en tu propósito de obtener la validación que se quedó arraigada en tu sistema nervioso.

¿Cómo deshacernos de la influencia de estos cocodrilos adictos a la validación? Al igual que con el cocodrilo servil, lo primero es notarlos. Una vez más, nuestro cuerpo nos proporciona pistas útiles. ¿Cómo te sientes cuando obtienes aprobación o reconocimiento? Tal vez, sientas euforia, alivio o alguna otra forma de subidón emocional momentáneo. Lo más probable, es que esa emoción se deba a la liberación de dopamina que estás experimentando. Además, también es probable que tu diálogo interno esté dominado por un tipo específico de pensamiento tranquilizador al que llamamos "cocodrilo iluso". Y como nuestro cocodrilo adicto busca validación, creará un diálogo interno sumiso que te hará pensar y decir cosas como:

"Está bien", cuando no lo está.

"Estoy de acuerdo", cuando no lo estás.

"Me siento genial", cuando te sientes mal.

"Hagámoslo", cuando no quieres hacerlo.

Ten en cuenta que nuestro cocodrilo adicto no quiere que tachemos de ilusas estas declaraciones. Solo quiere que las cosas sean manejables, agradables y predecibles. Esas son las malas noticias. La buena noticia es que tomar conciencia de este pensamiento iluso es el comienzo de domesticar a este cocodrilo adicto.

Una vez que hayamos notado que este cocodrilo está actuando, es conveniente que nos quedemos quietos y permanezcamos presentes, sin ceder ante la necesidad de validación. Así, escucharemos lo que sugiere nuestro búho y nos centraremos en dar lo mejor de nosotros, ahí sí, complaciendo a quienes nos rodean. Para apoyar nuestro proceso, formulémonos las tres preguntas de domesticación de cocodrilos que describimos anteriormente:

1. ¿Quién está hablando ahora, el búho o el cocodrilo?

2. ¿Cómo respondería mi búho en este momento?

3. ¿Cómo estoy creciendo?

Cuando ya no tratamos de ser un(a) buen(a) chico(a), nos liberamos para escuchar a nuestro corazón y nos convertimos cada vez más en quienes realmente somos.

NEUROPLASTICIDAD: NUESTRO PASADO SE CONVIERTE EN NUESTRO FUTURO

Cuanto más frecuentemente pensemos y actuemos de cierta manera, más a menudo se activarán ciertas vías neuronales en nuestro cerebro. Estas rutinas se arraigan, como "neuronas que se disparan juntas y se entrelazan". Al igual que cuando caminamos por la nieve, cuanto más insistimos en caminar por ella, más profunda se vuelven nuestras huellas. De esa misma forma, cuanto más a menudo tengamos pensamientos defensivos, más probable será que los repitamos. Cuanto más a menudo forcemos a nuestros cocodrilos a sujetarse a la sabiduría del búho, más fácilmente los iremos domando. Con el tiempo, podemos volvernos inconscientemente hábiles en la labor de domesticarlos. Los científicos llaman a este proceso "neuroplasticidad". Las neuronas que trabajan juntas repetidamente preparan nuevas pistas en el cerebro que se convierten en carreteras debido a su uso repetido. Esto es cierto para todos los pensamientos repetidos, ya sean serviles, reactivos o estén impregnados de sabiduría de búho. Eso no importa. Lo importante es que nuestra mente repetirá aquello para lo que haya sido programada, como una computadora.

Permíteme darte un ejemplo personal de un patrón de cocodrilo que se grabó en lo más profundo de mi ser. Cuando era niño, interpreté que ser yo mismo no era aceptable y, por lo tanto, tampoco seguro. Mis padres eran granjeros muy calificados, pero a mí la agricultura no me gustaba mucho. Si decía: "Prefiero leer", ellos me respondían: "Deberías ser un buen hijo de granjero y trabajar en la granja". Entonces, ¿qué hice cuando tenía siete u ocho años, viviendo con cuidadores que premiaban las conductas propias de "un buen hijo de granjero" al tiempo que mis cocodrilos querían asegurarse de mi supervivencia? Pues me convertí en alguien que no era —en un "buen hijo de granjero"—. Traté de ser alguien que otros validaran. ¿Por qué mis padres actuaron de esta manera? Ellos eran y siguen siendo personas muy amorosas. Los admiro y los amo profundamente y ellos también a mí. Además, en el momento en que yo era un niño, ellos no eran conscientes de que existieran estos cocodrilos. ¿Cómo podrían haberlo estado? Simplemente, habían aprendido estas formas de pensar de sus padres y sus padres las habían aprendido de los suyos; así fue generación tras generación. Los cocodrilos no son personales. Son tribales y se transmiten de una generación a la otra, hasta que alguien dice: "No más, *hasta aquí llegó este cocodrilo*". Tú podrías ser esa persona.

Siguiendo el esquema de ser "un buen chico", creyendo que "ser yo mismo no es conveniente, ni seguro" y que "debía cumplir o de lo contrario…", malgasté mi energía tratando de crear un ambiente que validara quién yo era, incluso si yo no era yo mismo. Trabajé demasiado para obtener elogios, me costó mucho decir que no, no expresé mis sentimientos con claridad, fui demasiado sensible y traté de compensar las turbulencias emocionales de los demás.

Ya no tengo siete u ocho años. Sin embargo, todavía tengo algunas conductas de "buen chico" grabadas en mi sistema. Esa era una carretera neurológica por la cual yo viajaba muy a menudo. Y como no me di cuenta de ello sino hasta que tenía unos ocho años, todavía es parte de mí, incluso después del trabajo que he hecho para curar esa tendencia. Por fortuna, he visto a estos cocodrilos adictos perder su poder para dominar mis pensamientos, ya que he estado haciendo mis prácticas para domesticarlos.

EJERCITANDO LA MENTALIDAD DE LIDERAZGO DE CRECIMIENTO

Si FDR hubiera cedido a un deseo adicto de cocodrilo de agradar, con seguridad, no habría podido actuar con la misma decisión que lo hizo durante la primera semana de su presidencia en marzo de 1933.

FDR fue un líder extraordinario. Aprendamos a ser como él. Ya es hora de dejar atrás de una vez y para siempre nuestros cocodrilos serviles y adictos y centrarnos en nuestra "confianza y coraje" para transformarnos a nosotros mismos y transformar nuestro mundo.

¿Experimentaremos una transformación inmediata una vez que decidamos dejar ir a nuestros cocodrilos? Lo más seguro es que no. Los grandes líderes de nuestro tiempo no se convirtieron en emprendedores exitosos de la noche a la mañana. FDR fue golpeado por la enfermedad del polio 11 años antes de ser elegido presidente. Pasó años aprendiendo a caminar con aparatos ortopédicos y muletas con tal de llegar a ser un candidato presidencial viable. En lugar de ceder a la desesperación que experimentó al comienzo de su enfermedad, se mantuvo comprometido con su recuperación. Se unió a un centro de tratamiento de la poliomielitis y, poco después, compró y dirigió uno, Warm Springs, para curarse a sí mismo y para ayudarles a otros a sanarse. Desde temprana edad, le habían enseñado que podía tener éxito en cualquier cosa que se le ocurriera y luego él se encargó de transmitirles esa enseñanza a sus compatriotas. Eleanor Roosevelt afirmó: "Nunca conocí a un hombre que le diera a uno una mayor sensación de seguridad. Nunca lo escuché decir que hubiera un problema imposible de resolver para nosotros los seres humanos. Nunca lo vi enfrentar con temor la vida, ni ningún problema que surgiera". Y a pesar de eso, incluso FDR tuvo sus momentos de desesperación reptiliana, pero superó las circunstancias externas de su vida con "la confianza y el coraje" que lo caracterizaron.

Échales un vistazo a tus cocodrilos con la mentalidad de FDR, con coraje y confianza. ¿Qué posibilidades de presencia, autodescubrimiento, contribución y excelencia ves?

Cocodrilos serviles	Cocodrilos adictos
Luchan Perfeccionismo Necesitan ganar a toda costa Sofocantes Polémicos	**Requieren de la validación de los demás** Complacientes Comprometedores Aduladores Embusteros Hipócritas Niegan sus necesidades Conspiradores No luchan por sus causas Recursivos Víctimas
Huyen Eludiendo No apropiándose de la causa Discrepando de los demás Siendo complacientes	
Se paralizan Poniéndose nerviosos Escondiendo Negando las dificultades que afrontan Siendo apáticos	**Requieren de validación a través de actividades** Perfeccionismo Trabajando más de la cuenta Preocupándose demasiado Revisando una y otra vez Fijándose demasiado en los detalles Revisando una y otra vez su lista de cosas por hacer

Recuerda, la neuroplasticidad significa que podemos desaprender la forma de pensar de nuestros cocodrilos mediante el simple hecho de elegir repetidamente una forma diferente de pensar que refleje más quiénes somos en realidad. Sujetando los cocodrilos una y otra vez bajo el dominio del búho, lograremos superarlos. Lo único que se requiere es de la sabiduría de un búho como un FDR. Ahora, comencemos respirando profundamente y haciéndonos las tres preguntas para domesticar cocodrilos:

1. ¿Quién está hablando ahora, el búho o el cocodrilo?

2. ¿Cómo respondería mi búho en este momento?

3. ¿Cómo estoy creciendo?

Luego, deja que las ideas del búho te lleguen mientras descansas en presencia.

—TRABAJO DE CAMPO—

1. Identifica una molestia que tengas en este momento o que tuviste en el pasado y que todavía sientes que está sin resolver. Escríbela. Mientras más detallada sea, mientras más ansiedad te cause, más aprenderás.

2. ¿Qué diálogo interno de cocodrilo servil escuchas cuando piensas en este malestar? Los ejemplos son: "No soy lo suficientemente bueno…", "No puedo…", "Debí saberlo…", "Ellos no debieron…", "Los odio…", etc.

3. ¿Cuáles son algunos de los comportamientos de cocodrilo adicto en los que caes con mayor frecuencia? ¿Cuáles crees que se activen al enfrentar este desafío? Selecciona dos.

    A. Revisar el teléfono y el correo electrónico instintivamente

    B. No decir no

    C. No priorizar

    D. Decir que estás de acuerdo cuando no lo estás

    E. Sesgarte al instante

    F. No ser audaz, contenerte

    G. Hacer solo lo que parezca que está bien

4. Piensa en tu infancia. ¿Qué patrón de cocodrilo adicto aprendiste cuando niño para obtener la validación que te ayudaría a sobrevivir? Escríbelo. ¿Cómo podría este patrón jugar un papel en la forma en que estás enfrentando tu desafío actual?

5. Dado lo que has observado con respecto a tus cocodrilos tanto servil como adicto, ¿cómo podrías usar tu desafío actual como una oportunidad para crecer y ser más fiel a ti mismo?

6. Si lo deseas, haz este ejercicio de entrenamiento para experimentar la diferencia entre el papel empequeñecedor de los cocodrilos

y el liderazgo de crecimiento del búho. Piensa en el desafío al que te estás enfrentando. Primero, haz la parte A. Escribe tú mismo tus respuestas a las preguntas o hazlo en una conversación con un compañero. Permítete adentrarte realmente en el ejercicio. Observa tus sentimientos y pensamientos y lo que tú (tu cocodrilo) estás obteniendo de ellos. Tómate unos cinco minutos.

Luego, haz lo mismo en la parte B del ejercicio. Observa cómo te sientes. ¿Qué sentimientos y pensamientos de cocodrilo reactivo se están activando? ¿Qué sucede cuando haces una pausa suficiente como para que salga a la luz la sabiduría del búho? ¿Cómo estás creciendo? Tómate unos cinco minutos.

Ahora, mira la diferencia entre tus experiencias A y B. ¿Qué estás aprendiendo sobre tus cocodrilos al ponerlos bajo la sujeción del búho?

A. Entrenamiento de contracción de cocodrilo

1. ¿Cuál es el problema que tienes?

2. ¿Cuál es la razón del problema?

3. ¿De quién es la culpa?

4. ¿Qué deben hacer los miembros del equipo al respecto?

5. ¿Cómo deberían ser amonestados por no hacer nada al respecto?

6. ¿Cuál sería una solución rápida?

B. Entrenamiento de liderazgo de crecimiento del búho

7. ¿Cuál es tu desafío?

8. ¿Qué suposiciones has hecho al respecto? ¿Quién está hablando ahora, el búho o el cocodrilo?

9. ¿Cómo has respondido hasta ahora? ¿Cuál ha sido el impacto?

10. ¿Cómo respondería tu búho?

11. ¿Cómo responderás?

12. ¿Cómo estás creciendo?

Capítulo 4

APRENDIENDO DE NUESTRAS SIETE CATEGORÍAS DE MIEDOS FAMILIARES —HACIENDO AMISTAD CON SIETE COCODRILOS

"El amor perfecto expulsa el miedo". —La Biblia

El proceso de crecimiento no excluye los miedos. Poco después de haber experimentado la satisfacción de conectarnos con nuestro llamado, es posible que nos sintamos como en el vientre de una ballena, asustados con lo que nos espera. ¿Sobrevivirán nuestras relaciones a estos cambios? ¿Generaremos suficiente dinero? ¿Seguiremos teniendo éxito? ¿Mantendremos nuestro sentido de identidad y de quiénes somos? Incluso domesticar a nuestros cocodrilos provoca miedo. ¿Lograremos dejar ir el miedo a sobrevivir? ¿Estaremos bien si ya no permitimos que el miedo a no encajar nos conduzca? ¿Qué pasaría si ya no le temiéramos al fracaso? ¿Seguiríamos siendo exitosos?

No recuerdo haber pasado un día sin sentir miedo. A veces, se instala muy sutilmente en el fondo de mis pensamientos; otras veces, es muy vívido y ocupa el primer plano de mi mente. La buena noticia es que, al avanzar, descubrí que la mayoría de mis preocupaciones resulta ser una "Falsa Evidencia que Aparenta ser Real", un acrónimo (de *FEAR*, que significa miedo o temor) útil para replantear el miedo y verlo como lo que realmente es: una ilusión creada por nuestra mente de cocodrilo, tan empeñada en ayudarnos a sobrevivir, que nos dice mentiras que parecen realidades.

NUESTRA RELACIÓN CON EL MIEDO

Incluso si creemos que la mayoría de nuestros miedos no se hará realidad, lo más probable es que volvamos a experimentarlos y que nos encontremos con ellos a medida que nos alejemos más y más de nuestras zonas de comodidad y nos vayamos volviendo cada vez más auténticos. Al igual que en el parto, la evolución es dolorosa. El sistema humano está diseñado para la homeostasis —para mantenerse estable— y hará todo lo posible para protegerse del cambio. Gandhi afirmó que "vivimos dentro de un círculo cuya circunferencia está limitada por nuestros miedos". Si queremos tener la oportunidad de salir de nuestras zonas de confort, tendremos que convertirnos en expertos que saben cómo confrontar sus miedos.

Entonces, ¿cómo convertirnos en expertos para afrontar el miedo? Para dominar cualquier cosa, primero tenemos que conocerla muy íntimamente. Tenemos que hacernos sus amigos, conocerla por dentro y por fuera, como la palma de nuestra mano. La mayoría de nosotros no está cómoda, ni familiarizada con sus miedos porque nos han enseñado que esta es una emoción que debemos evitar, que es negativa, que "no deberíamos" experimentar. Observemos esta frase y analicemos cuál es nuestra reacción: "Mi miedo más profundo".

El diccionario define el miedo como "una emoción desagradable causada por la creencia de que alguien o algo es peligroso, tiende a causar dolor o constituye una amenaza". No es de extrañar que mantengamos esa molestia fuera de nuestro alcance y no queramos prestarle atención. El hecho es que, al igual que la respiración, el miedo es parte de nuestra vida. Mientras estemos en nuestros cuerpos humanos, lo experimentaremos. Eso es apenas natural. Sin embargo, el miedo también genera una sensación de "estancamiento". Nuestra respuesta habitual al miedo es paralizarnos, luchar o huir.

Sin embargo, ¿qué pasaría si tuviéramos una relación más amigable con el miedo? Siempre tendremos la oportunidad de transformar nuestra manera de verlo; de fascinarnos con él como el niño que ha recibido un juguete nuevo. Así que preguntémonos: "¿Cómo puedo superar mi miedo? ¿Qué me permite aprender este sentimiento?

Imagínate lo que sería posible para nosotros y para nuestro mundo si hiciéramos a un lado el miedo al miedo y lo remplazáramos con fascinación. ¿Estaríamos tan sobrecargados si dejáramos de sentirnos coartados por el miedo a no ser lo suficientemente buenos? ¿Seguiríamos compitiendo tanto entre nosotros si ya no viéramos el mundo a través del miedo a la escasez? ¿Continuaríamos teniendo enemigos si dejáramos de lado el miedo a ser heridos? ¿Seguiríamos teniendo tantas relaciones rotas si no tuviéramos miedo a ser completamente honestos el uno con el otro? ¿Seguiríamos siendo adictos a nuestros teléfonos inteligentes si transformáramos nuestro miedo a estar solos?

Los líderes de crecimiento no solo sienten fascinación hacia el miedo, sino que además aprecian el tremendo potencial creativo subyacente en él. Según Pete Carroll, entrenador en jefe de los Seattle Seahawks: "Necesitamos tener una plataforma que permita que el miedo haga parte de nosotros, que nos ayude a sentirnos cómodos e incluso a divertirnos con él, y que nos enseñe a dominarlo. Después, sería magnífico contar con algunas herramientas y saber cómo implementarlas, por ejemplo, la respiración o el diálogo interno. Esa sería la mejor manera de prosperar en situaciones en las que no seamos competentes. El miedo es un aspecto realmente fundamental que hace parte de lo que hacemos".

Hacerles frente a nuestros miedos podrá no parecer útil en el mundo de los negocios, pero lo es. De hecho, es una de las actitudes más útiles para hacer mejorar nuestro negocio. Piensa en cuánta energía gastamos para evitar nuestros miedos, para suprimirlos tratando de sobrepasarlos en exceso o actuando de acuerdo a lo que estos nos dictan. Tenemos que darnos cuenta de que no es de eso de lo que se trata la vida, sino que es así como hemos aprendido a verla.

El miedo está en el núcleo del liderazgo de crecimiento al igual que en el núcleo de lo que nos limita como seres humanos. Es la comida de la cual se alimentan nuestros cocodrilos, tanto los serviles como los adictos que identificamos en el capítulo anterior. Sin nuestros miedos, ellos morirían. Sin el miedo a la supervivencia y al abandono, estos cocodrilos ya no necesitarían trabajar tan duro para mantenernos preocupados, en guardia, anticipando siempre la siguiente amenaza.

Los líderes de crecimiento desbloquean sus limitaciones basadas en el miedo y les ayudan a otros a hacer lo mismo. El miedo es el principal bloqueador para poner en marcha nuestro potencial y, por lo tanto, también es el principal combustible para realizar la labor de crecimiento. El CEO de una de las mayores empresas de servicios financieros de Australia lo entendió así y no dudó en compartir sus principales miedos frente a miles de sus empleados. Al hacer discutibles sus miedos, les dio a ellos permiso de hacer lo mismo, creando una cultura de honestidad, aceptación y colaboración profunda (por supuesto, los empleados no necesitaban de su permiso. Sin embargo, en una cultura corporativa, cuando el líder hace algo bien, se vuelve muchísimo más fácil que otros también lo hagan). El miedo se convirtió en un tema de discusión tan comun dentro de la empresa como los ingresos, el compromiso de los empleados y el resultado final.

Los temores de este CEO incluyen *no ser reconocido, estar equivocado, ser ridiculizado, perder el control de la situación o de sus emociones, decepcionarse o decepcionar a otros, lastimarlos o dañar las relaciones, no ser aceptado o que no se le permita pertenecer, estar solo y ser tratado injustamente.*

Lee otra vez esta lista y piensa en cuál de estos miedos es más fuerte en ti, si lo hay. Imagina lo que sería posible si te hicieras amigo de ese miedo con el fin de aprender de él, encontrar las posibilidades que te está ocultando y luego usarlas para impulsarte hacia tu próximo nivel de libertad y grandeza.

HACIÉNDONOS AMIGOS DE NUESTROS MIEDOS

Una de las bellezas de la mente humana es su capacidad para identificar patrones. Los patrones nos ayudan a ver el bosque desde los árboles y a extraer la sabiduría generada por el caos. Cuando estudiamos de cerca nuestros miedos, también de ellos obtenemos ciertos patrones. Lo primero que notamos es que son universales —los seres humanos compartimos miedos similares—. También notamos que, cuando experimentamos un gran miedo, sentimos como si ya lo hubiéramos experimentado antes y que proviene de algún lugar dentro de nosotros. Nuestros miedos tienden a estallar cuando nos enfrentamos a un evento desencadenante —una crisis, un revés, una nueva oportunidad o cualquier otro tipo de cambio—. En el Capítulo 1 vimos que es posible asimilar los eventos desencadenantes como instantes de crecimiento, como oportunidades para hacer crecer nuestra conciencia. En este caso, sería aprender a liberar nuestros temores y a hacernos sus amigos.

Cuando miramos de cerca nuestros miedos, observamos que existe una relación inversa entre nuestra capacidad de ser amorosos y estar presentes, y nuestro temor. Cuanto menos temerosos seamos, más presentes podremos estar. Cuanto más temerosos nos sintamos, menos podremos estar presentes. Recuerdo esto por medio de la siguiente ecuación:

Mi presencia actual = Mi presencia potencial total – Mi temor

LA PARADOJA DEL MIEDO

Cuanto más nos aferremos a nuestros miedos, cuanto más seamos impulsados por la lucha, la huida o los destellos de parálisis, menos estaremos totalmente en el momento y menos seremos conscientes de lo que en realidad esté sucediendo. Suena paradójico, pero cuanto más nos guíen nuestros miedos, más probable es que se hagan realidad. A esto le llamamos la paradoja del miedo.

Imagínate este escenario: estoy bajo el control del miedo al abandono. Estoy tan concentrado en ganar tu aprobación, tan empeñado en ser un buen chico y perfecto con tal de no perderte que el verdadero yo no aparece por ningún lado. Entonces, comienzo a juzgarme y compararme con otras personas. Me vuelvo celoso y posesivo. Trato de controlar la forma en que me ves y me vuelvo poco sincero contigo. Después de meses de actuar como un buen chico en respuesta a mi miedo a ser abandonado, me dejas, ya que tu ser interior pierde la conexión auténtica conmigo. Como consecuencia de mis actos, mi miedo a ser abandonado me llevó a que me abandonaras.

Ahora, supongamos un escenario similar en el trabajo. Estoy paralizado por mi miedo a no ser querido por mis colegas y, para asegurarme de que no me rechacen, les digo lo que intuyo que ellos quieren escuchar y no lo que realmente pienso; además, les hago promesas que no podré cumplirles y les oculto los comentarios negativos que creo que ellos no quieren oír con respecto a lo que los clientes opinan sobre nuestro producto. Después de meses de esta actitud, me siento agotado y a mis compañeros de equipo no les gusta trabajar conmigo. Como resultado, mi miedo a no ser querido me ha llevado a no ser querido.

Y este mismo patrón se cumple con nuestros otros miedos. Por ejemplo, mi miedo a la escasez puede llegar a llevarme a obsesionarme tanto con mantener mi trabajo que ya no contribuyo con mi equipo, sino que empiezo a actuar como un héroe que supera a los demás. Me doy crédito por las cosas que no hice, asumo responsabilidades que les pertenecen a otros y participo en largos monólogos durante las reuniones de equipo para que todos a mi alrededor vean que yo soy más importante que ellos. Con el tiempo, el equipo podría perder el equilibrio debido a mi comportamiento y, si no sé adaptarme, la empresa terminará por pedirme que me vaya y es así como termino perdiendo mi trabajo. Por lo tanto, ceder a mi miedo a la escasez conduce a la escasez.

———◆———

Cuando notemos que surge un miedo, hagamos una pausa y planteémonos las tres preguntas de domesticación de cocodrilos que aprendimos en el capítulo anterior, pero agreguemos dos nuevas:

1. ¿Quién está hablando? ¿El búho o el cocodrilo?

Después, agregas:

2. ¿Qué miedo podría estar activo en esta situación actual?

3. ¿Quién sería yo sin este miedo?

4. ¿Cómo puedo responder desde mi búho sabio y compasivo?

5. ¿Cómo estoy creciendo?

A medida que vamos practicando este ejercicio, vamos calmando nuestro sistema nervioso reptiliano encargado de velar por nuestra supervivencia al mismo tiempo que les damos a nuestro corazón sabio y compasivo y a las áreas de nuestra neocorteza la oportunidad de ponernos al día y ayudarnos a ver la situación desde una perspectiva más amplia y sabia.

ORGANIZANDO NUESTROS MIEDOS

Una forma en que podemos darles sentido a nuestros miedos es relacionándolos con nuestras motivaciones. Si no tuviéramos ninguna motivación, es probable que tampoco tendríamos miedo. Si no tuviéramos motivación para vivir, no temeríamos morir. Si no tuviéramos motivación para estar en una relación, no le temeríamos al abandono o a la exclusión. Si no sintiéramos la necesidad de ser alguien en el mundo, no le temeríamos al fracaso.

En el Capítulo 2, mapeamos nuestras motivaciones en siete categorías que también usaremos para organizar nuestros miedos. A cada categoría la llamaremos "familia de miedos", lo que indica que representan un conjunto de energías de miedos diferentes, pero relacionados entre sí. Dejemos que la palabra *familia* también nos recuerde que nuestros miedos son heredados, son parte de nuestra historia *familiar* y cultural. Tendemos a experimentar los mismos miedos que nuestros antepasados no dominaron, ni advirtieron.

Motivación	Familia de miedos
7. Sabiduría, consideración, entendimiento	Perder la identidad
6. Cohesión	Complejidad
5. Hacer una contribución	Herir

4. Descubrimiento	Incertidumbre
3. Autoestima	Fracaso
2. Relación	Abandono
1. Sobrevivencia	Escasez

Antes de sumergirnos en la exploración de cada una de estas siete familias de miedos, piensa en la familia de miedos que ves más a menudo en ti. ¿Y cómo reaccionas cuando estás bajo el control de estos miedos?

1. CRECIENDO A TRAVÉS DEL MIEDO A LA ESCASEZ

Comencemos con el miedo a la escasez. ¿De dónde proviene? Está directamente relacionado con nuestra motivación para sobrevivir. Sin embargo, ¿requerimos del miedo a la escasez para sobrevivir? ¿O nuestra motivación por sí sola será suficiente para nuestra supervivencia? Hagamos un experimento. Imagínate que eres muy pobre y no tienes trabajo, ni dinero. ¿Lograrás sobrevivir? Lo más probable es que tu motivación para sobrevivir te lleve a buscar refugio y algo de comida.

¿Cómo influye el miedo a la escasez en tu capacidad para encontrar refugio y comida? Cuanta más energía gastes preocupándote porque no tendrás nada que comer esta noche y preguntándote dónde dormirás, menos energía tendrás para ser ingenioso y encontrarle una solución al problema. La motivación para sobrevivir nos mantendrá alertas y, por lo tanto, sin problemas. No necesitamos sentir temor por eso. El miedo nos conduce a pensar de manera poco asertiva. Por el contrario, la presencia y la motivación generan claridad mental, buen manejo de la situación e inventiva.

Observa cómo el miedo a la escasez aparece en el trabajo y en la vida. Debido a que tenemos miedo de no tener suficiente, no compartimos. En cambio, competimos por todo, causando desconexión y división. En los equipos de trabajo, las personas están tan preocupadas por su propia supervivencia que hacen de todo una oportunidad para demostrar que son dignas de tener en cuenta —desperdician tiempo y recursos valiosos en interminables presentaciones de PowerPoint, trabajan demasiado, no son sinceras por miedo a perder la position estelar y toman atajos— y priorizan las victorias a corto plazo sobre la sostenibilidad a largo plazo.

Cuanto más nos impulsa el miedo a la escasez, menos efectivos nos volvemos y, paradójicamente, más escasez tendemos a experimentar. Puesto en una ecuación simple:

Mi recursividad en potencia =
Mi potencial de recursividad total −
(Mi miedo a la escasez + Mis otros miedos)

Aun así, es muy probable que el hecho de saber que el miedo no es un sentimiento útil no tendrá el efecto de que lo pierdas de la noche a la mañana. Por esa razón, es útil controlar la mentalidad de cocodrilo mediante el antídoto de practicar la amabilidad y la comprensión. Con el tiempo, estas te ayudarán a relajarte.

Cuando notemos que en nuestro interior se alberga el miedo a la escasez, es útil recordar las palabras que FDR usó para entrenar a una nación entera atrapada en el miedo: "La confianza y el *coraje* son los elementos esenciales del éxito para llevar a cabo nuestro plan. Ustedes deben tener fe. No se dejen llevar por rumores o conjeturas… Juntos, no fallaremos". De igual manera, cuando te veas atrapado en el miedo, aprovecha la oportunidad para aumentar tu coraje y tu confianza. El término *coraje* proviene de la palabra latina *cor,* que significa corazón. Cuando miramos en lo más profundo de nuestro corazón, encontramos recursos ilimitados que nos sirven para responder a cualquier situación con dignidad, sabiduría y eficacia. Entonces, podemos preguntarnos: ¿Cómo puedo responder con coraje ahora? ¿Cómo puedo crecer?

Observa en qué parte de tu cuerpo sientes el miedo a la escasez con mayor fuerza. Muchos experimentamos una contracción en el área del abdomen y el sacro, o en otras palabras, en la parte inferior del torso. Una vez activado este miedo, su energía comienza a viajar a nuestro sistema nervioso generando todo tipo de estrés y pensamientos disfuncionales. Cuando nos impulsa el miedo a la escasez, tendemos a reaccionar entrando en pánico, viendo escasez en lugar de abundancia, volviendo al círculo familiar, culpando a los demás, trabajando demasiado, atesorando y no ocupándonos de nuestras relaciones sociales y familiares.

Imaginemos cómo sería si hoy fuéramos capaces de domesticar nuestro miedo a la escasez. ¿Todavía veríamos tanta pobreza en el mundo? Hay muchos recursos para todos en este planeta. Sin el temor de no tener lo suficiente, estaríamos en capacidad de vivir en un estado de conciencia donde compartir entre nosotros y no esperar a que otros nos rescaten se convertiría en la nueva norma. ¿Cómo el hecho de tener menos miedo a la escasez cambiaría tu vida?

2. CRECIENDO A TRAVÉS DEL MIEDO AL ABANDONO

Además del miedo a la escasez (de no tener suficiente), el miedo al abandono está activo dentro de nosotros desde el momento en que nacemos. Siendo un niño de dos años, si tu madre te rechaza y no tienes a nadie que te cuide, eso significará una muerte segura, ya que aún no estás listo para cuidarte a ti mismo. Es por eso que, de acuerdo con nuestro sistema nervioso de cocodrilo, alguien que nos abandona, que no está de acuerdo con nosotros o que nos frunce el ceño es igual a la muerte. Desde esta perspectiva reptiliana es que operamos cuando somos pequeños. El problema es que, siempre que creamos en las historias de terror que el cocodrilo nos siga contando, este nunca crecerá, ni nosotros tampoco. *Bajo la influencia del cocodrilo actuamos como niños de dos años.*

Algunas de las cosas que nos cuenta este cocodrilo quizá no suenen como historias de terror, sino bastante normales y creíbles. A lo mejor, nos diga que necesitamos usar ciertas marcas de ropa para ser importantes o hablar sobre ciertos temas con el fin de conseguir ser interesantes para los demás, pero esas no son más que formas muy sutiles en las que este cocodrilo intenta engatusarnos para que no queramos perder contacto con la tribu, para querer encajar. Cada vez que cedemos al cocodrilo del abandono, negamos quienes somos realmente, pensando que debemos abandonarnos a nosotros mismos para no ser abandonados por otros. He notado tanto en mí como en otros que existe una relación inversa entre ser auténtico y creer en nuestros miedos por causa del abandono. O puesto de manera simple:

Mi autenticidad real =
Mi autenticidad potencial total –
(Mi miedo al abandono + Mis otros miedos)

El cocodrilo nos dice cosas como: *"Si realmente demuestro quién soy, no les agradaré". "Si realmente me conocieran, se darían cuenta de que soy un fraude". "Si digo lo que eso es verdad para mí, perderé la relación que tanto aprecio".* En otras palabras: *"Si soy auténtico, me quedaré solo".* Cuando actuamos llevados por este miedo al abandono, caemos en comportamientos como aferrarnos a los demás, tratar de complacerlos, mantener secretos, establecer clichés, no ser fieles a nosotros mismos, esconder quiénes somos, juzgar a los demás por no cumplir con las normas tribales, apartarnos, tratar de cambiar a los demás, confiar demasiado en ellos y actuar bajo la tendencia a "necesitar" de alguien o algo (nuestros socios, nuestros hijos, nuestros trabajos).

Chris Capossela es el Director de Marketing de Microsoft Corporation. Es uno de los líderes más admirados de la empresa y es fácil comprender por qué. Es amigable, muy positivo, solidario con los demás y muy inteligente, entre otras cualidades. Las personas con las que hablé adoran trabajar con él. A lo largo de su carrera, él ha aprendido mucho sobre la relación inversa entre querer encajar y ser auténtico. Compartir su verdadero yo es algo que Chris ha estado aprendiendo con el tiempo.

"Hicimos uno de estos locos entrenamientos de liderazgo llamado 'Haciendo liderazgo', tú sabes, gente corriendo y haciendo todo tipo de ejercicios locos. Después de pasar un tiempo con nosotros, los entrenadores nos pusieron contra la pared y nos obligaron a reorganizarnos físicamente en orden de a quién seguirías y a quién no. Me sorprendió el hecho de que 29 participantes me pusieron al frente de la línea como la persona que seguirían y una mujer me puso al final de la línea como la persona menos probable a la cual ella seguiría. Después de hablar un rato, le preguntaron a la mujer: 'Dinos, ¿por qué pusiste a Chris en el último puesto? ¿Entendiste mal nuestra instrucción?'. Ella respondió que no. Era una de estas actividades donde la gente tenía que ser increíblemente franca y honesta, lo cual fue útil para mí. Ella explicó: 'No confío en él, no creo en las cosas que lo veo hacer. No creo que eso sea lo que él realmente piensa'. Esa fue una gran alerta para mí".

Las palabras de su compañera de trabajo hicieron que Chris reflexionara sobre sí mismo. "¿Qué he hecho? Me estaba comportando como me parecía normal. Luego, comencé a trabajar en ello, siendo muy claro acerca de cómo me sentía con respecto a cualquier cosa y brindando los comentarios más claros que pudiera al respecto. Fue entonces cuando comenzó a surgir un verdadero sentimiento de confianza.

"Lo más esencial que tuve que aprender a hacer fue a ser más directo sobre lo que quería y lo que estaba pensando, dado que la forma en que lo transmito físicamente no siempre coincide con lo que podría estar pensando o sintiendo", admitió Chris.

Cualquier fuerza usada en exceso se convierte en una debilidad. Sus compañeros le manifestaron: "Eres demasiado optimista y a veces ese exceso de optimismo te lleva a ser confuso. Si hago algo mal, tienes que decirme que lo fue, no que estuvo bien". La gente había aprendido a recalibrar la escala de Chris, que comenzaba en bueno y terminaba en increíble. Como explicó un colega: "Tuve que aprender que cuando decías que algo era bueno, realmente apestaba, y cuando decías que algo era increíble, en realidad lo era".

"Tuve que aprender a ser más articulado sobre lo que estaba pensando y sintiendo, sobre cuáles eran mis opiniones en lugar de intentar ser parte del equipo. Tuve que aprender a decir: 'En realidad, no estoy contigo en eso'".

Esa fue una oportunidad de aprendizaje para Chris, ya que había sido entrenado desde el principio para complacer y fingir, así como para adaptarse al lugar de trabajo. Chris creció en un restaurante italiano en Boston que era propiedad de su familia. Vivían en el segundo piso y trabajaban en el restaurante en el primero. Chris comenzó a servir como camarero desde los siete años y siempre hacía muy bien su trabajo. Sin embargo, comenta: "Me llevó mucho tiempo lograr que mis compañeros de trabajo confiaran en mí, porque pensaban: 'Bueno, está actuando, ese no es realmente él. Está haciendo un show y le sale muy bien. ¿Pero ese es él realmente?' No sabemos cómo será él en realidad. Ya lleva dos horas atendiendo la mesa'". Lo más probable es que Chris aprendió que, para pertenecer (o, en otras palabras, para no ser abandonado), tenía que complacer y fingir. En el negocio de los restaurantes eso significa brindarles a los huéspedes el mejor momento que ellos puedan tener, independientemente de cómo se sientan los camareros al respecto.

Ser auténtico sigue siendo un área de aprendizaje para Chris. Cuando hablamos de Microsoft, él me dijo: "Es una cultura loca y de mucho ritmo, y la velocidad a la que se discuten las cosas en las reuniones es abismal. Entonces, cuando estoy con mis compañeros, realmente tengo que esforzarme, decirme a mí mismo: '¡Oye, no te escondas! ¡Permanece activo, entra en el juego, no vaciles! ¡Más bien, lidera y sé previsivo! Cuando estoy con mis empleados, es mucho más fácil. Me siento confiado y capaz de liderarlos. Y cuando estoy con mi jefe [Satya Nadella] uno a uno, también es muy fácil para mí. Pero con mis 10 compañeros en nuestras reuniones del equipo de liderazgo sénior, tengo que decirme a mí mismo: '¡Vamos! ¡Entra en el juego!'. Esa parte sigue siendo difícil para mí".

Cada año, Chris practica una serie de aprendizajes de liderazgo que él considera importantes para su crecimiento y ascenso al siguiente nivel. "Ser amable. Todas las personas que conoces están dando una batalla difícil", es el sexto aprendizaje de Chris durante el año pasado, citando al teólogo escocés Ian Maclaren. Según uno de sus directores: "Sin duda, es una declaración que es consistente con la forma en que Chris opera".

Si bien Chris ya no matiza sus comentarios, aun cuando es difícil, se compromete a ser compasivo, pase lo que pase, incluso consigo mismo. Esa actitud le ayuda a él y les ayuda a los demás a aprender rápido y puede ser la razón por la cual las personas esperan tener interacciones uno a uno con él. Es seguro sacar lo mejor de ti con él, aun si Chris no está de acuerdo con lo que estás diciendo. Chris construye equipos que lo igualan en autenticidad, amabilidad y es muy entusiasta en lo concerniente a la grandeza de los demás.

Cuando en verdad deseamos relacionarnos con los demás, compartimos quiénes somos realmente y alentamos a otros a hacer lo mismo. El aprendizaje de Chris nos sugiere que "entremos en el juego" y les sirvamos a quienes nos rodean siendo auténticos y amables. Elijamos este comportamiento como una práctica de crecimiento siempre que el miedo a no pertenecer esté actuando en nuestro sistema.

¿Cómo notamos que el miedo al abandono está actuando, además de las reacciones habituales de amígdala como latidos cardíacos intensos e incremento de sudor? Muchos sentimos una contracción en la parte inferior del abdomen, que es el área de nuestro cuerpo que se asocia con las relaciones con los demás (también es donde sentimos las mariposas). Cuando sentimos esta sensación es útil tomar algunas respiraciones profundas que nos ayuden a reequilibrarnos y preguntarnos: "¿Cómo puedo ser un poco más honesto y amable ahora? ¿Cómo puedo servirles un poco más? ¿Qué hay de bueno en ellos?". Estas preguntas nos ayudarán a pasar de la deshonestidad defensiva a la expresión y el servicio auténticos.

3. CRECIENDO A TRAVÉS DEL MIEDO AL FRACASO

Además del miedo a la escasez y al abandono, el miedo al fracaso es otro condicionamiento bastante arraigado en nuestra conciencia colectiva. Piénsalo: ¿cuántos de nosotros obtuvimos una buena calificación en la escuela por hacer una gran pregunta o por decir "no sé"? La mayoría de nosotros ha avanzado en la vida dando las respuestas correctas. Este condicionamiento comienza desde muy temprana edad, cuando somos recompensados por nuestros cuidadores, por ejemplo, por llamar a las cosas por el nombre correcto o cuando hacíamos algo bien las cosas, como comernos nuestra comida y hacer lo que nos dijeran.

Con el tiempo, la búsqueda de hacer las cosas bien puede convertirse en un miedo paralizante de hacer las cosas mal. Y, como con nuestros otros miedos, cuanto más lo creamos, más probable es que nuestro miedo a fallar se manifieste. Cuando estoy tan obsesionado con hacerlo bien, dejo de prestarle atención a lo que se necesita en el momento y pierdo mi conexión con la realidad. Por lo tanto, mi efectividad se desploma. En otras palabras:

Mi rendimiento =
Mi potencial completo – (Mi miedo al fracaso + Mis otros miedos)

Cuanto más me concentro en el miedo al fracaso, cuanto más estoy reproduciendo mis recuerdos pasados de lo que podría salir mal, menos estoy pendiente de ocuparme de lo que sea necesario hacer en el presente. Aferrado al miedo al fracaso, la tendencia será postergar o no correr riesgos como una forma de permanecer más allá del reproche; también es posible no querer dar todo de sí mismos para tener la excusa de decir que no lo dijimos en serio; o quizá nos confundamos tratando de hacer algo perfecto: ganar nuestra pequeña batalla, pero perder la guerra.

Cuando vivimos con miedo al fracaso, podemos caer en algunos o en todos los siguientes hábitos: distraernos (en las redes sociales, la televisión o el internet), presionarnos demasiado, irritarnos y decirnos "no puedo" o darnos por vencidos. Además, tratamos de juzgar, controlar, dirigir o manipular a otros para asegurarnos de que nuestro plan no falle.

Gene White, Presidenta de Global Child Nutrition Foundation, ha fallado a menudo en sus más de nueve décadas de vida. Al perseguir su ambicioso objetivo de erradicar el hambre infantil para ayudar a generar paz mundial, ella se ha enfrentado a muchos obstáculos. Algunos los enfrentó con éxito la primera vez otros después de algunos intentos y hay otros en los que todavía sigue trabajando.

Gene ve todos los desafíos como oportunidades para aprender a cumplir su propósito. "No acepto el fracaso como un cierre, sino como una circunstancia con el potencial de convertirse en un aprendizaje valioso para nuevos comienzos", comento ella cuando la entrevisté. "Siempre les digo a mis colegas: 'No me digan que no pueden hacerlo. Mejor, díganme por qué creen que no lo lograrán'. Muchas veces, construimos barreras al decir 'no' antes de intentarlo. 'No' es una palabra poco utilizada en nuestra organización".

Los desafíos energizan a Gene y alimentan su amor por el aprendizaje. Aprender de ellos la ayuda a crecer como persona y a descubrir nuevas formas de lograr su misión.

Un desafío continuo para Gene es el fallecimiento de su esposo hace tres años. En esa circunstancia, ella también aplica esa misma actitud de aprendizaje. "Creo que no dejamos de vivir, ni crecer debido a una pérdida. Claro que ese es un momento increíblemente difícil, pero el aprendizaje continúa poco a poco, a medida que crecemos en comprensión y compasión. ¿No es la tristeza una forma de adaptarse a lo que sucedió?".

Cuando todo es visto como una fuente de aprendizaje para cumplir cada vez más nuestro llamado, y no como un "éxito" o un "fracaso", vivir se vuelve energizante, sea lo que sea que haya que afrontar. Parte de la asombrosa vitalidad de Gene parece provenir de tomar la vida como una aventura continua y de su deseo de crecer a cada momento, en cualquier situación que se presente —fracaso o éxito, felicidad o tristeza, vida o muerte.

Gene nos ayuda a replantear la palabra *fracaso*. Si observamos al llamado fracaso sin miedo ni estigma, este solo se convierte en un evento que sucedió diferente a nuestras expectativas. Las expectativas se forman en la mente, así que es posible ajustarlas en todo momento y verlas por lo que son —a veces, son guías útiles que nos ayudan a avanzar, pero se convierten en barreras cuando las confundimos con la realidad misma—. Cuando experimentamos el supuesto fracaso es sabio replantearlo como una "realidad diferente a la esperada". Luego, de forma automática, este se convierte en parte del camino por el que vamos avanzando; en parte de la siempre emocionante aventura de crecimiento que es la vida misma.

Fracaso = Realidad diferente a la esperada

Observa qué tanta es tu tendencia a hacer del fracaso el fin del mundo. ¿Cómo te sientes cuando ves tus llamados fracasos como realidades diferentes a las esperadas? ¿Notas que alguna molestia abandona tu sistema? ¿Cómo liderarás de manera diferente cuando veas el fracaso por lo que es? ¿Te parecerá tan solo una realidad diferente a la esperada?

Observa también que, si asumimos el condicionamiento de "hacer todo bien" como un propósito prestado, nos preparamos para la lucha continua. En cambio, cuando estamos fundamentados en nuestro auténtico propósito, en nuestro llamado más profundo, como lo está Gene, vemos el llamado fracaso como parte de seguir avanzando, no como el final del camino. Mi padre llamó "acumular conocimiento" al hecho de cometer un error. Me gusta esa mentalidad, pues nos ayuda a ir más allá del estancamiento que podríamos experimentar cuando nuestro cocodrilo se alimenta de nuestro fracaso. Entonces, cuando nos encontremos con una realidad diferente a la esperada, será bastante conveniente preguntarnos: "*¿Cómo es esto parte de seguir adelante? ¿Cómo aprovecho esta oportunidad en mi camino hacia el autodescubrimiento y la contribución?*". Esas preguntas deberían ser parte de nuestra práctica de crecimiento para transformar nuestro miedo al fracaso en mayor determinación.

Cuando tenemos miedo de fracasar, experimentamos una contracción en el área del ombligo. Cuando esto ocurra, lo que tenemos que hacer es tomar una respiración profunda, llevarla hasta el área del ombligo y decirnos a nosotros mismos: "*Lo lograré. Lo lograré. Lo lograré*". Tómate un momento y pruébelo ahora. Repítete a ti mismo: "*Lo lograré. Lo lograré. Lo lograré*" y observa cómo cambia tu miedo al fracaso.

4. CRECIENDO A TRAVÉS DEL MIEDO A LA INCERTIDUMBRE

Cuando no le tememos tanto al fracaso, tendemos a correr más riesgos, a dejar nuestra zona de confort y a entrar en áreas de la vida y el liderazgo hasta ahora desconocidas para nosotros. Y cuanto más nos alejemos de esa zona de confort, más probable será que encontremos otro miedo: el miedo a la incertidumbre. Un subproducto natural de nuestra motivación es querer aprender, querer expandirnos y crecer con más plenitud hasta convertirnos en quienes realmente somos.

Incertidumbre es otra de estas palabras en torno a las cuales nuestro condicionamiento colectivo ha creado negatividad. Es comprensible que así sea. En una ocasión, me encontraba escalando una montaña cubierta de nieve en Islandia. Había permanecido allí durante un buen rato y ya casi estaba a punto de abandonar mi intento de llegar a la cima, pues me perdí. Al principio de la caminata, un perro se me unió en la avanzada. Sin embargo, cuando me detuve a observar cuál sería el sendero a seguir, el perro comenzó a correr en otra dirección, y sí, allí continuaba el sendero. Me sentí aliviado y reanudé mi viaje hacia la cima y, una vez allí, fui recompensado con el maravilloso paisaje de un valle glaciar cubierto de nieve. El caso es que haber hecho esa pausa para redescubrir el camino me ayudó a obtener una perspectiva más amplia del viaje. Mi miedo a la incertidumbre me habría llevado de vuelta a la montaña y me hubiera quitado el privilegio de disfrutar de ese panorama islandés.

En medio del miedo a la incertidumbre, tendemos a dejarnos llevar por pensamientos que nos dicen que estamos perdidos para siempre, que las cosas nunca van a funcionar y que es mejor rendirnos. Tiene sentido estar pensando así en ese momento, ya que nuestro cocodrilo está operando para ayudarnos a sobrevivir. Necesitamos tener certeza, saber si vamos a continuar en el camino o a devolvernos corriendo hacia el valle. Esas son las dos únicas opciones viables.

Lo que esto significa es que, cuando nos permitimos estar realmente quietos, 100% presentes en el momento, nos damos la posibilidad de ver la incertidumbre con otros ojos. Ese es, simplemente, un momento en el que no sabemos qué hacer y durante el cual nos preguntamos qué pasará ahora, pero sin que haya necesidad de tener que avanzar o retroceder. Entonces, para solucionar nuestra incertidumbre, lo único que tenemos que hacer es estar en el aquí y ahora, confiando en que el siguiente paso surgirá a la vista. Tengamos en cuenta que esto implica cierta mentalidad de apertura y rendición.

Como sociedad, hemos creado un mundo de falsas certezas. Estamos programados de manera consecutiva, minuto a minuto, nuestro GPS nos indicará cuándo llegaremos a nuestro destino y la ruta que tomaremos para llegar allí; nuestros dispositivos nos informan en todo momento dónde están nuestros seres queridos y nos permiten estar en total control de la temperatura en nuestras oficinas y hogares. Hemos trabajado duro juntos para controlar nuestra realidad y eliminar la incertidumbre. ¿Y cuál ha sido el resultado de todas estas certezas? Que nos volvimos menos innovadores, que nos relacionamos entre nosotros como robots predecibles y no como seres humanos dinámicos y en evolución, y que nos sentimos abrumados con todas las cosas que necesitamos hacer para mantener todo junto lo cual aumenta aún más nuestra necesidad de control.

¿Qué pasa si confiamos más en nosotros mismos en estos momentos de no saber e incluso los vemos como grandes posibilidades de crecimiento? El poeta Rainer Maria Rilke escribió: "Quienquiera que seas, algún día, salte de ese entorno que conoces tan bien. Descubrirás que hay un espacio enorme cerca de ti". Es posible transformar la relación que tenemos con la incertidumbre apreciando el hecho de que nuestro mundo más allá de la presencia es incierto; ese cambio es la única constante en el mundo externo más allá de la presencia. Entonces, podemos observar el cambio externo constante con confianza interna y verlo como una posibilidad continua.

Piensa en esto: cuando nuestro miedo a la incertidumbre nos impulsa, nos alejamos de la realidad tal como es y, por lo tanto, de las infinitas posibilidades que se nos presentan en cada momento. En breve:

Las posibilidades que noto =
Todas las posibilidades disponibles para mí −
(Mi miedo a la incertidumbre + Mis otros miedos)

Los grandes líderes reconocen esta ecuación. En marzo de 2014, cuando Adobe publicó sus resultados trimestrales, mostró un ingreso neto inferior en un 28% con respecto al año anterior. Fue hasta el quinto trimestre consecutivo que el fabricante de software registró una fuerte caída en las ganancias. Para la mayoría de las empresas que cotiza en NASDAQ, esto habría significado una rápida erosión en el valor del mercado. Sin embargo, el precio de las acciones de Adobe se había disparado en los últimos 12 meses.

¿Qué causó la caída de las ganancias de Adobe? Según Shantanu Narayen, CEO de Adobe: "Fuimos la primera compañía en decir que no íbamos a emitir software empaquetado, sino que lo entregaríamos [solo] en la nube".

Los líderes en innovación, como Shantanu, abordan con valentía tres tipos de desafíos para liderar a través de la incertidumbre con la misma fuerza, como señala el experto en innovación Vijay Govindarajan. Y mientras lo hacen, ayudan a sus organizaciones a evolucionar continuamente hacia su próximo nivel de grandeza:

Recuadro 1. Gestionar el presente teniendo en cuenta lo que se necesita aquí y ahora.

Recuadro 2. Olvidar selectivamente el pasado dejando ir lo que ya no sirve.

Recuadro 3. Crear el futuro aplicando innovación no lineal.

Shantanu y su equipo de liderazgo decidieron olvidar selectivamente el pasado, descontinuar el software empaquetado, la fuente de ingresos de Adobe, y crear un nuevo futuro para entregar software en la nube. Estas fueron decisiones audaces de acuerdo a los recuadros 2 y 3. Y, como resultó, esa fue la parte fácil. Enlistar a otros en estas decisiones fue más desafiante. Curiosamente, los empleados de Adobe fueron los más difíciles de convencer. "La parte más difícil ha sido hacer que el personal de la empresa capte la visión", comentó Shantanu. Los que él llama "anticuerpos" del sistema siempre estaban a punto de descarrilar la transformación de Adobe.

"Si hubo algo que subestimé, fue lo importante que es comunicar esto una y otra y otra vez. Como equipo de gestión, puedes dar las cosas por ciertas y pensar, 'bueno, hemos decidido que vamos a quemar las naves con respecto al software de escritorio'. Uno, simplemente, asume que todos van a estar de acuerdo". Sin embargo, los temores de cocodrilo de la gente ante la incertidumbre —el hecho de dejar ir sus formas seguras de sobrevivir y ganar dinero para hacer espacio para una nueva empresa que no les garantiza seguridad— pueden retrasar o descarrilar las acciones de los recuadros 2 y 3, como el movimiento de Adobe a la nube. Los empleados debían dejar de lado su apego a fuentes conocidas de ingresos y liberar su atención para concentrarse por completo en el incierto y nuevo negocio en la nube.

Shantanu es descrito por su colega John Donahoe, CEO de eBay, como alguien que tiene un estilo deliberado y una voluntad de "hierro" una vez ha tomado una decisión. "Él es una persona tranquila, que lidera con sus acciones en lugar de sus palabras. No es un tipo con un ego enorme, pero tiene su orgullo". Cuando Steve Jobs criticó la tecnología Flash de Adobe, Shantanu conservó su posición de búho. "Él no se distrae, ni se intimida", comentó Donahoe.

Además de la confianza en el modelo de roles, los líderes de Adobe utilizaron otros símbolos y procesos para ayudarle a su gente a dominar el miedo a la incertidumbre. Por ejemplo, durante una conferencia de ventas, Adobe publicó un controversial video de un grupo de apoyo para "adictos a los ingresos" como una forma sutil de informarle a la gente que era hora de dejar su hábito de vender software empaquetado y comenzar a vender suscripciones en la nube.

¿Qué pasaría si todos quemáramos las naves que ya no nos sirven? ¿Cuál es tu primera reacción ante esto? ¿Notas alguna resistencia a considerar qué creencias y hábitos podrías dejar? Dejar ir el pasado, nuestra falsa certeza creada por la mente, es una parte esencial del aprendizaje y de dejar que surja un nuevo futuro.

<hr />

Sabemos que el miedo a la incertidumbre socava nuestra determinación de aprender y dejar ir. ¿Dónde encontramos la fuerza para quemar nuestras naves?

"La lente que utilices para ver tus oportunidades determinará cuán dispuesto estás dispuesto a ser esforzado o cuán ambicioso eres", afirmó Shantanu. "Mi trabajo es establecer metas donde las personas dicen que todavía no han podido conectar los puntos, porque lo más probable es que no sean lo suficientemente altas". Shantanu ayuda a Adobe a superar su miedo a la incertidumbre al afirmar con confianza su visión más amplia. ¿Cómo podemos centrarnos en una visión más amplia cuando notamos el miedo a la incertidumbre en nosotros mismos?

Un lugar al que recurrimos para obtener respuestas es nuestra mente —nuestro cerebro nos dará una corriente interminable de pros y contras, lo que conducirá a la parálisis—. Muchos notamos el miedo a la incertidumbre como una contracción en el pecho, en el área del corazón. Esta área también puede servir como un espacio donde ponemos nuestra atención para abrirnos a una visión más amplia cuando enfrentamos incertidumbres. Nuestro corazón lo sabe y, si le damos tiempo, nos mostrará el camino.

Cuando notamos nuestro miedo a la incertidumbre es conveniente hacer una pausa para colocarnos la mano sobre el corazón y preguntarnos con calma: "¿Cuál es mi visión más grande con respecto a esto? ¿Qué pasa si me permito ser audazmente creativo?". Deja que el flujo de ideas corra. Mantente con una mente abierta y no trabajes demasiado. Sabemos que la realidad está llena de posibilidades y sabremos verlas con los ojos de nuestro corazón y actuar en consecuencia.

De pie en esa montaña junto al glaciar, sin saber qué camino tomar, mi cocodrilo de la incertidumbre estaba limitando mi perspectiva, diciéndome: "¡Regresa o te perderás!". Si yo hubiera cedido a esta percepción, habría regresado a casa y me habría perdido de la alegría de descubrir el camino de la montaña con mi nuevo amigo el perro. Así es como a menudo abordamos la incertidumbre —y perdemos nuevas y hermosas oportunidades de crecimiento.

En cualquier situación en la que surja nuestro miedo a la incertidumbre, es útil recordar que, como presencia, siempre estamos a salvo. Nuestra tarea es crecer en libertad dejando ir este miedo, pues las falsas evidencias parecen reales. Luego, comenzamos a ver y actuar más desde nuestro corazón y nos abrimos a una realidad más grande, llena de posibilidades.

5. CRECIENDO A TRAVÉS DEL MIEDO AL DOLOR

Enfrentamos un juego dual de crecimiento: uno interno que convierte nuestros miedos en libertad y acción sabia y uno externo que trabaja con los miedos de los demás. Hay un dicho en holandés que traducido significa: "Los árboles altos atrapan mucho viento". Cuanto más centrados estamos en nuestra visión y más nos guiamos por ella (en otras palabras, de nuestra fuerza interior), más reacciones tanto agradables como desagradables desencadenaremos en el mundo exterior. A medida que crezca nuestra confianza, nos iremos convirtiendo en fuertes defensores de nuestra visión y posiblemente atraeremos más atención, junto con la creciente crítica y vulnerabilidad que conlleva esta actitud de parte nuestra.

En mi propio viaje hacia la búsqueda de mi paz por encima de todo lo demás, me di cuenta que me contendría por miedo a lastimar a otros. Después de reflexionar más, comprendí que este miedo a lastimar a otros era realmente mi miedo a *ser* lastimado, a ser objeto de represalias. Como cantante de kirtan recuerdo vívidamente una experiencia con este miedo. Dirijo kirtans, la antigua práctica de canto y contemplación de mantras de las Indias Orientales, además de mi trabajo en el desarrollo de liderazgo con corporaciones. Recuerdo estar cantando en un retiro donde yo no era el líder. Como la atmósfera me parecía muy introspectiva, cantaba de forma muy suave y solemne. Luego, uno de los participantes que sabía que mi voz había sido entrenada para cantar ópera me dijo: "Eso no cuenta, debes cantar de nuevo y esta vez de verdad. ¡Derriba la casa!". Seguí su consejo y canté unos días después. De nuevo, la atmósfera en la que canté era muy tranquila y contemplativa. Sin embargo, esta vez, seguí mi corazón y canté con el alma, sin pensar en tener que disculparme. Me sentí guiado y satisfecho haciéndolo y esta vez fue evidente que la gente se conmovió. Mi canto tocó sus corazones cuando dejé que mi interior se expresara libremente.

Y sí, expresarnos por completo requiere que seamos vulnerables. Veamos qué dice el diccionario sobre la vulnerabilidad. La primera definición es: "Capaz de ser herido a nivel físico o emocional"; la segunda: "Estar abierto a ataques o daños". *Vulnerabilidad* es otra palabra que equivale a estar abierto a consecuencias negativas, al igual que "incertidumbre". Brenee Brown ha realizado años de investigación sobre el tema de la vulnerabilidad y sus hallazgos muestran que tenemos tanto miedo de ser vulnerables que nos encerramos; nos adormecemos contra la realidad y, como resultado de evadir el dolor, también nos perdemos de sentir alegría.

Nuestro condicionamiento colectivo de que nos expondremos al ridículo si nos expresamos libremente es profundo. Aprendimos a "comportarnos" y, en el proceso, olvidamos expresar lo que hay en nuestro corazón. ¿Alguna vez sentiste que querías comenzar a bailar en medio de una reunión, ya que creías que así ayudarías a la interacción? ¿O quisiste decir algo controversial y no lo hiciste porque no querías "alterar el ambiente"? Necesitamos estar dispuestos a tirar el libro de reglas y, como presencia amorosa (ver lo que se necesita), actuar desde nuestro corazón sin pensar en tener que pedir disculpas.

Existe una relación inversa entre nuestro miedo al dolor y nuestra capacidad de ayudarles a los demás. Cuando nos detenemos, no estamos enfocados en el aquí y ahora y no podemos darle a la otra persona nuestro ser auténtico, nuestro cuidado incondicional. En resumen:

Mi cuidado real hacia los demás =
Mi capacidad de cuidado hacia los demás –
(Mi miedo a herir [a otros y a mí mismo] + Mis otros miedos)

Nelson Mandela experimentó esto de primera mano cuando trabajaba para reconstruir Sudáfrica después del apartheid. En la película *Invictus*, de 2009, lo vemos expresar su amor por el país al tomar una decisión muy controversial sobre el equipo nacional de rugby, los Spring boks, que hasta ese momento, era el símbolo de la dominación blanca sobre los negros. Mandela se entera de que su ayudante deportivo acaba de decidir, junto con una gran reunión de personas, abolir los Spring boks, deshacerse de uno de los muchos símbolos odiados del apartheid. Entonces, decide ir a la reunión y convencer a la gente a votar para reinstalar el equipo.

En lugar de ceder ante el temor de que su popularidad se viera afectada, él fue por lo que vio que era necesario para reconstruir Sudáfrica en ese momento. Mandela comentó sobre su decisión de enfrentar la reunión que acababa de votar para deshacerse de los Springboks: "En este caso, la gente está equivocada. Y como su líder electo, es mi trabajo hacerles caer en cuenta de ello". Como líderes de crecimiento, no nos dejamos llevar por el temor a ser malinterpretados u ofender a otros por estar en desacuerdo con ellos, sino que nos guiamos por la presencia y por nuestro propósito de avanzar aun por encima de esas preocupaciones y por el anhelo de actuar a favor del bien mayor a pesar de los vientos que soplen en nuestra contra o de tener que afrontar desafíos inmediatos.

Mandela desafió a la reunión decidiendo sobre el destino de los Springboks para desarrollar sus conciencias al tratar con los Afrikáners blancos: "Tenemos que sorprenderlos, con compasión, con moderación y generosidad. Sé todas las cosas que ellos nos negaron, pero este no es momento para cobrar una pequeña venganza, sino para construir nuestra nación utilizando cada ladrillo disponible para nosotros". Él desafió a las personas a crecer convirtiendo su ira de cocodrilo en compasión y sabiduría de búhos.

Como resultado, su arriesgado movimiento valió la pena. Por un estrecho margen, la reunión votó para revertir su voto anterior y mantener a los Springboks. El equipo —hasta ese momento, el desvalido del rugby internacional— no solo ganó el Campeonato Mundial de Rugby de 1995, sino que también lo hizo con el apoyo total de negros y blancos, que terminaron bailando juntos en las calles para celebrar su victoria conjunta. Mandela vio lo que se necesitaba hacer y lo hizo sin disculparse, sin temor a herir los sentimientos de las personas, y ayudó a su nación a evolucionar hacia un lugar más sostenible.

Cuando notemos el miedo al dolor en nosotros mismos, procuremos recordar a Mandela. Si él hubiera cedido a su miedo al dolor, a ser impopular e incomprendido, y al deseo de una pequeña venganza por parte de sus colegas, la nación habría perdido una gran oportunidad para la unidad y la reconciliación. Los afrikáners del sur que conocí hace unos años todavía recuerdan como si fuera ayer el día que ganaron los Springboks. Uno dijo: "Todavía me pone la piel de gallina pensar en lo que sucedió en ese entonces. Fue la primera vez que vi un destello de cómo podríamos vivir juntos pacíficamente como una sola nación".

El miedo al dolor tiende a aparecer como una contracción en el área de la garganta: nos sentimos, literalmente, ahogados y no podemos decir lo que en verdad queremos. En esos momentos, necesitamos respirar profundo y recordar que estamos allí para contribuir y hablar de eso, por mucho que nuestros cocodrilos protesten.

6. CRECIENDO A TRAVÉS DEL MIEDO A LA COMPLEJIDAD

Un maestro compartió esto conmigo: "El verdadero aprendizaje es ver la conexión que existe entre todos y todo. *Aprender consiste en ver el universo como una universidad".* Si bien esto suena maravilloso y hace referencia a uno de nuestros más sentidos anhelos humanos —comprender, darle sentido significado a todo—, también puede ser un ejercicio muy pesado. ¿Cómo podemos estar abiertos a todo y a toda la vida? ¿Cómo podemos mantener la curiosidad acerca de la conexión entre todo y no perder el rumbo, ni nuestro enfoque en nuestro llamado, ni en lo que tenemos que hacer?

La mente busca certeza y relevancia —filtra la información de poco uso—. Primero, busca lo que es relevante para nuestra supervivencia; luego, busca el placer, un proxy de supervivencia. Por sí solo, el cumplimiento de ese objetivo no nos deja mucha energía para alcanzar un mayor crecimiento. Es por eso que *el crecimiento requiere intención y atención.* Elegimos presencia, autodescubrimiento, contribución, excelencia —y eso en sí mismo se convierte en un nuevo filtro a través del cual formamos a nuestra mente para que interprete nuestra experiencia—. Al hacer la simple pregunta "¿Cómo estoy creciendo?", nuestra atención pasa de la supervivencia a buscar mayor crecimiento. Cuando nos permitimos una reflexión tranquila sobre esta cuestión, notamos que hay ideas que surgen de nuestra intuición. La intuición nos ayuda a navegar por la vida.

Esa es la buena noticia. La mala noticia es que, cuanto más ampliamos nuestras alas, más tenemos por procesar.

Bien sea que lideremos a muchos o que seamos líderes de nosotros mismos, nuestra mente está expuesta a unos mil millones de bits de información en un momento dado y, de acuerdo a los neurocientíficos, filtra automáticamente los bits que son relevantes para nuestra supervivencia; luego, los que están relacionados con nuestra comodidad; después, los relacionados con el aprendizaje. El espacio mental es precioso, así que es muy importante revisar qué es aquello a lo que le prestamos nuestra atención.

Si estamos impulsados por la necesidad de entender todo, con frecuencia nos sentiremos paralizados, ya que nuestra mente puede hacer un número infinito de interpretaciones de lo que sucede y, por lo tanto, se llena de razones para hacer o no hacer algo. Cuanto más complejo se vuelve nuestro mundo, menos confiable se vuelve el nivel de eficacia de nuestra razón. La razón puede empantanarnos. Es por esto que nos basamos más en algo que va más allá de la razón —le llamamos intuición o guía interior, o el compás del corazón— y esto nos guiará en medio de la complejidad.

Como la mayoría de nosotros confiamos en nuestra mente racional para muchas de nuestras decisiones, tememos prescindir de ella y dejar que el conocimiento intuitivo nos guíe. Le tememos a la complejidad que va más allá de nuestra comprensión racional. Y cuanto más nos preocupemos en la complejidad, más ocupada estará nuestra mente tratando de resolver las cosas y, por lo tanto, menos espacio habrá para abrirnos a nuestra intuición. En breve:

Intuición a la que estoy accediendo =
Todo mi potencial de intuición —
(Mi miedo a la complejidad + Mis otros miedos)

Cuanto más nos liberamos del miedo a "no lograrlo", más nos abrimos a nuevas posibilidades, más ideas fluyen en nuestro interior, así como el río sabe qué camino seguir para encontrar su cauce, también nosotros sabemos avanzar por el camino indicado. Cuando nos soltamos y nos mantenemos presentes, abriéndonos a la sabiduría del momento, mejor sabemos qué hacer a ciencia cierta. ¿Cómo nos conectamos con nuestro conocimiento intuitivo, sobre todo, cuando las cosas se ponen difíciles?

Yvonne Higgins Leach, la antigua líder en comunicaciones de Boeing Company que ahora es una poetiza de tiempo completo, tuvo que afrontar desafíos cada vez más complejos para la corporación. En 2003, se le pidió que dirigiera las comunicaciones del programa de aviones Boeing 787 en todo el mundo. Yvonne me compartió algunos de sus puntos de vista sobre aquella experiencia: "Fue una oportunidad única en la vida porque la compañía solo desarrolla un nuevo avión cada 15 años más o menos. Al principio, hicimos muchas relaciones públicas y mercadotecnia, dando la vuelta al mundo para contarles a todos sobre el nuevo avión. Fue maravilloso. Fue increíble poder hablar sobre el que se convertiría en el mejor avión hasta ahora. Esa fue como la etapa de luna de miel, ¿verdad?

"Entonces, nos dimos cuenta de que el programa tenía algunos problemas. En dos años, de 2007 a 2009, tuvimos siete demoras en el programa y te cuento que esa situación fue muy, muy difícil. Estábamos comprometidos a que 'íbamos a volar el avión en diciembre' y llegó diciembre y no lo volamos. Y ya sabes cómo son los medios de comunicación de todo el mundo... pones una fecha y ellos están pendientes por todas partes para verificar que así sea". Yvonne fue la líder mundial de relaciones públicas del programa 787 de Boeing durante estos siete retrasos del lanzamiento.

Era claro que estos eventos habían tenido un profundo impacto en ella, ya que repitió la frase "los siete retrasos en dos años" unas cuantas veces más. "Dos años, y te digo, nunca he tenido que ser más resistente en mi carrera, ya que la situación se puso bastante difícil. Yo era la que estaba recibiendo las llamadas. Teníamos un ejecutivo que explicaba la situación, pero el Departamento de Relaciones Públicas hace todo el seguimiento, así que fui yo quien respondió las llamadas de los medios de todo el mundo. Fue duro. Quiero decir que me acusaban de mentir, de tener más información, me decían que era imposible que no pudiéramos saber cuáles eran los inconvenientes". Un trabajo complejo, que les explicaba los retrasos en el lanzamiento de un avión importante a las partes interesadas, se fue volviendo más complejo con cada retraso adicional. ¿Cómo afrontó Yvonne esta complejidad?

Yvonne hizo una pausa y luego continuó: "Así que realmente tenía que creer que yo estaba allí por una razón; que debía ser resistente y creer en la visión a largo plazo; que estábamos lanzando este fabuloso producto que haría del mundo un lugar mejor, así que solo tenía que inhalar y exhalar... tomar muchas respiraciones profundas antes de que el teléfono comenzara a sonar, y decirme a mí misma: "Está bien, es por eso que estoy aquí, esta es mi estación, yo soy la persona a cargo de esto".

Confiar en su guía interior ante la complejidad no era nuevo para Yvonne. "Me conecto con mi poder superior todos los días", afirmó. Cuando Yvonne estaba en Boeing, se despertaba todas las mañanas a más tardar a las 5:00 am. Lo primero que hacía era centrarse en ella misma. "Creo que la manera en que comienzas tu día es importante. No importa cuán ocupada sea la vida, debes comenzar haciendo una pausa y orando, meditando, como lo llames". Yvonne tiene una forma particular de hacerlo. "Tengo este pequeño libro que recibo todos los años. Se llama *Daily Word* y contiene oraciones de la Biblia lo cual siempre me motiva. Hago mis oraciones y luego comienzo mi día. Y parte de eso es decirme a mí misma: 'Está bien, esta es mi estación ahora. Tú me pusiste aquí, soy un instrumento de tu paz. Por favor, dime qué hacer y lo haré'".

La experiencia 787 le ayudó a Yvonne a concebirse a sí misma y a su papel de manera más amplia. Ella intuyó que su trabajo consistía tanto en la comunicación como en la compasión. "Estaba pensando en lo difícil que es para un ser humano ganar perspectiva cuando no está viviendo al 100% la experiencia que está afrontando", manifestó Yvonne. "Los medios no caminaron por dentro del Boeing, ni vieron todo el trabajo duro que se estaba haciendo, ni las decisiones difíciles que se estaban tomando. Creo que los medios no deberían haber creído que estábamos mintiendo, pero yo entendí lo difícil que debe ser para ellos comunicar lo que realmente estaba sucediendo —a fin de cuentas, ese es su trabajo—. Así que mi trabajo era tratar de darles una mayor comprensión de lo que estaba ocurriendo y ahí es donde tuve que cavar hondo y respirar profundo y pedirle a mi Poder Superior: 'Por favor, ayúdame a dar esta información para que haya más comprensión de este asunto'".

En el proceso, Yvonne aprendió mucho sobre sí misma. "Aprendí que debes mantener la cabeza en alto. Si crees en algo, debes mantenerte firme en eso en el buen sentido. Pensé, 'no voy a dejar que esto me afecte. No voy a creer que hicimos algo mal o que los medios no deberían reaccionar de esta manera. Todo esto es parte del proceso. Los aviones son difíciles e implican mucho riesgo y eso es lo que se necesita para ser innovador'. Así que lo creía realmente y esto me ayudó a mantener la cabeza en alto a medida que transmitíamos el mensaje".

Anclada en su guía interior, Yvonne se ayudó a sí misma y le ayudó a su equipo a dar lo mejor de sí todos los días y a crecer a partir de esa experiencia. Ella no cedió ante el temor de que no hubiera manera de superar este complejo desafío de unir el mundo interno de la ingeniería del Boeing con el mundo externo de los medios. En lugar de ceder ante el miedo a la complejidad y elegir la salida fácil (hacer que Boeing se equivoque o hacer que los medios se equivoquen), logró mantenerse en el límite de ser sincera sobre lo que estaba sucediendo y ser respetuosa con los intereses de todas las partes involucradas. Su compromiso diario de servir desde su estación, permitiendo que su poder superior la guiara, la ayudó a superar este desafío y a crecer.

La próxima vez que nos sintamos abrumados por el miedo a la complejidad de los desafíos que enfrentamos, podemos recordar la experiencia de Yvonne y preguntarnos: "¿Cuál es la verdad más profunda para mí? ¿Qué me dice mi intuición? ¿Cómo puedo servir mejor desde mi estación ahora?".

Centrada en la presencia, la complejidad se convierte en una invitación a dejar que nuestra intuición hable.

7. CRECIENDO A TRAVÉS DEL MIEDO A LA PÉRDIDA DE IDENTIDAD

El siguiente es un consejo que Rob Tarkoff, CEO de Lithium Technologies, le dio a un grupo de CEOs que acababa de obtener su primer empleo: "Ante todo, prepárense para afrontar algo para lo cual no están totalmente preparados. Después, disfruten el viaje. Y por último, dense cuenta de que el único error que realmente no pueden permitirse es el de tener una mente cerrada a todo lo que ha de ser posible, pensando que ya saben las respuestas desde antes de saber cuáles son las preguntas. Si creen que saben dónde terminarán las cosas, están equivocados".

Con este consejo, Rob señala tres premisas que debemos abandonar para convertirnos en grandes líderes. La primera es que debemos dejar de lado la idea de que somos personas preparadas para lo que está por venir. La segunda es que debemos prescindir de quien tiene un trabajo duro y no sabe disfrutarlo. Y la tercera, y quizás la más importante, necesitamos dejar de lado cualquier idea de que somos expertos. Además de estas tres, hay innumerables otras premisas que se interponen en el camino del liderazgo efectivo, tales como: soy una buena persona, soy una persona competente, soy una persona digna de respeto, soy un tomador de riesgos, soy una persona analítica, soy una persona en función de las demás personas, etc. Cuanto más lideramos, más descubrimos que, en determinado momento, cualquiera de estas premisas se interpondrá en el camino de nuestra efectividad. ¿Por qué? Porque todas ellas se centran en nosotros, no en la organización y su propósito en el mundo.

Rob compartió algunas ideas sobre cómo ser un CEO y deshacernos de ideas obsoletas: "Administrar una junta como CEO es muy interesante y diferente a lo que yo estaba acostumbrado. Antes de esto, yo era gerente general de un negocio inmenso, pero siempre me reportaba a un CEO. Y cuando eres un CEO, tienes una junta directiva y los CEOs cometen el error de creer que le *reportan* a la junta. Ellos no le reportan a la junta en el sentido en que lo hace un gerente general de una gran empresa. Los CEOs son responsables de establecer una dirección, una estrategia y una ejecución y de alinear a la junta sobre qué hacer, en lugar de preguntarle qué hacer o qué quiere la junta que ellos hagan". Una idea que Rob tuvo que dejar atrás fue la de depender de la dirección de otra persona.

En nuestro caso, nosotros no necesitamos convertirnos en CEOs para deshacernos de nuestra vieja idea de "dependencia". Sin darnos cuenta, muchos colocamos a otros en un pedestal y esperamos su aprobación en lugar de mantenernos centrados en nuestra propia verdad y en liderar a partir de ella. Para muchos, esta es una importante oportunidad de crecimiento.

La desventaja de ser independiente es que tiende a conducirnos al aislamiento —a ser lobos solitarios—. Según Rob: "Hay demasiados CEOs que piensan que porque ellos son responsables de establecer la dirección, no necesitan una junta". ¡La mayoría de juntas está ahí para ayudar! ¿Por qué otra razón estas personas invertirían su tiempo e irían a trabajar como miembros de una junta? La mayoría de ellas son personas muy exitosas y, con bastante frecuencia, no están allí para obtener más éxito, sino que son gente que quiere ayudar. Por lo tanto, nosotros, como CEOs, debemos estar abiertos a pedirles ayuda, pero eso ocurre solo cuando tenemos confianza en nuestro cargo. Necesitamos poder decir: "Creo que deberíamos ir por este camino, pero ¿qué piensan ustedes?".

Sin embargo, el hecho de pedir ayuda está directamente relacionado con el concepto de experiencia que muchos CEOs tienen cuando obtienen un trabajo. "Las personas que progresan en sus carreras a un nivel en el que llegan a una posición de liderazgo en una empresa suelen ser gente que tiene muchas respuestas y un nivel de conocimiento óptimo", continuó Rob. "Por lo general, no nos parecen personas que necesitan mucha ayuda o que piden mucha ayuda. Se supone que ellas tienes menos problemas que el resto de la gente. Y esa perspectiva limita su propensión a hacer preguntas y, por lo tanto, su efectividad como CEOs".

Para dejar de lado lo que creemos que deberíamos ser se requiere de vulnerabilidad. Y paradójicamente, la vulnerabilidad genera fuerza. "No tengo miedo de ser abierto con mis empleados sobre mi propia vida", afirmó Rob. "Entonces, como ejemplo de esto, un verano mi familia tuvo que enfrentar algunos problemas de salud y estuvimos trabajando para solucionarlos. En realidad, he sido bastante abierto con mi base de empleados y me ha sorprendido mucho observar cuán responsables han sido ellos con esta información que les compartí, ya que la han guardado para ellos y no la han comentado por un lado y otro; también me sorprende el grado de confianza que ellos me están brindando por el hecho de haberles compartido algo acerca de mí. Como resultado, comencé a recibir una respuesta positiva de parte de ellos, pues ahora nadie tiene problema para decirme: 'Hola, tengo un problema personal y tengo que irme temprano hoy para ocuparme de eso.

¿Estás de acuerdo con eso?'. Yo les digo: 'Por supuesto'. Luego, cuando han solucionado su problema, se quedan trabajando hasta más tarde. Tenía algunos planes de viaje que no pude llevar a cabo debido a cierta situación y le dije a alguien: 'No puedo hacer eso porque no puedo irme ahora', y su respuesta fue: 'Genial, no hay problema, cancelado'. Creo que el hecho de ser más abierto ayuda mucho —nos cuidamos unos a otros y ellos saben que estoy compartiendo con ellos y ellos están compartiendo conmigo.

"Debes encontrar una manera de pedir ayuda cuando la necesites, pues no solo mejorarás tu empresa, sino que también serás un mejor líder", resumió Rob.

Un gran liderazgo requiere de gran sabiduría y generosidad. Y para tener gran sabiduría y generosidad es necesario dejar de lado cualquier agenda personal para construir y proteger nuestros valores. Observa qué ideas caducas se están interponiendo en tu camino hacia crecer como líder. Luego, decide si seguirás obrando de acuerdo con ellas o imagínate todo lo que sería posible hacer sin ellas.

Cuando le pregunté a Rob qué título le daría a la historia de su vida, me respondió: "Algo así como *'Sigue imaginando'* ". Como líderes de crecimiento, necesitamos reinventar nuestro rol una y otra vez, ya que tenemos que estar 100% presentes en lo que se requiere hacer aquí y ahora y nos movemos según eso, no recreando y cuidando un viejo rol que hoy en día sea obsoleto. Y mientras descansamos en presencia, ya no nos esforzamos por tener cierto perfil y vemos cualquier perfil anterior como si fuera una vestimenta temporal que usamos cuando era necesario. Sí, nos sentimos agradecidos porque esta manera de asumir nuestro rol nos sirvió en algún momento, pero necesitamos descartarla para convertirnos en los CEOs que se necesitan en el momento actual.

Tómate un momento para hacer un inventario. ¿Qué es lo que realmente te gustaría que la gente dijera sobre ti? Tal vez, que eres un líder compasivo, valiente, amable, ingenioso, sabio o efectivo. Sin embargo, ¿cómo has convertido estas cualidades en tesoros a los que te has apegado? ¿Cómo podrían estarse interponiendo en tu camino hacia ser cada vez más efectivo en el momento?

¿Y a quiénes has puesto en un pedestal, viéndolos como más, mejores, más ricos, más sabios, más amables o más fuertes que tú? ¿De qué maneras te has identificado como menos que ellos o dependiente de ellos? Por el contrario, ¿dónde y cuándo te pones a ti mismo en un pedestal? ¿Cómo se interponen aquellos a quienes tienes en un pedestal en tu camino y en el de otros? ¿Quién serías sin ellos?

CONTROLADOS POR NUESTRAS FAMILIAS DE MIEDOS

Nuestros cocodrilos, los patrones reactivos que nos mantienen empequeñecidos, tienen mucha comida de miedos en la cual deleitarse. Hemos explorado siete tipos de comida de cocodrilos, siete familias de miedos: la escasez, el abandono, el fracaso, la incertidumbre, el dolor, la complejidad y la pérdida de identidad. ¿Con qué alimentas a tus cocodrilos con más frecuencia? Tómate un momento para observar qué familias de miedos son más activas en ti. Observa y verás que tus miedos son esas familias específicas de miedos o sus combinaciones.

Como con cualquier parte del sistema de cocodrilos, notarlo es el comienzo de desmantelarlos. Los nombramos para domesticarlos.

———◦•◦———

Una vez hemos identificado qué familia(s) de miedos está(n) activa(s) en nosotros, podemos transformarla(s) en una práctica de crecimiento inspirada en el ejemplo de otros líderes. En este capítulo aprendimos sobre el uso del coraje de FDR para enfrentar el miedo a la escasez; de Chris, aprendimos sobre cómo practicar la amabilidad y la autenticidad para transformar el miedo al abandono; con Gene, la lección fue sobre cómo practicar el entusiasmo por aprender a disminuir el miedo al fracaso; del ejemplo de Shantanu, tomamos su enseñanza acerca de permanecer fieles a nuestra visión más amplia para superar el miedo a la incertidumbre; Mandela nos mostró cómo ser un contribuyente sin complejos para sanar el miedo al dolor; de Yvonne aprendimos sobre cómo mantenernos conectados con nuestra guía interna para trabajar con el miedo a la complejidad; y con Rob, la enseñanza fue sobre dejar ir y reinventarnos para abordar el miedo a perder la identidad.

Imagina lo que será posible para ti y para aquellos a quienes diriges cuando todos hayan comprendido de forma más completa sus miedos. No te olvides de disfrutar el viaje a través de ellos. Cuando veas aparecer un miedo, míralo con los ojos de un niño que acaba de recibir un juguete nuevo para jugar. Sé amable con él, curioso, tal vez, te diviertas en su compañía. El miedo es parte de la vida. Recuerda que siempre es posible trabajar y ver a través de todos y cada uno de tus miedos. Solo se requiere de intención y atención.

DESCUBRE LAS SIETE FAMILIAS DE MIEDOS QUE PERMANECEN OCULTAS—LOS SIETE "PERSONAJES COCODRILO" EXITOSOS

Para que sea más fácil trabajar con las familias de miedos, las he agrupado en siete "personajes cocodrilo" que adoptamos para hacerles frente a estos temores. Los personajes pueden ser más fáciles de detectar que los miedos, ya que son un compuesto visible de las necesidades y comportamientos en los que caemos al estar bajo su influencia. El miedo tiende a aparecer en una confluencia confusa y abrumadora de sentimientos y pensamientos. El término "personaje" proviene del griego y significa "máscara". Cuando estamos bajo la influencia de una o varias familias de miedos, tendemos a usar una máscara como estrategia para asegurarnos de evitar el peor de los escenarios proyectados por ese miedo. En esta sección, encontrarás de nuevo el acrónimo "SUCCESS", como en el Capítulo 2, pero esta vez, lo usaremos para etiquetar a los personajes que usamos para compensar nuestros miedos. Ellos son: seguridad, nosotros versus ellos, control, certeza, esencial, sapiencia y especial. A continuación, encontrarás un resumen de ellos:

SIETE PERSONAJES COCODRILO EXITOSOS

Familias de miedos	Basado en el miedo, necesitas:	Maneras de afrontar el miedo
1. Escasez	**1.** Seguridad	Trabajando en exceso, siendo víctima, sesgándote a corto plazo

2. Abandono	2. Nosotros versus ellos	Juzgando, cumpliendo, siendo orientado al silo
3. Fracaso	3. Control	Ejerciendo el perfeccionismo, la manipulación, la microgestión
4. Incertidumbre	4. Certeza	Siendo rígido, dramático, de mentalidad obtusa
5. Dolor	5. Esencial	Dominando, rescatando, escondiéndote
6. Complejidad	6. Sapiencia	Siendo sabelotodo, paranoico, consejero obsesivo
7. Perder la identidad	7. Especial	Subiéndote en un pedestal, siendo mártir, encerrándote en tu torre de marfil

Conozcamos cada uno de ellos:

1. **Seguridad.** Cuando nos impulsa el miedo a la escasez, buscamos formas de estar seguros, bien sea en el aspecto financiero y/o de otras maneras. Para que eso suceda, trabajamos demasiado… y/o nos rendimos, culpamos a otros y adoptamos una postura de víctima. También nos enfocamos en el corto plazo solo para mantenernos (emocionalmente) seguros.

2. **Nosotros contra ellos.** Temerosos de ser abandonados, creamos una camarilla a nuestro alrededor. Nos aseguramos de que las personas no nos dejen, ni puedan dejarnos. Mantenemos nuestra tribu intacta juzgando a cualquiera que piense y actúe de manera diferente y asegurándonos de que encajamos, cumpliendo con las normas tribales. En el trabajo, creamos silos que aseguran un falso sentido de pertenencia.

3. *Control.* Si tenemos miedo al fracaso, querremos controlar los resultados de todo creyendo que así el fracaso ya no es una opción. Tenemos que ser perfectos. Nos controlamos a nosotros mismos y a los demás arreglando las cosas, incluso cuando es mejor dejar que el proceso de aprendizaje se desarrolle. Recurrimos a soluciones rápidas. Manipulamos a otros para que hagan exactamente lo que queremos como otra forma de controlar los resultados. Creamos burocracias a nuestro alrededor para microgestionar al mayor número de personas lo más fácilmente posible. Creemos que es más probable que obtengamos lo que queremos y evitemos el fracaso cuando todos, incluidos nosotros mismos, sigamos nuestra compleja red de reglas.

4. *Certeza.* Si nuestro principal temor es la incertidumbre, buscaremos la certeza a toda costa, siendo rígidos en nuestro comportamiento y pensamiento. Nos aferramos a nuestras opiniones y sentimientos como si fueran hechos ya cumplidos. Nuestro corazón está cerrado a la incertidumbre y, por lo tanto, a la riqueza del momento presente. También nos mantenemos a nosotros mismos y a otros atados al drama emocional como una forma segura de mantener cierto *statu quo*.

5. *Esencial.* Si tenemos miedo al dolor, asegurarnos de que somos indispensables, esenciales, puede ser una buena estrategia, piensa el cocodrilo. Entonces, estamos seguros de que no tendremos que enfrentar el daño final, que, desde esta perspectiva, es el rechazo. También tratamos de evitar el dolor haciéndonos invisibles mientras nos decimos que somos realmente importantes para el equipo. Rescatar a otros puede ser otra gran manera de asegurar nuestro lugar en la tribu para siempre, aconseja al cocodrilo, o, simplemente, dominar y convertirnos en el jefe, ¡así seremos realmente indispensables! O hacemos todo por nosotros mismos. De esa manera, nunca tenemos que enfrentar la imprevisibilidad de las relaciones.

6. *Sapiencia.* Si nos preocupamos por la complejidad, puede ser reconfortante creer que, al final, siempre tenemos la respuesta.

Somos omniscientes, inteligentes. Una excelente manera de impresionar a las personas con nuestro conocimiento es pintando escenarios apocalípticos, ya que a los cocodrilos de las personas les encanta alimentarse de este tipo de drama —las mantiene en alerta máxima, la forma favorita de los cocodrilos para garantizar la supervivencia—. Como sabemos de todo y mejor que los demás, también les damos consejos a las personas, casi siempre, sin que ellas nos los pidan.

7. *Especial.* Y, por último, si nos preocupa perder nuestra identidad, darnos un estatus de "especiales" puede ser una excelente póliza de seguro. ¿Cuál es el precio que debemos pagar por esto? Colocarnos a nosotros mismos o a aquellos con quienes estamos asociados en un pedestal es una estrategia que suele funcionar; ser el mártir del equipo también es una gran estrategia, así como encerrarnos en una torre de marfil, aparentemente protegidos de los rifirrafes que surjan a nuestro alrededor.

Nuestros temerosos cocodrilos son astutos. Para domesticarlos es útil conocerlos con todos sus disfraces. Échale un vistazo a la lista de arriba. Analiza a qué personajes es más probable que recurras, sobre todo, bajo estrés. No te desanimes. No hay nada único en estas máscaras. Son universales y antiguas. Son estrategias inocentes de nuestros jóvenes cocodrilos para garantizar nuestra supervivencia. Nuestra oportunidad es desenmascararlos y comenzar a vivir más como realmente somos.

TRANSFORMANDO A LOS PERSONAJES DE COCODRILO DE ÉXITO EN INTENCIONES DE ÉXITO AL ESTILO BÚHO

Para desaprender estos personajes, conviene aplicar las prácticas de crecimiento que describimos en este capítulo. Estas se corresponden con las intenciones de éxito de búho que aprendimos en el Capítulo 2.

Transformamos nuestros personajes de cocodrilo de éxito, simplemente, poniendo nuestra atención en la intención y no en el personaje. Entonces, cada personaje se convierte en un peldaño para nuestro crecimiento.

De personaje de cocodrilo de éxito	A intención de éxito de búho
1. Seguridad	**1. Samurái:** tener el coraje y la fortaleza de guerrero para atender mis necesidades básicas y enfrentar mis retos de forma ingeniosa y sin ser abrumado por ellos.
2. Nosotros versus ellos	**2. Unidad:** crear relaciones auténticas y empáticas, que acojan a todos y vayan más allá de la dinámica tribal del nosotros versus ellos.
3. Control	**3. Enfoque** (centrado en el propósito): Ser impulsado por mi brújula interna, persiguiendo mis objetivos de todo corazón y con enfoque, asumiendo cada "fracaso" como parte de seguir adelante.
4. Certeza	**4. Curiosidad:** abrir mi corazón a las enseñanzas de la vida, a los susurros, pase lo que pase y viendo cada momento como una oportunidad de descubrimiento; tener una visión más amplia y ser innovador.
5. Esencial	**5. Expresividad:** manifestarles mi don a los demás sin sentir que tengo que pedir disculpas y de forma cariñosa.

6. Sapiencia	6. Sensibilidad: usar la intuición, buscar la verdad y la conexión entre todo y todos, integrando las aparentes polaridades en la vida, creando cohesión.
7. Especial	7. Sencillez: ver lo que se necesita y hacerlo, dejar de lado el ego y, simplemente, ser y contribuir con lo que soy.

Es tiempo para un poco más de práctica. Échale un vistazo al resumen anterior y escoge uno de los numerales que más te interesen. Si lo deseas, piensa en un desafío al que te estés enfrentando en este momento de tu vida. ¿Cómo lo abordaría tu personaje de éxito? ¿Cómo podrías tú abordarlo de manera diferente a tu intención de éxito. Si crees que estás atrapado en tus viejas costumbres, pregúntate: *¿quién está hablando, el búho o el cocodrilo?*

LIBERANDO EL MIEDO

Hay muchas maneras de trabajar con el miedo. Para completar nuestra visita a nuestros miedos en este capítulo, aprenderemos otra estrategia para trabajar con ellos: liberarlos de nuestro sistema. ¿Qué significa liberar un miedo? Primero, pensemos en lo que significa aferrarse al miedo. Cuando nos aferramos a un miedo, creemos lo que sea que este miedo nos diga, lo cual permite que este siga siendo parte de nosotros. En las garras de ese miedo, sentimos incomodidad física y emocional. Sentimos contracciones, una sensación de tensión, aislamiento, ansiedad, tristeza, falta de control y resentimiento hacia nosotros mismos y hacia los demás. Por el contrario, liberar un miedo es elegir no retenerlo más.

ESTRATEGIA PARA LIBERAR EL MIEDO

Practiquemos liberar el miedo, trabajando con el miedo al abandono. ¿En qué relaciones surge el miedo al abandono con mayor fuerza en ti? Piensa en tus hijos, tu pareja, tus padres, tus colegas, tu trabajo, tus amigos, etc. Imagina la relación que provoca en ti los sentimientos más fuertes de ser abandonado, de no ser necesario, de ser olvidado. Ahora, piensa en una situación en la que tu miedo a ser abandonado por esta persona (o tu trabajo) se haya activado. Experimenta ese miedo y siente la forma en que se acumula y se mueve dentro de ti. No te preocupes por hacer este proceso "bien" o de si es "bueno" o no hacerlo, solo siéntelo, eso es todo. Ahora, sintiendo el miedo en tu cuerpo, piensa en él como una nube que se mueve a través de ti; puede ser una nube inflada, oscura, gris, tormentosa o lo que sea. No te preocupes por su intensidad, ten en cuenta que ese es el comienzo de su expulsión. Y como el cielo, mientras practicas la presencia, sostienes todas las nubes y no te afecta ninguna de ellas. Permítete sentir el miedo, tal vez, de una manera que nunca antes te has permitido sentirlo.

La reacción intestinal es detener este proceso, suprimir el miedo expulsándolo de nuestra mente o distrayéndonos con otros pensamientos. No dejes que esa reacción te gane esta vez; en lugar de eso, desinterésate de esos sentimientos y sigue volviendo tu atención a este miedo, en este caso, el miedo al abandono. Este es un juego de concentración. Está bien sentir miedo. Esta es solo una práctica y tú estás perfectamente seguro. Recuerda que eres presencia. Sigue imaginando tu situación elegida y deja que el miedo se vuelva tan fuerte que sientas una constricción aumentando dentro de ti.

Ahora, comienza a imaginar que el espacio en tu cuerpo no está tan restringido como tu mente quiere que creas. Respira hondo e imagina el espacio expandiéndose alrededor y dentro de este miedo. Ahora, dale espacio a la nube de miedo para que salga de ti mientras respiras de forma lenta y segura. Este miedo es solo energía. No tiene poder sobre ti. Te atraviesa como nubes en el cielo.

Tómate un tiempo para hacer esta práctica. Sabrás cuándo es el momento de detenerte. Es probable que hayas encontrado algo de alivio de este miedo.

Al enfrentar el miedo de esta manera, comenzamos a verlo como algo normal y a pensar que es controlable. Observa las formas en que el miedo podría estar resistiéndose a esta práctica. Es normal experimentar pensamientos como: *"No quisiera hacer esto"* o *"Esta práctica solo empeora las cosas o me irrita"*. Sé amable con estos pensamientos y, así como con el miedo, permite que se conviertan en luz, que empiecen a disiparse y pasen a través de ti. Deja que cualquier pensamiento que te impida estar presente se vaya. Piensa que tu mente de cocodrilo está tratando de aferrarse al miedo. El cocodrilo teme que le estés quitando la comida. ¡Y sí, eso es lo que estás haciendo! Di que sí y elige estar preparado para enfrentar tus miedos y explorarlos amablemente.

En cierto modo, la mente se siente cómoda con el miedo y, por lo tanto, se aferra a él. Creemos que sin el miedo al abandono, sin sentir que "necesitamos" a esa persona, no la amaremos. Creemos que sin el miedo al fracaso, no tendríamos tanto impulso para tener éxito. Tememos que sin miedo al dolor, no seremos tan compasivos y que sin temor a la incertidumbre, nos perderemos.

Al inspeccionar aún más estas creencias y atrevernos a desafiarlas, descubriremos que, en realidad, al no vivir con el miedo de perder a alguien que amamos, somos libres de amarlo de manera más completa, incondicional y auténtica, sin asfixiarlo o tratar de cambiarlo o cambiarnos a nosotros mismos. Sin el miedo al fracaso nos dejamos llevar por la alegría y la emoción que encontraremos al trabajar en pos de nuestro verdadero llamado. Sin el miedo al dolor, somos libres de dejar que nuestras luces brillen y vivimos un ejemplo de vida que, finalmente, liberará a otros y los alentará a hacer lo mismo. Cuando veas que estás reaccionando por miedo, ya sea en el trabajo o en casa, pregúntate: ¿quién sería yo sin este miedo? Y ábrete a las posibilidades.

Ten en cuenta que los miedos están con nosotros, bien sea latentes o activos, todo el tiempo: en cada momento, en cada conversación. Practica liberar el miedo cada vez que este se active, no únicamente cuando estés solo, en medio de la naturaleza o cuando te encuentres en un lugar apartado. Cada vez que aparezca un miedo, no importa qué miedo sea, practica la liberación de ese miedo. En lugar de suprimirlo o tratar de deshacerte de él, permítele asentarse y moverse dentro de ti y observa cómo cambia mientras respiras lentamente. Recuerda que el miedo es solo energía, imagina que eres el cielo y que el miedo, como las nubes, se irá como vino. Sí, es así de simple.

Disfruta esta parte del viaje de crecer *a través* del miedo para convertirte cada vez más en tu ser auténtico. El verdadero crecimiento consiste en desaprender el miedo.

—TRABAJO DE CAMPO—

1. De las siete familias de miedos, ¿cuáles son las dos más activas en ti?

2. ¿Qué desafío estás enfrentando actualmente?

3. ¿Cuál de estas siete familias de miedos tiende a estar más activa en ti cuando piensas en tu desafío?

4. ¿En qué comportamientos reactivos caes cuando eres conducido por tu familia de miedos?

5. ¿Qué sentimientos y acciones se hacen posibles cuando aplicas una mentalidad de liderazgo de crecimiento, utilizando cualquiera de las prácticas de crecimiento sugeridas en este capítulo?

6. ¿En qué personaje de éxito basado en el miedo es más probable que caigas en este desafío? ¿Qué intención de éxito puedes practicar? ¿Cómo?

7. ¿Cómo estás creciendo?

Capítulo 5

EQUILIBRANDO NUESTRO SER

"Sabiduría sin generosidad es igual a crueldad y generosidad sin sabiduría es una locura". —Fred Kofman

A medida que nos deshacemos de nuestros miedos, sentimos más libertad. Nos volvemos más audaces, más centrados, más creativos, más compasivos, más tranquilos y más boyantes. El miedo ya no nos detiene tanto como antes y nos vamos convirtiendo más rápido en quienes realmente somos. Y cuanto más crecemos al soltar el miedo, más importante se vuelve otro aspecto del liderazgo —mantener el balance en la forma en que aplicamos las fortalezas que ahora tenemos a nuestra disposición—. Si nos volvemos más audaces y no más compasivos, es muy probable que tendamos a desconectarnos de los demás; si solo nos centramos en contribuir y no sabemos retroceder, perderemos la perspectiva; si solo retrocedemos, quizá no contribuyamos; si gastamos toda nuestra energía en congeniar con los demás, corremos el riesgo de perder el enfoque en nuestras prioridades; y si no congeniamos, corremos el riesgo de alienar a los demás. Dicho en pocas palabras, el balance es un ingrediente importante del liderazgo.

Ejemplos de balance están en todas partes de la naturaleza. Lo vemos en la luz y la oscuridad; en el sonido y el silencio; en el verano y el invierno; en el frio y el calor; en la vida y la muerte El término *balance* proviene de la palabra latina *bilanx* que significa dos bandejas de una misma escala. A medida que una bandeja se vuelve más pesada que la otra, la balanza se desequilibra; Lo mismo es verdad para los seres humanos. Lo evidenciamos en nuestro cuerpo y nuestra mente —tenemos un lado izquierdo y uno derecho, una parte frontal y una espalda—. Cuando un lado de la balanza está en desequilibrio con respecto al otro, nos sentimos fuera de lugar, fuera del centro. Cuando ambos lados están en equilibrio, tendemos a sentir que fluimos, nos sentimos en armonía con nosotros mismos y con los demás.

El sol y la lluvia permiten una hermosa cosecha; el silencio y el sonido hacen música hermosa juntos; los colores complementarios crean imágenes vibrantes; dos personas diferentes pueden crear una hermosa amistad y sociedad; el descanso y el esfuerzo permiten la sostenibilidad; el cerebro izquierdo (lógica) y el cerebro derecho (intuición) juntos producen sabiduría y generosidad.

Piensa en lo que significa el balance para ti. ¿Cómo es? ¿Qué sucede cuando lo pierdes? ¿Cuándo no puedes equilibrar tu vida laboral y tu vida hogareña? ¿Tus amistades y tu relación romántica? ¿Tus pasatiempos y tus quehaceres? En mi caso, he notado que pierdo el equilibrio cuando priorizo las relaciones sobre el propósito, o por el contrario, cuando me dejo llevar tanto por una actividad que hasta pierdo el contacto con las personas que me importan. Observa cuáles podrían ser los comportamientos en los que caes cuando pierdes el equilibrio o los que más tienden a hacer que lo pierdas.

A medida que maduramos como seres humanos y líderes, aprendemos a equilibrar más y más ciertas fortalezas aparentemente opuestas. ¿Cómo ser honestos *y* respetuosos en igual medida? ¿Cómo ser decisivos *e* inclusivos? ¿Cómo ser flexibles *y* firmes? ¿Cómo podemos responsabilizar a otros *y* capacitarlos para que sean quienes realmente son? Siempre estamos reequilibrándonos a nosotros mismos.

Y a medida que maduramos, nuestro equilibrio interno, o la falta de él, comienza a afectarnos más a los demás. Cuando crecemos, más personas pueden ser confiadas a nuestro cuidado. Cuanto mayor sea el alcance de nuestra responsabilidad, más afectará nuestro equilibrio interno a los demás. Por ejemplo, si lideramos un equipo, ya sea de unas pocas personas o de cientos, y solo sabemos ser asertivos sin poder escuchar, corremos el riesgo de crear una cultura de competencia en la que las personas trabajen en sus propios silos sin aprender la una de la otra. Por el contrario, si como gerentes solo sabemos escuchar y no ser asertivos, la cultura que nos rodeará terminará siendo de indecisión, donde no se hace nada, ya que las relaciones se priorizan por encima de la efectividad.

BALANCE DEL LIDERAZGO DE CRECIMIENTO: YIN Y YANG

¿Cómo es el equilibrio interno para un líder? Comencemos mirando nuestro sistema nervioso. Para simplificar un mecanismo complejo, nuestro cerebro tiene un lóbulo izquierdo y un lóbulo derecho: el izquierdo está a cargo del lado derecho de nuestro cuerpo y tiene un papel más importante en la lógica, la asertividad y la planificación. El lóbulo derecho guía el lado izquierdo de nuestro cuerpo y se encarga de nuestras capacidades intuitivas, creativas y empáticas.

En Oriente, existe una hermosa distinción para hablar sobre estas dos caras de la misma moneda: Yin y Yang. Yin es la energía asociada con el lado derecho de nuestro cerebro y el lado izquierdo de nuestro cuerpo, también llamado lado femenino. Yin es una energía femenina e incluye cualidades como la conexión, la empatía, la intuición y el cuidado. Yang es la energía asociada con el lado izquierdo de nuestro cerebro y el lado derecho de nuestro cuerpo, considerada como la energía masculina. Las cualidades del Yang incluyen asertividad, determinación, voluntad y energía guerrera.

En la tabla siguiente encontrarás un resumen de estas energías. Notarás que he organizado las energías en cada una de las siete intenciones de éxito que describimos en el Capítulo 2. Como resultado, las intenciones de éxito 1, 3, 5 y 7 —samurái, enfoque, expresividad y sencillez— son cualidades del Yang, mientras que las intenciones 2, 4 y 6 —unidad, curiosidad y sensibilidad— son Yin.

Haz una pausa por un momento y piensa en estas dos energías, Yin y Yang. ¿Cuál es más fuerte en ti? No tiene nada que ver con tu género —estas son solo energías que apuntan a tu estilo de liderazgo predeterminado—. En nuestra cultura, las palabras *masculino* y *femenino* vienen cargadas de tanto equipaje —vergüenza, culpa, orgullo, resentimiento; de toda clase de cosas—. Desde que éramos jóvenes fuimos condicionados a asociar las energías masculinas con ser más fuertes y más admirables cuando se trata de liderazgo; en cambio, las energías femeninas parecían ser más adecuadas para la vida hogareña. Antes de continuar, seamos conscientes de cualquier creencia que nos haya sido impuesta y prescindamos de ella. Ninguna energía es mejor o más adecuada que la otra. Si queremos explotar nuestro verdadero potencial como líderes, tendremos que alcanzar un equilibrio efectivo de ambas.

Yang superior: con un propósito	Yin superior: conectado a la creatividad
1. Samurái • Guerrero (dispuesto a estirarse) • Capaz de quedarse quieto en la tormenta **3.** Enfocado • Con un propósito definido • De voluntad férrea **5.** Expresivo • Asertivo —poseedor de fortaleza interior y claridad, abierto a los resultados • Colaborador	**2.** Unificador • Cuidadoso • Bondadoso, empático • Amable, tierno **4.** Curioso • Creativo, dispuesto a aprender • Abierto **6.** Sensible • Intuitivo • Sabe escuchar, colaborador, conciliador • Integrador

7. Sencillo	
• Óptima capacidad intelectual (para propósitos importantes) • Humilde (dispuesto a aprender)	

Adaptado de Patrick Connor, Sharmadá Foundation y Patricio Campiani

Mi energía predeterminada se inclina hacia el Yin. Podría quedarme para siempre en el campo de la intuición y la empatía; es por eso que me siento muy cómodo entrenando a otros. Ahora que me encuentro liderando una organización, me siento retado a desarrollar mi lado Yang asertivo y decidido.

¿Y cómo vemos cualquier desequilibrio como líderes de crecimiento? No como un problema, sino como otra puerta de entrada hacia nuestro crecimiento. Nos sentimos atraídos hacia cualquiera que sea el desbalance, pues sabemos que se trata de una oportunidad para descubrir quiénes somos realmente y liderar desde ahí.

¿Recuerdas a Rob Tarkoff, CEO de Lithium Technologies? ¿Recuerdas cuál fue su oportunidad de reequilibrio cuando se convirtió en CEO?

"Mi padre provenía de un entorno muy difícil", comentó Rob. "Mis abuelos eran inmigrantes judíos en los Estados Unidos y mi padre creció siendo hijo único. Mi abuelo murió cuando él tenía 13 años y mi abuela siempre trabajó para mantenerlo. Mi padre trabajó todos los días de su vida desde los 13 años hasta hace unos ocho años, cuando se enfrentó a algunos problemas de salud. Ahora, tiene más de 80. Él no tuvo las oportunidades que yo tuve. Y a pesar de todo esto, se convirtió en un médico exitoso y superó todo en la vida". Debido a la difícil historia de su padre, Robert aprendió desde temprana edad acerca de la autosuficiencia, un rasgo de liderazgo del Yang.

Y se volvió muy bueno en eso. Sin embargo, cada vez que fue promovido, también experimentó la limitación de la autosuficiencia. "A lo largo de mi carrera he pensado que estoy totalmente descalificado y me siento poco preparado para cada cargo que me han asignado. Hasta pensaba que si no venía a trabajar todos los días para demostrarles mi valor a quienes me eligieron en cada cargo, en algún momento, se iba a descubrir mi falta de cualificación. Eso es como una especie de paranoia. Recuerdo que solía decirle a mi esposa: '¿Llegará alguna vez un momento en que deje de sentirme, tú sabes, que van a descubrir que esto de nombrarme en cada uno de mis cargos fue un error?'. Creo que parte de ese sentimiento proviene del ejemplo de mi papá, de que él nunca dio nada por sentado. Él siempre sintió que tenía que ganarse la confianza de sus pacientes todos los días haciendo diagnósticos realmente buenos y usando sus conocimientos para cuidar de ellos. Y esa ha sido la filosofía que he tenido… nunca des nada por sentado".

Al entrevistar a Rob, quedó claro que él es una persona cómoda con el Yang y, sin embargo, su aprendizaje está relacionado con el Yin. "Debes encontrar una manera de pedir ayuda cuando la necesites y tu empresa no solo mejorará, sino que también serás un mejor líder", comentó Rob en el capítulo anterior. Siendo un CEO relativamente nuevo, Rob tuvo que aprender a pedir ayuda, un rasgo de liderazgo del Yin: "El único error que no puedes darte el lujo de cometer es el de tener una mentalidad obtusa con respecto a lo que es posible. No puedes pensar que sabes las respuestas incluso desde antes de conocer las preguntas. Si crees que sabes dónde terminarán las cosas, estás equivocado". Su consejo a otros nuevos CEOs apunta a más rasgos del Yin: conectarse con otros y permanecer abierto a la variedad —a las posibilidades que provienen del hecho de trabajar con otros—. Trabajar para fortalecer su Yin o Yang es una práctica común entre los líderes. Retrocedamos en el tiempo y echémosle un vistazo a otro líder que aprendió a equilibrar el Yin y el Yang dentro de sí mismo. A ver si logras adivinar quién es.

Fue presidente durante dos años y medio y la mayoría de la gente lo vilipendiaba. Una guerra había estado dividiendo a su país y su ejército acababa de perder dos grandes batallas. La gente de su propio partido lo atacaba por su actitud comprometedora e indecisa y uno de sus generales informó que se hablaba abiertamente "de [su] debilidad y de la necesidad de remplazarlo por un líder más decidido". Después de visitarlo en enero de ese año, el exjuez de la Corte Suprema, Benjamín

R. Curtis, informó sobre "la total incompetencia del presidente... Está destrozado, aturdido y completamente atontado. No me sorprendería que se destruyera a sí mismo".

Es junio de 1863 y Abraham Lincoln es Presidente de los Estados Unidos.

Daily Dispatch, el diario de Richmond, cita a Lincoln afirmando que "el presidente dijo que puede ser una desgracia para la nación que él haya sido elegido presidente; pero habiendo sido elegido por el pueblo, tiene la intención de ser presidente y cumplir con su deber según su mejor entendimiento, aun si tiene que morir en el intento".

Ahora, leamos un texto de *The New York Times* de septiembre de ese mismo año: "Estamos agradecidos de que la nación esté dirigida por un gobernante que está tan peculiarmente adaptado a las necesidades de la época, demostrando ser una persona clara, desapasionada, discreta, firme y honesta como Abraham Lincoln". Y el diario *Chicago Tribune* utilizó un tono similar, escribiendo: "¡Dios bendiga al viejo Abe!".

¿Qué cambió en el verano de 1863? Por supuesto, las victorias del Ejército de la Unión en Vicksburg y Gettysburg ayudaron a mejorar la opinión pública. Sin embargo, incluso con esas victorias, la Guerra Civil no terminó sino hasta 1865, antes de lo cual habría muchas más pérdidas importantes tanto en el bando de la Unión como en el de la Confederación. A pesar del desafío continuo que plantea la guerra, Lincoln mantuvo un importante apoyo público durante el resto de su presidencia, desde 1863 hasta su asesinato en 1865. ¿Por qué razón? ¿Y qué podemos aprender de él con respecto al equilibrio de nuestro Yin y Yang?

A principios del verano de 1863, Lincoln se dio cuenta que enfrentaba dos grandes desafíos: restablecer el control sobre el Ejército del Potomac y darle una dirección mucho más aspiracional a la opinión pública.

Lincoln, siendo autodidacta, dependía en gran medida de la tradición y la convención. Y fue muy inclusivo, un rasgo del Yin. Todas las semanas, recibía multitud de personas de todas las partes de la sociedad en la Casa Blanca con el deseo de escuchar sobre sus vidas, estar al tanto de sus problemas y conocer sus maneras de pensar. Sin embargo, después de haber sido presidente durante un tiempo, sus puntos fuertes de ser inclusivo y dominar las reglas de cualquier juego se convirtieron en sus debilidades. Como líder civil, él creía que debía dejarles el mando del ejército a sus generales, así es como el juego siempre se había jugado antes. Así que, en lugar de darles órdenes firmes a sus generales, una cualidad del Yang, Lincoln solo les daba sugerencias tímidas, que a su vez, en su mayoría, ellos ignoraban —una debilidad del Yin—. El secretario de Lincoln, John G. Nicolay, notó con desaliento que el presidente habitualmente cedía a los "caprichos, quejas y críticas de su máximo General McClellan, como una madre complaciendo a su bebé".

Después de muchos intercambios frustrantes con una sucesión de generales ineficaces, Lincoln reconoció que su estilo sumiso (Yin) no estaba funcionando. Y una vez que estuvo convencido de que algo tenía que cambiar, Lincoln actuó de manera resuelta, sin mirar atrás. En el verano de 1863, emitió una serie de instrucciones directas a sus generales, sin dejar dudas sobre quién estaba a cargo. Lincoln le escribió al General Hooker, un general que había desafiado repetidamente sus sugerencias: "Para eliminar todo malentendido, ahora lo coloco en estricta relación militar con el General Halleck, General en Jefe de todos los ejércitos. No tenía intención de hacerlo, pero como usted parece entender las cosas de manera diferente, le diré a él que le dé las órdenes y le pido que las obedezca".

Poco después del aumento de liderazgo de Lincoln en su Yang, el Ejército de la Unión obtuvo una serie de victorias, especialmente, en Vicksburg y Gettysburg. En lugar de retrasarse y esperar el momento perfecto, como lo había hecho antes, el Ejército de la Unión ahora se movía de manera proactiva, siguiendo las órdenes firmes de Lincoln. El presidente había dejado atrás las convenciones del pasado, un rasgo del Yang, y había creado una nueva relación con los militares. Había remplazado la indecisión por la asertividad.

La indecisión es una debilidad del Yin que, casi siempre, proviene del miedo —piensa en el miedo a lastimar a los demás y en el miedo a la incertidumbre del que hablamos en el capítulo anterior—. A menudo, cuando nos desequilibramos, primero, tratamos de compensar ese desequilibrio volviendo a caer en las garras del cocodrilo del miedo, antes de lograr encontrar el equilibrio de búho. Llamaremos al Yin y al Yang orientados a los búhos "Yang superior" y "Yin superior", y a los estilos reactivos de cocodrilos los llamaremos "Yang inferior" y "Yin inferior".

AJUSTES DE COCODRILO PARA RECUPERAR EL EQUILIBRIO

Al principio, cuando Lincoln no fue capaz de lograr que el ejército trabajara eficazmente en pos de alcanzar su propósito, que no era otro que la reunificación de la nación, obró con sumisión. A menudo, la sumisión es una estrategia de cocodrilo del Yin inferior, impulsada por el miedo. Cuando caemos en un comportamiento sumiso, no estamos defendiendo la importancia de nuestro propósito (un rasgo del Yang superior). Más bien, el cocodrilo nos está empujando a optar por una solución rápida: ceder y esperar que ocurra lo mejor.

Nuestro sistema nervioso de cocodrilo está ahí para ayudarnos en nuestra supervivencia física y emocional inmediata. La paciencia, la fortaleza, la benevolencia y la sabiduría no son parte de su repertorio, ya que no conducen a soluciones instantáneas, ni a gratificación, ni a validación. Nuestros cocodrilos quieren respuestas aquí y ahora. En lugar de ser firmes y fieles a nuestro propósito, ellos prefieren que estemos a salvo en el momento. Entonces, cedemos ante los demás para obtener su aprobación —una estrategia del Yin inferior— o trabajamos demasiado, preferiblemente, por nosotros mismos, para obtener una solución rápida —una estrategia del Yang inferior—. O, cuando un colega está angustiado, en lugar de ser compasivos con él, y claros con respecto a nuestros límites, nuestros cocodrilos quieren que todo el desorden desaparezca ahora, así que lo ignoramos y seguimos adelante descuidadamente —una estrategia del Yang inferior— o nos vamos al otro extremo y nos unimos a él en su angustia, tratamos de rescatarlo y renunciamos a nuestras prioridades —una estrategia del Yin inferior.

¿En qué estrategias de cocodrilo Yin y Yang somos más propensos a caer? Cuando tenemos un lado Yin más fuerte (como yo), tendemos a compensar el lado Yang más débil aplicando estrategias de Yin inferior. Parte de la fuerza del Yang es la determinación, seguir nuestras prioridades. Una persona demasiado Yin será excelente para conectarse con los demás y más débil para defender sus prioridades. Siendo demasiado enfocada en las relaciones, una persona Yin que está impulsada por el miedo tratará de obtener lo que quiere aplicando su experiencia Yin la cual tiende a convertirse en manipular o seducir a otros, a ser sumisa o entrar en modo de autocompasión si no logra que el mundo coopere con ella. Sí, he probado todas estas tácticas del Yin inferior en tiempos de dificultad. Funcionan por un corto tiempo y luego son contraproducentes, ya que termino no relacionándome de forma auténtica conmigo mismo, ni con los demás.

Por el contrario, si nuestro Yang es nuestro lado dominante, tenderemos a ir al Yang inferior cuando estamos bajo estrés, siendo arrogantes y tratando de superar o controlar a los demás. Cuando hay desacuerdo, una persona demasiado Yang tiende a abusar de su racionalidad. Impulsada por el miedo a perder la discusión, estará tan absorta en sus propios razonamientos que se olvidará de escuchar con total atención para tratar de encontrar un terreno común —una fortaleza Yin.

Observa las siguientes estrategias. ¿Qué cocodrilos Yin y Yang viven en tu sistema? ¿En qué situaciones se desencadenan? O en otras palabras, ¿en qué momentos dejas que el miedo te guíe para obtener lo que quieres? Para hacer que estas tácticas sean más fáciles de recordar, las organicé según los personajes de cocodrilos de éxito que vimos en el capítulo anterior. Cada persona basada en el miedo tiene un lado del Yang inferior y del Yin inferior. ¡Sí, nuestros cocodrilos son creativos!

Yang inferior: Exagerado	Yin inferior: Complaciente
1. Seguro	**1.** Seguro
• Exceso de trabajo	• Depende de otros, necesita ser rescatado, es indefenso, víctima, débil
• Valores predeterminados para soluciones rápidas	
2. Nosotros versus ellos	• Obsesionado con la seguridad
• Busca ganar, llegar a la cima, ser mejor	
• Juzga a otros, bien/mal	

3. Control

- Perfeccionista, dominante y agresivo
- Controla haciendo y mediante la resolución de problemas

4. Certeza

- Reprime las emociones, rígido
- Utiliza la lógica y el intelecto en aras del amor

5. Esencia

- Heroico, es la respuesta
- Domina o es autosuficiente y se desconecta

6. Sapiencia

- Necesita estar en lo cierto (Conocedor)
- Tiene las respuestas

7. Especial

- Busca respeto y estatus
- Se prueba a sí mismo a través del cumplimiento de sus logros

2. Nosotros versus ellos

- Relación de valores sobre propósito
- Chismes y culpas con tal de pertenecer a...

3. Control

- Manipula a través de la aprobación, el placer, la seducción y la vaguedad
- Difiere de los demás por defecto

4. Certeza

- Abrumado por las emociones, volátil
- Busca drama para proteger el *statu quo*

5. Esencia

- Rescata a otros
- Se preocupa mucho

6. Sapiencia

- Sabe lo que es mejor, asesor
- Predice resultados negativos, paranoico

7. Especial

- Necesita ser admirado, es vanidoso
- Se convierte en mártir, estrella, se retira a su torre de marfil

Adaptado de Patrick Connor, Sharmadá Foundation y Patricio Campiani

No tiene nada de malo tener estos cocodrilos —es una parte natural de nuestra evolución humana—. Los heredamos de nuestras familias y nuestra cultura. Mi padre, como muchos padres trabajadores de su generación, estuvo algo ausente durante mi infancia y mi madre siempre estuvo allí para ayudarme. En realidad, ella alimentó mi Yin; por ejemplo, las cualidades creativas que hay en mí; ella me amaba haciendo música; siempre ha sido una persona muy empática. La otra cara, sin embargo, es que, en mi relación con ella, también aprendí estrategias del Yin inferior. Cuando era niño, interpreté que mi madre tenía miedo de hacer las cosas mal a los ojos de mi padre —algo que es bastante probable que ella haya aprendido de su madre y de otras mujeres de su generación—. Cuando yo tenía un conflicto con mi papá, ella me decía que no debía estar en desacuerdo con él, pues no estarlo era inapropiado. Yo no sabía cómo convencerla de lo contrario. Entonces, comenzaba a llorar y fue así como descubrí que llorar era una forma efectiva de conseguir lo que quería. Así que, cuando crecí, estas interacciones madre-hijo continuaron guiando mi comportamiento, haciéndome creer que siendo débil y tímido obtendría lo que quisiera.

La familia de Rob Tarkoff sugiere el patrón opuesto: confiar en la acción independiente para tener éxito (una estrategia del Yang inferior utilizada en exceso) a veces, a expensas de mantenerte conectado a otros.

A continuación, encontrarás dos estrategias de compensación de cocodrilo muy típicas. Si no tenemos el sentido de propósito propio del Yang, tendemos a complacer a otros para obtener lo que queremos. Si carecemos de la capacidad del Yin para cuidar y recibir cuidado, tendemos a compensarnos a través del trabajo excesivo para ganar amor y no desarrollamos las conexiones sociales que podrían proporcionarnos aquello de lo cual carecemos.

LIDERAZGO YANG	LIDERAZGO YIN
Útil	Cuidadoso
Solución de cocodrilo Yang	Solución de cocodrilo Yin
Exagerar (por relación/ compensar la debilidad del Yin)	Agradable (para logra/ compensar la debilidad del Yang)

Adaptado de Patrick Connor, Fundación Sharmadá y Patricio Campiani

Nuestras estrategias de compensación de cocodrilo nos ofrecen una clave importante para reequilibrarnos. En lugar de ceder a la tendencia de los cocodrilos con la que nos relacionamos más fuertemente, que a menudo es unilateral, ya sea Yin o Yang, cultivamos las cualidades superiores del lado opuesto y crecemos a través de ellas. Reequilibramos nuestra solución Yin de complacernos volviéndonos más decididos (Yang) y nuestra solución Yang de rendirnos volviéndonos más atentos (Yin).

Cuando me enfrento a un desafío y veo que no estoy logrando lo que necesito, practico la asertividad y la determinación con humildad, una fuerza de búho Yang, en lugar de ceder en mis rasgos de placer y autocompasión del Yin inferior.

Por el contrario, si tu lado Yang es más fuerte, lo más probable es que tiendas a trabajar en exceso y a tratar de controlar a los demás para obtener lo que deseas cuando estás bajo estrés. En ese caso, cultiva tu lado cariñoso Yin y pregúntate: "¿Cómo podemos hacer esto juntos? ¿Qué necesita la otra persona para desempeñarse bien?".

Notaremos que nuestras soluciones de cocodrilo varían según la situación. Por ejemplo, con nuestro jefe, podemos caer en la culpa (Yang inferior) o agradar (Yin inferior); en cambio, con nuestros compañeros podemos tratar de superarlos (Yang inferior) o manipularlos (Yin inferior); y con nuestros subalternos y subordinados podemos tratar de controlarlos (Yang inferior) o mimarlos (Yin inferior). La conciencia es la clave. Una vez que identificamos un patrón de cocodrilo, nunca podemos dejar de verlo y nuestra conciencia genera una siguiente oportunidad para alcanzar mayor crecimiento.

También podemos practicar el desarrollo del Yin y el Yang superiores implementando una o todas las siguientes prácticas:

1. Tomándonos un momento para hacer una pausa cuando nos encontramos atrapados en el Yin o Yang inferiores.

2. Identificando y encaminando a una persona que tiene fuertes cualidades superiores del Yin o el Yang.

3. Al ir a algún lugar, nos sentimos seguros y practicamos (por ejemplo, juegos de roles) nuestro Yin y Yang superiores en acción.

4. Respirando profundamente para calmar al cocodrilo.

5. Centrándonos de manera intencional en esas cualidades superiores de Yin o Yang cuando afrontamos una situación difícil.

¿Terminaremos de reequilibrarnos alguna vez? Es bastante improbable. Siempre habrá tantas situaciones nuevas como niveles en un juego de computadora, donde las apuestas son cada vez más altas y activarán nuestros lados del Yin o Yang inferiores. Entonces, ¿dónde encontramos el equilibrio continuo?

ENCONTRANDO EL EQUILIBRIO CONTINUO— PERMANECIENDO EN PRESENCIA

Cualquier planta que reguemos en el jardín crece. Lo mismo es válido para nuestra conciencia. En aquello que sea que pongamos nuestra atención crece y se fortalece, ya sea una hierba o una flor, un cocodrilo o un búho.

La neurociencia apoya esta premisa. Como vimos en un capítulo anterior, las neuronas que se disparan juntas, se conectan entre sí. Cuanto más a menudo usemos ciertas vías neurales, cuanto más repetimos ciertos pensamientos y sentimientos, más profundo se vuelve el surco neural y es más probable que más adelante tengamos experiencias similares. Esto se llama neuroplasticidad. A medida que trabajamos para equilibrar nuestros estilos de liderazgo del Yin y el Yang, creamos nuevas vías neuronales en nuestro sistema nervioso que se activan cuando las necesitamos.

Frente a un entorno cambiante, ¿dónde podemos colocar de manera *confiable* nuestra atención para evitar perder el equilibrio? Podemos pensar en la atención humana como en tres realidades:

1. La realidad *física*: lo que podemos ver, nuestros cuerpos, el mundo exterior.

2. La realidad *mental*: nuestro paisaje interno, que consiste en nuestros pensamientos, sentimientos y recuerdos.

3. La realidad *trascendental*: lo que yace más allá de la realidad mental, la quietud que subyace a todo, la paz más allá de la comprensión. En páginas anteriores, a esto lo hemos llamado "presencia". Es el espacio de conciencia en el que todo está sucediendo. Es como una claraboya que contiene todo, que no se opone a nada y es atemporal e ilimitada.

Compruébalo por ti mismo. ¿Dónde pones la mayor parte de tu atención?

—•—

Es probable que estés dedicando la mayor parte de tu atención a las dos primeras realidades: la física y la mental. Eso tiene sentido, ya que estas son más fácilmente identificables. Sabemos que, cuando experimentamos una emoción estresante o una sensación física, tendemos a ser absorbidos por ella.

En el camino del crecimiento podemos perdernos en cualquier realidad. En la realidad física, podemos llegar a ser tan consumidos por nuestro impulso de adquirir más, de tener un cuerpo más fuerte o de ser alguien en el mundo, que perdamos el contacto con lo que realmente somos. En el camino interior, podemos perdernos tratando de monitorear obsesivamente nuestros sentimientos y terminar solos y aislados. Podemos centrarnos tanto en sentirnos bien, o desanimarnos al sentirnos mal, que perdemos de vista la perspectiva más amplia de nuestra vida.

Para un verdadero crecimiento, necesitamos mirar más allá de nuestras experiencias inmediatas y autoabsorbentes, ya sea que se centren en exterioridades o interioridades. A medida que lo hacemos, desarrollamos la comprensión de otra realidad más allá del enfoque habitual, bien sea en nuestros amigos y familiares, en nuestras cosas, en nuestros resultados, en nuestro cuerpo, en nuestros sentimientos y en nuestros pensamientos. Esta es la tercera realidad, o realidad trascendental. En este libro, la hemos llamado presencia, pero también se conoce como amor incondicional, conciencia y paz más allá de la comprensión. ¿Qué pasaría si descansáramos nuestra atención allí más a menudo? ¿Qué pasaría con nuestras capacidades de crecimiento, benevolencia y sabiduría?

La neurociencia nos da algunas pistas. Cuando conectamos nuestro sistema nervioso a un EEG, podemos notar diferentes patrones de ondas cerebrales dependiendo de dónde pongamos nuestra atención. Nuestras ondas cerebrales se miden en frecuencia (hertz o ciclos por segundo) y amplitud. Dependiendo de su rango, los neurocientíficos les han dado diferentes nombres: beta, alfa, theta y delta. Las frecuencias de ondas cerebrales más rápidas, 14–38 cps, están asociadas con beta; las más lentas, 0–4 cps, con delta. Cada frecuencia de ondas cerebrales es adecuada para diferentes funciones: beta, para las multitareas y la lógica; alfa, para el enfoque de un solo punto; theta, para la percepción y delta para la intuición y la empatía. Cuando ponemos toda nuestra atención en la primera realidad, la física, tendemos a estar principalmente en beta. Cuando estamos en los ritmos alfa y theta, tendemos a ser más conscientes de nuestro paisaje interior. Y cuando alcanzamos el delta, vamos más allá de nuestro mundo interior hacia lo trascendental: el observador, la presencia, la conciencia. Esta frecuencia más lenta también está asociada con el sueño profundo. Ten en cuenta que en el sueño profundo no tenemos problemas, ese es el estado de presencia.

Onda cerebral	Función primaria	Realidad primaria
Beta 14–38 cps	Planificación	Física y mental
Alfa 8–14 cps	Enfoque puntiagudo	Mental
Theta 4–8 cps	Aha	Mental
Delta 0–4 cps	Intuición	Trascendental

Cuando nuestra frecuencia de ondas cerebrales es lenta, nuestra tasa metabólica (la tasa a la que transformamos los alimentos y el oxígeno en energía) también es lenta —tendemos a respirar más profunda y más lentamente cuando llegamos a theta y delta—. Muchos de nosotros experimentamos más fácilmente un estado de paz que no se ve afectado por estímulos externos cuando descansamos nuestra atención en lo trascendental y estamos profundamente en delta. Allí, tendemos a experimentar una conciencia trascendental, un estado que no puede ser descrito en palabras. Los problemas se ven como proyecciones luminosas en una pantalla, no como un gran problema, más como una obra de teatro en la que participamos como actores. Experimentamos una profunda paz y conexión con todos y todo, y un estado de dicha, armonía y amplitud. La sabiduría y la benevolencia surgen de forma natural y perdemos la sensación de ser un hacedor separado; más bien, nos vemos a nosotros mismos como un instrumento de conciencia. Nos volvemos creativos, inspirados y amorosos cuando nos damos cuenta de que ser así es nuestra naturaleza —no controlar, coludir, competir u otras formas de operar por miedo.

Podemos comenzar a acceder a este estado a voluntad, ya que podemos acceder a cualquier frecuencia de ondas cerebrales a voluntad, enfocando nuestra atención en la presencia, la quietud que subyace a todo, como el cielo que contiene todas las nubes. Podemos aprender a descansar nuestra atención allí a través de la respiración consciente, repitiendo un mantra, haciendo una visualización y otras técnicas de meditación. Al entrenar a nuestro cerebro para salir de la hiperactividad, donde nuestro foco está en las necesidades y distracciones inmediatas, podemos alcanzar un estado mental más equilibrado.

"No tengo nada que hacer", me informó Irfan Khan, mi asesor fiscal, el 7 de marzo de 2016, en la mitad de la época más ocupada del año para él. Este es su mantra y él lo repite a menudo, pues afirma que le ayuda a vaciar su mente y a recuperar su energía, incluso cuando todavía tiene 25 solicitudes urgentes más de ayuda para atender esa noche. He observado que este mantra "No tengo nada que hacer" es muy útil para acceder a la realidad trascendental. Es como decirle a la mente: *"Está bien, puedes descansar ahora. Es seguro hacerlo".*

Prueba este mantra por ti mismo: "No tengo nada que hacer". Olvídate de cualquier sentimiento de resistencia, de cualquier discusión interna con esta declaración. La verdad es que, en este momento, no tienes nada más que hacer además de recordarte eso. Centra tu atención en tu respiración, en inhalar y exhalar suavemente mientras te repites a ti mismo: "No tengo nada que hacer… No tengo nada que hacer… No tengo nada que hacer…". Esta es la experiencia de la presencia: estar con cada respiración, sentir el sutil calor del sol contra tu cara, la sutil suavidad de tu silla, los pequeños susurros y toques de vida a tu alrededor. Practica esto antes de acostarte, en la ducha, durante un desayuno tranquilo, en la oficina, camino a casa desde el trabajo, en cualquier momento y en cualquier lugar. Incluso unos pocos minutos por día con este mantra tiene beneficios increíbles. Es una forma de reiniciar el sistema nervioso y comenzar a explorar la frecuencia delta. Además de brindarte un descanso real, te ayuda a mantener el equilibrio, pase lo que pase. Ya no perderás tu equilibrio a causa de las exigencias de las realidades físicas y mentales. Para tener tu mundo exterior e interior en perfecto estado, trata de descansar en presencia. Para sentirte equilibrado, ya no necesitas sentirte bien, ni tener personas a tu alrededor, ni resolver tus problemas, ni tener todo lo demás bajo control. Puedes descansar en presencia a través de todo, independientemente de lo que esté sucediendo en la pantalla de cine de tu vida interior y exterior.

Hace unos años, no habría incluido esta sección en este libro, ya que podría haber sido malentendida por la mayoría como demasiado espiritual y esotérica, extraña e irrelevante para el liderazgo. Hoy, me encuentro con muchos líderes que han vislumbrado el amor y la serenidad a los que puedes acceder en el delta y conozco a algunos que permanecen permanentemente en él y este los guía. Incluso se burlan de programas como Silicon Valley, cuyo CEO, Gavin Belson, tiene un gurú entre su personal. Mis experiencias personales me han mostrado los dividendos de estar abierto a las prácticas meditativas en un entorno empresarial, pero estoy lejos de ser el único. El movimiento general de atención presencial promovido por Jack Kornfield, el Dalai Lama, Jon Kabat-Zinn y Eckhardt Tolle, entre muchos otros, ahora se discute con bastante frecuencia en el mundo corporativo, desde *Harvard Business Review* hasta *Wall Street Journal*.

Si lo deseas, usa la meditación guiada que encontrarás a continuación. También puedes usar la práctica de quietud del Capítulo 1 o la práctica de la presencia de los 12 alientos del Capítulo 3, con el fin de practicar la presencia y el equilibrio incondicional. Encontrarás algunas otras prácticas de meditación en los Apéndices 1 y 2 página 107.

MEDITANDO EN PRESENCIA

Comienza leyendo lenta e internamente el siguiente texto. Cuando llegues al final, cierra los ojos y descansa durante unos tres o cuatro minutos.

Encuentra un lugar donde sentarte cómodamente y sin molestias durante los próximos minutos. Tómate un tiempo para relajarte. No hay nada que hacer, este es un momento para estar contigo mismo.

Relaja los dedos de los pies —sentirán que se suavizan—. Relaja los talones —sentirán que se están derritiendo—. Relaja las pantorrillas y las rodillas —sentirán que se están abriendo—. Relaja tus caderas y tus huesos de asiento —sentirán que se están hundiendo en tu silla o cojín—. Relaja tu vientre, —sentirá que se ablanda—. Relaja tu plexo solar —parecerá que se vuelve más ligero—. Relaja tu pecho —sentirá que se abre—. Ahora, relaja la garganta — puede volverse suave como la gelatina—. Relaja la mandíbula —parecerá que se suelta—. Relaja la lengua —parecerá que se acorta—. Relaja tus ojos —sentirán que descienden—. Relaja la frente —parecerá que te la acarician suavemente— y relaja la parte superior de tu cabeza —parecerá que se derrite.

Toma tres respiraciones conscientes y profundas en tu vientre.

Ahora, toma conciencia de cualquier sensación en tu cuerpo (ardor, dolor, hormigueo, fatiga, flotabilidad, frecuencia cardíaca, respiración, transpiración), solo permítete ser consciente de todas estas sensaciones ahora. Toma tres respiraciones conscientes y profundas en tu vientre a medida que te vas dando cuenta de cualquier sensación en el cuerpo.

Ahora, desinterésate por completo de estas sensaciones. Comienza a desviar tu atención de estas sensaciones a...

... tus sentimientos. Observa cualquier sentimiento que tengas ahora: alegría, tristeza, miedo, ansiedad, emoción, distracción, asombro, amor, entusiasmo, culpa, resentimiento, resignación. No es necesario cambiar ninguno de estos sentimientos, solo obsérvalos. Toma tres respiraciones conscientes y profundas en tu vientre al mismo tiempo que te das cuenta de cualquier sentimiento que tengas.

Ahora, desentiéndete de estos sentimientos y desvía tu atención de estos sentimientos hacia...

... tus pensamientos. Observa cualquier pensamiento que tengas ahora, no importa cuáles sean. Solo fíjate en ellos como notarías nubes en el cielo. No le prestes ninguna atención en particular a ninguno de estos pensamientos. Solo míralos como nubes en el cielo. Toma tres respiraciones conscientes y profundas en tu vientre a medida que te das cuenta de cualquier pensamiento que tengas.

Ahora, permítete desentenderte de estos pensamientos, sentimientos y sensaciones corporales y dirige tu atención a...

...la atención en sí misma, que lo que quede esté más allá de los pensamientos, sentimientos y sensaciones corporales. Descansa mientras la conciencia es consciente de todos los pensamientos, sentimientos y sensaciones corporales. Permítete descansar en esta presencia (conciencia) durante los próximos minutos.

Si te distraes, vuelve a centrar tu atención en el movimiento de la entrada y salida de la respiración en el abdomen. Una vez que estés apoyando tu atención en tu respiración, vuelve a desinteresarte de manera suprema en ella y vuelve a llamar tu atención en la atención en sí misma, en la presencia, en la conciencia, en la quietud, en el cielo que contiene nubes de sensaciones, sentimientos y pensamientos.

Ahora, cierra los ojos y descansa en presencia durante unos minutos. Nada que hacer, solo descansar. No te enfoques en hacerlo bien o mal, solo practica y permite que tu experiencia sea como es.

— ◆ —

Reflexiona por un momento sobre las posibilidades de descansar más a menudo en la realidad trascendental, en presencia. Podemos pensar: *"Pero ¿cómo haré mi trabajo entonces?"*. Estamos tan acostumbrados a ser absorbidos por nuestros pensamientos, sentimientos y sensaciones que olvidamos que hay un enfoque más pacífico de la vida. Podemos aprender a descansar en presencia durante las 24 horas del día, mientras trabajamos, manejamos, cuidamos a los niños, estamos con nuestra pareja o incluso dormimos. Lo hacemos dejando de lado nuestro apego a los pensamientos, los sentimientos y las sensaciones y descansando desde una perspectiva más amplia que todos ellos —presencia—. ¿Qué pasaría si todos aumentáramos nuestra conciencia para estar más consistentemente en presencia?

Cuanto más nos quedamos en el momento, como presencia, más en paz estamos. Cuanto más en paz estamos, menos le pedimos al mundo. Cuanto menos le pedimos al mundo, más podemos darle. Cuanto más damos, más verdadero liderazgo brindamos.

En lugar de pedirles a los reinos físicos y mentales lo que ellos no pueden darnos, aprendamos a buscar una fuente superior de motivación e inspiración. Cuando nos guiamos por esa vasta perspectiva trascendental, nos convertimos en nuestros mejores jefes, mentores, miembros del equipo y colaboradores.

—TRABAJO DE CAMPO—

1. ¿En qué parte de tu vida, trabajo y liderazgo te sientes en equilibrio? ¿En cuál te sientes fuera de equilibrio?

2. ¿Cuál ves como tu cualidad más fuerte? Selecciona una:

   A. Definición de propósito, voluntad (Yang)

   B. Fuerza interna asertiva y claridad (Yang)

   C. Energía guerrera, dispuesta a estirarse (Yang)

   D. Capacidad de permanecer quieto en la tormenta (Yang)

   E. Poder a través de la humildad (aprendiz) (Yang)

   F. Inspirador (Yin)

   G. Creativo, intuitivo (Yin)

   H. Compasivo, empático, amable, cariñoso (Yin)

   I. Capaz de escuchar, colaborativo (Yin)

   J. Cómodo con la incertidumbre y la ambigüedad (Yin)

3. ¿Cuál es tu cualidad más débil o tu mejor oportunidad de crecimiento?

A. Definición de propósito, voluntad (Yang)

B. Fuerza interna asertiva y claridad (Yang)

C. Energía guerrera, dispuesta a estirarse (Yang)

D. Capacidad de permanecer quieto en la tormenta (Yang)

E. Poder a través de la humildad (aprendiz) (Yang)

F. Inspirador (Yin)

G. Creativo, intuitivo (Yin)

H. Compasivo, empático, amable, cariñoso (Yin)

I. Capaz de escuchar, colaborativo (Yin)

J. Cómodo con la incertidumbre y la ambigüedad (Yin)

4. ¿Cuál es el impacto de que esta sea una cualidad más débil en ti? ¿Cuál es el impacto en tus relaciones? ¿Cuál es el impacto en ti mismo, en tu sentido de realización y autoestima y cuál es el impacto en tu efectividad en el mundo?

5. ¿Cuál ves como tu principal solución de cocodrilo?

A. Buscar ejercer poder sobre los demás, agresivo (autoridad, respeto, estatus) (Yang inferior)

B. Buscar ganar, llegar a la cima, ser mejor (poder a través del logro) (Yang inferior)

C. Reprimir las emociones, independencia egoísta (autosuficiente, desconectarme) (Yang inferior)

D. Controlar a través de hacer y resolver problemas (como estar ocupado) (Yang inferior)

E. Usar la lógica, el intelecto y la razón a expensas del amor (Yang inferior)

F. Buscar el poder a través de la aprobación, el placer, la seducción (Yin inferior)

G. Ser dependiente, indefenso, débil, tímido, necesito ser salvado, víctima (pobre de mí) (Yin inferior)

H. Obsesionarme con la seguridad (Yin inferior)

I. Necesidad de ser admirado (Yin inferior)

J. Valorar las relaciones sobre el propósito (Yin inferior)

6. ¿Cómo puedes practicar el desarrollo del lado Yin/Yang superior más débil en ti? ¿Cómo puedes mitigar el riesgo de caer en las correcciones del Yang inferior y el Yin inferior?

7. ¿Qué oportunidades de crecimiento (oportunidades de equilibrio Yin/Yang) estás descubriendo en ti mismo?

8. ¿Cómo te comprometerás a aprovechar esas oportunidades?

9. ¿Qué dificultades tienes para descansar en presencia? ¿Quién serías sin estos pensamientos acerca de que hacerlo sea difícil? ¿Cuál sería el impacto en tu capacidad de mantenerte equilibrado si aprendieras a descansar en presencia?

10. ¿Cómo estás creciendo?

Capítulo 6

INVESTIGANDO LA VERDAD SOBRE NUESTRAS RAÍCES DE COCODRILO

"La verdad reside en cada corazón humano y uno tiene que buscarla allí y guiarse por ella tal y como la ve, pero nadie tiene derecho a obligar a otros a actuar de acuerdo con su propia visión de la verdad". —Mahatma Gandhi

Como líderes en crecimiento, estamos comprometidos con nuestra visión tanto con nosotros mismos como con el mundo —nuestro auténtico propósito consiste en crecer y transformarnos cada día más en quiénes realmente somos para luego darnos a conocer así al mundo—. Mahatma Gandhi dedicó su vida a la verdad y a la protesta no violenta, hecho que condujo a la independencia de la India. Gene White ha dedicado su vida al fin del hambre infantil para contribuir a la paz mundial como Presidenta de Global Child Nutrition Foundation. Rob Tarkoff, el CEO de Lithium Technologies, me dijo al final de nuestra entrevista que está trabajando para crear un futuro sostenible para nuestros hijos. Y Andrew Blum, CEO del Grupo Trium, una firma boutique, a quien conoceremos en este capítulo, afirma lo siguiente sobre su motivación:

"Cuando ayudo a las personas a aclarar su mente, a conectarse, a ser honestas consigo mismas y con respecto a su negocio, me estoy ayudando a ser claro, conectado y honesto conmigo mismo".

A medida que nos convertimos más en quienes somos, es inevitable que nos encontremos con algunos patrones y desequilibrios de cocodrilo que parecen ser casi inmanejables. Quizá, pienses: *"En fin, soy así y siempre lo seré (perfeccionista, complaciente, conformista, competitivo, inseguro, frenético, emprendedor, etc.)"*. Sin embargo, encontré una herramienta que funciona muy bien como último recurso para hacerles frente a estos obstáculos recalcitrantes de cocodrilo e incrementar nuestro crecimiento. Sobre todo, es muy útil para eliminar su persistencia, lo que nos libera de hábitos que parecen irrompibles y limitantes. Y, por supuesto, también sirve para domar cualquier cocodrilo, no solo a los más tercos. Esta herramienta se llama "el trabajo" y fue desarrollada por la mente maestra y sabia de Byron Katie. Su método nos guía a aclarar qué es verdad y qué no. Katie está lejos de ser la única experta que trabaja en pos de hacer de la verdad la pieza central de sus enseñanzas, aunque su enfoque es un ejemplo bastante claro de su poder.

En este capítulo, además de "el trabajo", conoceremos otra herramienta, llamada "el árbol". Esta nos ayuda a aclarar los sistemas de creencias subyacentes que mantienen nuestros pensamientos y comportamientos fijos en su lugar. Cuando aplicamos "el trabajo" de la verdad en las raíces de nuestros comportamientos limitantes, nos abrimos a un aprendizaje rápido y transformador.

La verdad tiene la capacidad de transformar cualquier obstáculo. Gandhi entendió el poder de la verdad y lo convirtió en el principio central de su movimiento, al que llamó *satyagraha*, que significa "aferrarse a la verdad". Es indudable que este movimiento les ayudó a las personas a ver la verdad fundamental de que todos estamos conectados. Al hacer notar la conexión entre todos los seres humanos, Gandhi inspiró a sus seguidores a practicar *ahimsa* o "la no violencia". Se comienza con la no violencia en la mente, sin creer en ningún pensamiento que contradiga la verdad fundamental de la unidad humana, por ejemplo, la culpa, el juicio y el cocodrilo de la autocompasión —y luego se traduce en la unidad en nuestras acciones hacia los demás—. Gandhi afirmó: "La esencia de aferrarse a la verdad es dejar de apoyar lo que está mal. Si suficientes personas hacen esto, incluso si una sola persona lo hace desde una profundidad lo suficientemente arraigada, es seguro que el mal colapsará por falta de apoyo".

Cuando le retiramos el apoyo a lo que no es verdad o, en otras palabras, cuando nos desinteresamos por completo del contenido falso que hay en nuestra mente, toda nuestra negatividad interna colapsa. Entonces, nuestra esencia (amor incondicional, paz, alegría) tiene vía libre para pasar a primer plano. He experimentado esto una y otra vez. Cuando dejo de creer en un pensamiento negativo, siento la sensación de libertad, ligereza y flotabilidad, como si estuviera volviendo a mi verdadero ser. "Nunca voy a lograrlo", puedo pensar y sentirme mal. Luego, me pregunto: "¿Es eso verdad?". Cuando lo pienso, me doy cuenta de que, por supuesto, mi pensamiento negativo no es una verdad. Es solo un pensamiento. A medida que sigo en esta investigación, siento que los grilletes de ese pensamiento se aflojan dentro de mí. Es como si la nubosidad de la atmósfera fuera despejada por una gran tormenta eléctrica y el aire quedara despejado por completo.

En nuestro viaje a lo largo de estas páginas, ya hemos conocido algunas herramientas que nos ayudan a vivenciar más nuestra verdad:

1. *Conciencia del susurro del yo-nosotros-ello:* Escuchar los susurros de nuestra vida antes de que se conviertan en gritos.

2. *Práctica de la quietud*

3. *Definición de nuestro llamado auténtico e incondicional*

4. *Elección de una mentalidad de liderazgo de crecimiento* por medio de la cual vemos cada momento como una oportunidad de presencia, autodescubrimiento, contribución y excelencia.

5. *Práctica de presencia de 12 alientos*

6. *Detección de nuestros cocodrilos serviles y adictos*

7. *Liberación de miedos de cocodrilo a través de las cinco preguntas:*

- ¿Quién está hablando? ¿El búho o el cocodrilo?

- ¿Qué miedo puede estar activo aquí?

- ¿Quién sería yo sin este miedo?

- ¿Cómo puedo responder desde mi búho sabio y compasivo?

- ¿Cómo estoy creciendo?

8. *Crecimiento a través de nuestras siete familias de miedos*

9. *Transformando a nuestros siete personajes de cocodrilo de éxito en siete intenciones de éxito de búho*

10. *Equilibrando el Yin y el Yang*

11. *Permanecer en la meditación de presencia* —pasar más tiempo en frecuencia delta

En este capítulo, vamos a sumergirnos en la habilidad de ser *radicalmente* honestos con nosotros mismos para que podamos vivir y liderar desde ese lugar. Aquí es donde nuestro propósito prosperará y donde nuestro liderazgo tomará vuelo. La palabra *radical* en realidad proviene de la palabra latina *radic,* que significa "raíz". En nuestro mundo interno, tenemos muchas capas, velos que nos impiden vivir nuestra verdad. Y para quitar esas capas, es necesario trabajar en su parte superior, en la maleza, para luego penetrar hasta las raíces. Aplicar la profunda investigación realizada por Katie respecto a la práctica de la verdad a los orígenes de nuestros pensamientos nos hará libres.

RECONOCIENDO LA VERDAD

La verdad suena genial en abstracto. Pero ¿cómo sabemos qué es cierto y qué no? Según Andrew Blum, "la verdad siempre implica un destello de claridad asociado a ella. Se siente más neutral, más madura y no requiere de tanta energía emocional. Además, cuando comienzas a familiarizarte con cómo se siente la verdad, se te vuelve muy obvio cuándo las cosas son ciertas o no". Luego, Blum continuó con un experimento que ilustra esta afirmación.

"¿Cuántos años tienes?", me preguntó.

"Tengo 43", le respondí.

"Ahora", dijo, "voy a hacerte una pregunta y quiero que me digas una mentira. ¿Cuántos años tienes?"

"Tengo 45", le respondí esta vez.

"Te das cuenta que sí sientes la diferencia", explicó Andrew. "La verdad siempre genera una ligera carga… Así funcionan los detectores de mentiras. En cambio, hay una carga eléctrica asociada con la mentira que es diferente a la carga eléctrica asociada con la verdad. ¿Cómo sabes cuál es la verdad? Porque lo sabes. La verdad es la verdad y siempre se siente igual. Con frecuencia, las mentiras, los equívocos y las racionalizaciones se parecen mucho. Se sienten un poco incómodos, inestables y frágiles, pues para sostenerlos se requiere de mucha energía mental".

Apliquemos esta prueba de verdad a algunas de las creencias y comportamientos que subyacen en el enfoque prestado y convencional de muchos líderes. Hazte estas preguntas y observa qué notas dentro de ti:

1. ¿Es verdad que debes estar ocupado?

2. ¿Es verdad que debes ser perfecto?

3. ¿Es verdad que debes superar a tus competidores?

4. ¿Es verdad que debes saber todas las respuestas?

5. ¿Es verdad que no debes tener conflictos?

6. ¿Es verdad que debes diferir de tu jefe?

7. ¿Es verdad que no tienes otra opción?

8. ¿Es verdad que debes complacer a los demás?

9. ¿Es verdad que siempre debes ser accesible?

———•———

¿Notas alguna contracción dentro de ti mientras analizas estas preguntas?

Cuando vivimos de acuerdo a creencias falsas sentimos una contracción. Esa es la forma en que nuestro sistema nervioso nos avisa que lo que nos estamos diciendo son mentiras autolimitantes lo cual significa que hay otras formas más expansivas de ver la realidad. Siempre hay oportunidades para conocer una verdad aún mayor, para el crecimiento de nuestra conciencia por medio de una perspectiva más grande que nuestra creencia limitada. Nuestro búho nos está diciendo: *"Tú sabes que eso no es verdad, piénsalo de nuevo"*. Eso puede ser muy incómodo para nuestro *status quo* —para nuestro cocodrilo protector.

Nuestros cocodrilos han estado trabajando muy duro para construir una estructura de creencias diseñada para ayudarnos a sobrevivir. Un cocodrilo puede habernos enseñado a ser perfectos para obtener, en un comienzo, la aprobación de nuestros padres; pero luego, se convirtió en nuestra principal fuente de orientación para la vida. Es incómodo, por decir lo menos, desafiar una creencia tan arraigada, que creíamos cierta, después de, en mi caso, haber vivido convencido de ella durante más de 40 años. Descubrir que no es cierta trae confusión, incredulidad, desorientación e incluso vergüenza — *¿Por qué me dejé engañar por este cocodrilo durante tanto tiempo? ¿Cómo sobreviviré si no soy perfecto? ¿Cómo reaccionarán los demás?*

PROFUNDIZANDO EN NUESTRAS RAÍCES

¿Qué hay en la raíz de toda nuestra charla mental? Examinemos eso ahora. Una vez que tenemos claridad con respecto a la base sobre la cual nuestros cocodrilos han construido nuestro castillo de naipes interno —con creencias falsas y comportamientos limitantes—, se vuelve mucho más fácil desmantelar todo el sistema de cocodrilos.

Los seres humanos somos como los árboles. Parte de nosotros es visible sobre el suelo; la otra parte, más profunda y más definitoria, está oculta debajo del suelo. En la superficie, vemos nuestros comportamientos. Debajo de esos comportamientos están nuestros pensamientos y sentimientos, que son otra capa menos visible de nuestro ser. Si observamos con atención, notaremos que los pensamientos y los sentimientos se manifiestan en la expresión de las personas, en su tono de voz y en su lenguaje corporal.

Así como las bellotas caen del árbol y luego vuelven a crecer, las acciones, pensamientos y sentimientos también van y vienen. El núcleo de nuestro paisaje interior individual está compuesto por creencias, necesidades (satisfechas y no satisfechas) y temores que habitan debajo de estos estados fugaces. Cuando son inconscientes, estas creencias, necesidades y miedos forman patrones arraigados en lo más profundo y nos aferramos a ellos de manera reflexiva y, sin que lo sepamos, estos dan cuenta de nuestros sentimientos, pensamientos y comportamientos.

Por lo tanto, si queremos transformar cualquier sentimiento, pensamiento y comportamiento, primero, debemos revisar las creencias, necesidades y miedos que nos los hacen notar. Pero ¿cómo abordamos nuestras creencias, necesidades y temores si están enterrados en lo más profundo de nuestro suelo interior?

Hacemos esto mirando, primero que todo, nuestros patrones visibles —nuestros comportamientos y pensamientos recurrentes—, las hojas y ramas de nuestro ser. Pero hay muchos para ver, pensarás. ¿Dónde empezamos? La vida es una gran maestra. Nos mostrará dónde buscar primero, permitiéndonos experimentar resultados con los que no quedamos contentos. Esos resultados insatisfactorios pueden ser aparentes o muy sutiles. ¿Recuerdas la práctica del susurro del yo, nosotros, ello? Podemos escanear nuestra situación actual en busca de resultados insatisfactorios a nivel de realización personal (yo), de relaciones (nosotros) y de efectividad (ello). Esta es la primera etapa de la práctica de la honestidad radical y absoluta. Recuerda, a los cocodrilos les gusta el *statu quo* y no quieren tocar nada que lo amenace. Sé honesto contigo mismo a pesar de lo que tus cocodrilos puedan estar diciéndote (¡o gritándote!).

A continuación, identificaremos nuestros comportamientos y pensamientos que pueden haber contribuido a obtener resultados inferiores a lo óptimo. Una vez que hayamos hecho estos dos inventarios, avanzaremos lentamente hacia las raíces de nuestro paisaje interior. Llamamos a esta investigación "el árbol".

EL ÁRBOL

El árbol consta de seis preguntas. Analicémoslas aquí y ahora, con radical honestidad. Mientras reviso estas preguntas del árbol con mi ejemplo personal, trata de aplicar el árbol al desafío que estés enfrentando. Recuerda que tu cocodrilo encargado de proteger el *statu quo* no disfrutará de este ejercicio. Sé resuelto y hazlo de todos modos.

Comenzaremos identificando el resultado que deseamos cambiar observando el "yo" (la realización personal), el "nosotros" (las relaciones) y el "eso" (la efectividad) en nuestra vida:

1. *¿Qué resultado recurrente en mis relaciones, en mi efectividad y en mi realización personal no me gusta?*

Veo que, con mucha frecuencia, siento una gran preocupación y presión sicológica cuando comprendo que no es posible hacer todo a tiempo. Por ejemplo, insisto en tener todos los materiales listos a tiempo para la próxima versión del programa en línea "Líder como entrenador" que lideraré durante la primavera en Columbia Business School. El resultado que menos me gusta es experimentar esa sensación de estrés que erosiona mi sentido de alegría y paz.

2. *¿Qué acciones o comportamientos están contribuyendo a este resultado no deseado? Sé profundamente honesto contigo mismo.*

Cuando miro mi vida con detenimiento, me doy cuenta de que bloqueo días enteros, a veces, hasta una semana entera, para trabajar en mi calendario y no me encargo de otras áreas de mi vida en esos días. Ignoro aspectos como mis relaciones con mi pareja, mi familia, mis amigos, mi comunidad en general, mis pasatiempos y mi salud. Como resultado, siento que voy en una marcha forzada en lugar de disfrutar el proceso de creación y de ser un instrumento de presencia.

3. *¿Qué pensamientos y sentimientos están asociados con esta acción y podrían estar produciéndola?*

Dando un paso atrás para poder observar mejor, noto una charla mental continua que dice: "Si no te mantienes enfocado, nunca lo lograrás. No debes tener ninguna distracción". Ese es el mismo monólogo interno que guio a quién yo era como estudiante universitario, lo que me llevó a aislarme y a estudiar hasta que me cayera de sueño y cansancio. Me siento estresado cuando me doy cuenta que estoy en este patrón de pensamiento. Siento una contracción en el área de mi corazón. A menudo, mientras trabajo, mi pie derecho golpea nerviosamente, como si quisiera que yo siguiera corriendo, haciendo lo que estoy haciendo hasta concluirlo.

Hay un contraste marcado cuando este pensamiento nervioso no es el que conduce el bote. Cuando no estoy pensando en terminar de hacer lo que estoy haciendo, voy en medio de la corriente y disfruto el proceso. Esta sensación de flujo se está volviendo más común ahora, y sin embargo, los pensamientos que me llevan de vuelta a mi sensación familiar de nerviosismo siempre están ahí: "Si no lo das todo, fracasarás". Incluso pienso en los grandes líderes como modelos a seguir para justificar mi ansiosa carrera para hacer las cosas, ¡pase lo que pase! Por ejemplo, repaso en mi mente la vida de Gandhi, quien tenía tanta dedicación hacia su causa que eligió renunciar a muchos placeres de la vida.

4. *¿Qué creencias pueden estar impulsando estos pensamientos, sentimientos y acciones?*

Cuando miro mi infancia, lo primero que recuerdo es que mi papá siempre estaba trabajando y que la expectativa para la familia era que nosotros nos uniéramos a él en eso. Cuando era niño, cuando no quería hacer nada o hacer algo que me encantara hacer, como leer un libro o tocar música, sentía que no era un buen hijo de granjero. Ser productivo significaba ser amado. Holgazanear un rato o disfrutar el momento (no creo que ese pensamiento se me ocurriera mientras crecía) significaba sentirse juzgado. Aprendí un sistema de creencias de mi familia que me dictaba que para ser amado yo tenía que producir. Por cierto, no fueron mis padres quienes tuvieron esta idea. Ellos la aprendieron de su familia y amigos y de las circunstancias que los rodearon. A su vez, mis abuelos lo aprendieron de sus familiares y amigos y así sucesivamente.

Yo produzco para ser amado. Al reflexionar más a fondo, alcanzo a comprender de dónde venían mi familia y mis amigos. Ellos crecieron en la pobreza y tuvieron que trabajar duro para llegar a fin de mes. Para ellos, producir equivalía a la supervivencia y una forma de amarse era ayudarse el uno al otro a sobrevivir. Es completamente comprensible que lo creyeran. Sin embargo, experimenté las limitaciones propias de ese sistema de creencias y una es el hecho de pensar que nunca lograré producir lo suficiente como para sentirme amado. Mientras la creencia "debo producir para ser amado" esté activa, siempre sentiré la sensación de una falta de amor que nunca parece llenarse con ninguna acción, ya que ninguna acción tiene la capacidad de transformar un patrón de pensamiento siempre que este patrón de pensamiento permanezca en el inconsciente.

Sabiendo esto, ¿lograré derrumbar el viejo hábito de creer que necesito producir para ser amado? Lo más probable es que no, pues reproducir una y otra vez esta cinta a lo largo de los años me ha hecho apegarme a ella como si mi vida dependiera de eso.

Hacer otra pregunta ayudará a crear una mayor perspectiva y, por lo tanto, espacio alrededor de este sistema de creencias arraigado. Esta pregunta va directo a la raíz de todos nuestros pensamientos y sentimientos. Se trata de nuestros principales temores y necesidades:

5. *¿Cuál es la necesidad primordial que hay aquí en juego? ¿Cuál es el miedo subyacente?*

Noto que mi principal necesidad es ser amado, tener una relación amorosa. Y mi temor es que no seré amado a menos que sea productivo y tenga resultados que lo demuestren. Ser Hylke no es suficiente, tengo que demostrar que soy digno de ser amado por lo que produzco. De lo contrario, las personas por las que quiero ser amado me abandonarán. "El día que aparezca con las manos vacías, sin éxitos tangibles, ellas me retirarán su amor", afirma este miedo de cocodrilo.

6. *¿Cómo, paradójicamente, el miedo crea el resultado que más temes?*

Cuanto más me rindo a mi miedo a no ser amado, más entro en un modo de producción frenético y menos conectado estoy conmigo mismo. Paradójicamente, mi miedo a no ser amado crea la experiencia de no ser amado, ya que dejo de estar presente para mí y para los demás. Estoy tan atrapado haciendo una y otra cosa que ya no estoy presente en este momento. No me detengo a notar las hermosas flores de azalea que cuelgan en mi porche, no noto que mi pareja me sonríe, no huelo la deliciosa comida que me están preparando, no siento el bálsamo relajante en mi interior, ni en mi entorno, como tampoco siento mis sentimientos, ni me doy cuenta del espacio que es consciente de los sentimientos, ni de la sensación de paz que me rodea, ni de lo que hay aquí y ahora. Me estoy perdiendo del amor que la vida me está brindando desde todas las direcciones. ¿Por qué? Porque estoy tan ocupado buscando el amor y haciendo cosas que no me doy cuenta de que ya soy amado. Cuanto más temo no ser amado, más rápido corro para demostrarme a mí mismo que sí lo soy, más me desconecto de este momento presente y más tengo la experiencia de no ser amado. En otras palabras, *mi miedo a no ser amado crea mi experiencia de no ser amado.*

Y con el tiempo, la gente a mi alrededor dejará de interesarse en salir conmigo y se retirará. De esa manera, la vida es una gran maestra. ¿Quién quiere estar con alguien que no está presente para los demás? Mi miedo a no ser amado crea la experiencia de no ser amado en formas cada vez más abiertas como cuando las personas me dejan. Esa es otra razón por la que los Cherokees aconsejaron escuchar los susurros antes de que se conviertan en gritos (ver Capítulo 1). Cuando notamos que estamos siendo impulsados por un miedo, al sentir inquietud interna, podemos elegir liberarnos de ese miedo en ese mismo momento. No necesitamos esperar más pruebas contundentes, por ejemplo, de personas que nos dejan, que es hora de que despertemos de nuestra alucinación.

Piensa en cualquier temor que pudiera subyacer entre tus pensamientos y comportamientos limitantes. ¿Puedes ver cómo creas el resultado que más temes cuando te rindes? Si deseas analizar más este punto, vuelve atrás, al Capítulo 4 donde estudiamos acerca de la paradoja del miedo.

— • ● • —

Ten en cuenta que cualquier miedo tiene el potencial de generar una lucha sin fin. Quizá, nunca logremos superarlo o tal vez sí los dejemos atrás, sin embargo, nuestros cocodrilos se sienten obligados a hacerlo. Al igual que Don Quijote, lucharemos en nuestra mente contra los molinos de viento—contra esos temores que de continuo nos alejan de la felicidad, mientras creamos que existen—. ¿Cómo salirnos de esta rueda de hámster?

DESATANDO EL PODER DE LA VERDAD

Con un compromiso inquebrantable con la verdad —*satyagraha*—. Katie nos propone "el trabajo" como un método para aplicar la verdad a nuestras creencias y miedos limitantes más intransigentes. Veamos cómo:

El trabajo consta de cuatro preguntas y un "cambio de rumbo radical". Son las siguientes:

1. ¿Es verdad?

2. ¿Estoy totalmente seguro de que es verdad?

3. ¿Cómo reacciono cuando creo en ese pensamiento?

4. ¿Quién sería yo sin ese pensamiento? Dale la vuelta a ese pensamiento.

Andrew Blum es socio de Byron Katie y usa "el trabajo" todo el tiempo, así que condujo el siguiente ejercicio: "Si me preguntaran: '¿Cuál es uno de los mayores desafíos para hacer crecer una firma boutique de alta gama, como Trium, donde realmente se necesita gente experta?', yo diría: 'Es difícil encontrar gente experta'". Luego, Andrew hizo una pausa por un segundo y continuó. "Si te digo eso, lo más probable es que estarías de acuerdo conmigo, ¿verdad?". Yo afirmé. "Entonces, estamos muy de acuerdo sobre eso", enfatizó él.

"Ahora, ¿es verdad? ¿Es cierto que es difícil encontrar trabajadores expertos? La primera vez que te lo pregunté, fue evidente que estabas de acuerdo conmigo", continuó Andrew. Acto seguido, me pidió que lo pensara de nuevo. "¿Estás 100% seguro de que es difícil encontrar gente experta?". En ese momento, me di cuenta de que no estaba tan seguro como pensé y me sentí un poco inquieto con la pregunta. Andrew continuó: "Bueno, he conocido mucha gente experta. En todas las grandes empresas hay muchas personas que conocen su trabajo a la perfección, así que no estoy tan convencido de que sea tan difícil encontrar gente experta".

Entonces, llegó el momento de la tercera pregunta: ¿cómo reacciono, qué sucede cuando creo que pensé, en este caso, que es difícil encontrar personal experto? "Bueno, me siento abatido", dijo Andrew. "Me siento un poco desesperado, empiezo a conformarme con personas que tal vez no encajan a la perfección en el trabajo que quiero que hagan. Me siento un tanto impotente, resignado, decepcionado, algo enojado. El punto es que, cuando comparto con la gente que es difícil encontrar personas expertas en su trabajo, recibo muchas respuestas afirmativas y hasta algo de empatía. Me siento un poco como una víctima. Con el pensamiento 'Es difícil encontrar gente experta', vivo una experiencia un tanto frustrante y negativa".

Andrew prosiguió: "A continuación, paso a la cuarta pregunta, que es: '¿Cómo reaccionaría yo como líder si no creyera que es difícil encontrar gente experta?'. Bueno, sería mucho más abierto, estaría observando a todos con atención, pero sin tantos prejuicios y sería mucho más neutral sobre el proceso de reclutamiento".

Quitarle peso a una creencia limitante produce claridad, libertad, posibilidades y la confianza de que, al final, todo saldrá bien. Ahora, si lo deseas, tómate un momento y piensa en una creencia que te parezca potencialmente limitante o en un miedo que tengas con respecto al desafío que estés enfrentando en este momento de tu vida. A menudo, las creencias y miedos limitantes incluyen un lenguaje como "Es difícil… No puedo… Siempre es… Los demás deberían/no deberían… y yo debería/no debería…". Entonces, una vez que hayas identificado una creencia limitante, pregúntate: "¿Es esto verdad? ¿Estoy absolutamente convencido de que esto es verdad? ¿Cómo reaccionas cuando crees ese pensamiento? ¿Te sientes expansivo y optimista, o limitado y resignado? ¿Quién serías sin ese pensamiento? ¿Qué posibilidades se abren ante ti?". Deja que estas preguntas permanezcan en tu conciencia por un momento. Un poco de paciencia y consideración te darán buenos resultados, permitiéndote ver de nuevas maneras. No te desanimes si lo que descubres te hace sentir incómodo al principio. Esa podría ser una señal de que estás en el proceso de transformar una vieja creencia que te ha estado limitando no solo a ti, sino también a tu equipo u organización. ¡Tu cocodrilo encargado de conservar el *statu quo* debe estar protestando!

El último paso en este proceso de investigación propuesto se llama el "cambio de rumbo radical". Andrew exploró de manera sistemática la creencia de que "es difícil encontrar gente experta". La analizó desde múltiples perspectivas (desde sí mismo, desde su opuesto y desde la perspectiva de otros) y la revisó desde uno y otro ángulo. Mientras compartía sus ideas, noté que había un brillo en sus ojos. "Bueno, sí, no sé si estoy siendo muy buen entrevistador", comentó. "No estoy seguro de tener una imagen muy clara de lo que realmente estoy buscando o de los atributos que no quiero. Entonces, ¿es difícil encontrar personal experto? ¿O es difícil para mí encontrarlo? Dadas mis habilidades como entrevistador, vaya, me parece más difícil encontrarlo". En seguida, hizo una pausa. "¿Cuál sería el cambio aquí? Hay muchas personas excelentes que trabajan conmigo y no tuve que hacer un gran esfuerzo para encontrarlas. Las conocí y me reuní con ellas una o dos veces y eran geniales. Entonces, también es verdad que es fácil encontrar gente experta".

Una vez más, Andrew hizo una pausa y luego agregó: "Aquí hay un cambio alucinante: 'Lo que es difícil es que la gente experta me encuentre'. No estoy queriendo comercializar directamente a los empleados potenciales. No hemos construido una marca enfocada en los empleados. Ni siquiera hemos decidido cuál será el mejor lugar para encontrarlos. Entonces, a partir de ese cambio, de repente se abre un conjunto de opciones. Puedo hacer un millón de cosas para lograr que sea fácil que los expertos me encuentren. Creer que 'es difícil encontrar gente experta' no me da ninguna opción y lo único que logro es validar una creencia limitante".

En su trabajo, Andrew desafía creencias y temores ampliamente extendidos y les ayuda a los líderes a transformarlos en nuevas visiones de la realidad que sean más precisas para ellos y sus organizaciones. "Quizá, yo esté de acuerdo con otros líderes con respecto a que es difícil encontrar gente experta y hasta puedo hablar con ellos sobre los desafíos asociados con los millennials o sobre cómo los chicos de hoy no quieren trabajar para ganarse la vida, bla, bla, bla. Sin embargo, esas creencias no me generan más que negatividad y desesperación. En cambio, si voy en busca de la verdad, se abren múltiples opciones ante mis ojos. En gran parte, mi vida ha consistido en desafiar creencias ampliamente aceptadas. Existen muchos aspectos de la realidad acordados de manera inconsciente y con los cuales creemos estar de acuerdo. *El campo de los negocios está lleno de verdades ampliamente difundidas y rara vez examinadas,* pero te diré que estas no son verdades, solo son dichos", concluyó Andrew.

EL TRABAJO DE LA VERDAD EN ACCIÓN

Ahora, apliquemos "el trabajo" a la pseudoverdad que descubrí haciendo mi práctica del "árbol": "Debo producir para ser amado". Necesito tener resultados tangibles que mostrar, antes de que la gente pueda amarme y que yo pueda amarme a mí mismo.

1. *¿Es verdad que debo producir para ser amado?*

Bueno, sé que se siente bien hacer algo —que siento una especie de amor hacia mí—, y sin embargo, no, no creo que sea verdad. Pero tal vez lo sea.

2. *¿Es absolutamente cierto que debo producir para ser amado?*

No. Las personas que me aman no me aman por lo que produzco, ni dejan de amarme cuando no produzco. Incluso aquellas personas que se alejan no dejan de amarme cuando se alejan, ya que no es posible dejar de amar a otra persona. A lo mejor, no nos guste, pero eso no significa que no la amemos. Somos amor y estamos conectados. Son solo nuestras creencias y temores de cocodrilos las que nos hacen experimentar lo contrario.

Incluso si el párrafo anterior no te suena —son solo mis palabras—, vuelve a la pregunta "¿Es absolutamente cierto que debo producir para ser amado?" y compruébalo por ti mismo. Según *Merriam-Webster Dictionary*, la palabra *"absoluto"* proviene del latín *absolvere*, que significa "liberar, absolver, terminar, completar". Cuando decimos que algo es absolutamente cierto, es porque es completamente cierto para todos, siempre. De esa manera, la "verdad nos hará libres", ya que podemos confiar en ella para liberarnos de nuestras alucinaciones autolimitantes, pase lo que pase.

Entonces, ¿es absolutamente cierto que debo producir para ser amado? No estoy seguro y sé que no es así para otras personas, por lo cual no puede ser absolutamente cierto. Además, no me siento fiel conmigo mismo cuando me pongo a pensar y a aplicar la prueba de fuego de la verdad que Andrew me enseñó. No, no es del todo cierto. Es liberador saberlo. Siento que la idea de este pensamiento está perdiendo fuerza y credibilidad.

3. *¿Cómo reacciono y qué sucede cuando creo que debo producir para ser amado?*

Trabajo demasiado, ignoro el resto de mi mundo, me desconecto de la presencia, no experimento alegría, creo que tengo que hacerlo todo yo mismo y veo la vida como una larga lista de cosas por hacer. En el mejor de los casos, no es muy divertido y siento que es bastante doloroso estar controlado por esta creencia.

4. *¿Quién sería sin la creencia de que debo producir para ser amado?*

Bueno, sería una persona libre. Pensaría más en mi llamado — ¿por qué estoy haciendo esto más allá de lo que debo hacerlo? — y me sentiría inspirado. Sin esta creencia de que debo producir para ser amado, siento amor en mi interior y a mi alrededor, junto con la inspiración para compartirlo con los demás.

5. *Cambia la creencia*

Aquí es donde podemos ser creativos y valientes, ya que resulta que estamos invitados no solo a dejar de lado nuestros pensamientos limitantes, sino también a considerar lo opuesto de las creencias en las que hasta ahora podemos haber basado (parte de) nuestra vida. Byron Katie sugiere que hagamos al menos tres cambios:

1. Al ser

2. Al otro

3. Al contrario

Y además, necesitamos encontrar evidencia que refleje cada uno de ellos.

Practiquemos esto con mi pseudoverdad de que "debo producir para ser amado". Un cambio para mí mismo es: "Debo amarme a mí mismo sin importar lo que produzca". El amor que quiero sentir debe ser incondicional y no depende del presente, ni del momento. Por el contrario, cuando me dejo arrastrar por pensamientos temerosos, acciones frenéticas y apego a los resultados, dejo de estar aquí y ahora y me desconecto del amor que siempre he sentido y siempre sentiré.

Continuando con el cambio #2: hacia el otro. Esto es lo que encontré: "La gente me ama, produzca o no". La gente no me ama por lo que produzco. Me ama por quien soy, pase lo que pase. Lo otro no es amor incondicional, es apego, amor condicional. Cuando las personas expresan o retienen amor con base en sus agendas de lo que puedo hacer por ellas, lo que produzco o quién yo debería ser (por ejemplo, "el productor"), es amor condicional, que no tiene nada que ver con el amor incondicional que anhelo tener.

Por último, está el cambio #3 —al contrario—. Encontré bastantes cambios útiles aquí:

> a. *No debería producir para ser amado.* El amor en mi vida debería provenir de otras cosas, no de aquello en lo que esté trabajando.

> b. *Debería producir, pero no para ser amado.* Mi motivación para producir puede cambiar y convertirse en el trabajo en sí mismo y no en este resultado específico que quiero.

> c. *Debería producir para ser desamado.* ¿Seguiría mi pasión por mi trabajo si tuviera el resultado opuesto? ¿Puedo separar mi trabajo del deseo de ser amado y amar el trabajo en sí mismo sin importar los resultados?

Me estoy tomando un momento para analizar estos cambios. En especial, el cambio "No debería producir para ser amado" me parece un terremoto. Veo que, sin darme cuenta, pasé gran parte de mi vida trabajando muy duro para ganar amor y aprobación. Ahora veo que me basaba en un sistema de creencias falsas que ha estado en mi familia durante muchas generaciones. ¿Quién seré si sé que soy amado aun sin tener en cuenta qué tan duro trabaje? ¿Cómo haré mi trabajo entonces? Medité un buen rato sobre estas preguntas y sentí las ondas de esta nueva forma de pensar moverse a través de mí.

Tómate un momento para practicar este proceso seleccionando un pensamiento o creencia que cause cierta turbulencia en tu mundo:

1. ¿Es verdad?

2. ¿Cómo reaccionas cuando crees ese pensamiento?

3. ¿Quién serías sin ese pensamiento? Dale la vuelta a ese pensamiento, primero al yo, luego al otro y, por último, al contrario.

¿Experimentas mayor libertad al hacer esta investigación? ¿Cómo puede impactar este ejercicio la forma en que ejerces tu liderazgo, comenzando contigo mismo?

Los cocodrilos son tercos y astutos: encontrarán infinitas razones de por qué debes mantenerte fiel a tus creencias limitantes. *"Sí, hola, habla tu cocodrilo. Definitivamente, debes producir para ser amado, ser perfecto, ser querido, ser como tú, ser tímido, ser un rescatador, tener todas las respuestas, ser el mejor, ser el peor, ser un fracaso, ser un éxito y seguir siendo la persona que yo conozco muy bien. ¡¿De qué otra forma me mantendré a salvo?!"*

Es un hecho que al aplicar "el trabajo de la verdad" sin inmutarnos por la terquedad de nuestros cocodrilos nos libera para ser más de lo que realmente somos —y hacer un cambio a la vez—. Sin embargo, a veces, golpeamos una piedra angular de nuestro castillo de naipes de cocodrilos y una gran parte del velo que oculta la verdad —o tal vez, todo de una vez— se derrumba. No podemos controlar el ritmo de este proceso de desaprender quienes no somos. Es cuestión de permanecer en el camino de la verdad. Deja que la vida se encargue del resto. Incluso en esta parte de nuestro viaje es sabio mantenernos incondicionales en nuestra intención de ser sinceros. No nos atemos a ningún resultado específico, ni a cuándo realizar nuestro proceso de investigación. Alguna vez será.

Chris Capossela, Director de Marketing de Microsoft, me enseñó un poderoso cambio. Él dijo: "Es fácil decir: 'Oh, parece que alguien aquí es perfecto'. No lo es, es un desastre. Somos humanos trabajando juntos, compitiendo con otras compañías, con otros seres humanos. El sistema laboral es desordenado. Lo hermoso es que el trabajo es tan indeterminado y tan imposible de hacer bien que he llegado a estar en total acuerdo con el hecho de que cualquier día podría ser el último día. Esa realidad me ha hecho sentirme relajado. Sí, podría ser el último día. Entonces, ¿te preocupa que sea el último día? ¿O dices: 'Voy a hacer de este el mejor día posible y tal vez tenga otro mañana?'. Ese cambio mental ha sido muy importante para mí". Un punto en su lista de aprendizajes del liderazgo dice: "Las carreras son impredecibles, disfruta el viaje". Chris se enseñó a sí mismo cómo hacerlo. Así las cosas, me sentí desafiado por lo que dijo Chris con respecto a que el trabajo es un sistema desordenado y, de repente, me escuché a mí mismo repitiendo mi vieja creencia de que "uno debería saber todas las respuestas". ¡Oh no, otro cocodrilo a la vista!

Las creencias limitantes de muchos líderes son así; ellos creen que no deberían disfrutar de su trabajo hasta que las cosas estén resueltas. Entonces, cabe la pregunta: "¿Es verdad eso de que las cosas se resolverán alguna vez?". En un segundo, caemos en cuenta de que los problemas, como el amor, son infinitos. Cuanto más conscientes somos, más sensibles nos volvemos. A medida que nuestra conciencia interior aumenta, crecemos en empatía con los demás. Debemos aprender a disfrutar el desorden, pues es indudable que, cuando evolucionamos, experimentamos más de él, no menos. Y a medida que crecemos en medio del desorden, la investigación de la verdad es nuestra compañera constante.

LA MISIÓN DE SER UN LÍDER VERDADERO

¿Cómo se interesó tan a fondo Andrew Blum tanto en la verdad como en la investigación? Cuando le pregunté, Andrew citó a David Whyte, el poeta, que escribió: "¿Qué te tiene cansado de ti mismo?". Esta es la pregunta que hizo que Andrew comenzara su exploración. "En algún momento, comienzas a sentir el peso del impacto negativo de tu comportamiento no deseado. Si eres una persona sensible, reflexionas y piensas: 'Está bien, debe ser algo que estoy haciendo mal'. Y en esta afirmación hay un reconocimiento fundamental de tres cosas: una, que estás procediendo de acuerdo a un patrón; dos, que tú eres la causa de tu patrón recurrente; y tres, que, de alguna manera, la forma de deshacerte de ese patrón tiene que ver con cómo estás pensando y viéndote a ti mismo y a la situación".

El primer reconocimiento de Andrew se produjo después de haber servido en el Cuerpo de Marines, obtenido su MBA y haber sido consultor de gestión durante un tiempo. "Creo que esa fue la primera vez que noté lo cansado que estaba de mí mismo y lo pesado que era llevar esta identidad egoísta de 'soy un MBA; soy un exoficial de la marina; soy un consultor de gestión'. Todo esto da mucho prestigio y está validado a nivel institucional, pero aun así, me puse a analizar y comprendí cuán dominantes eran cada una de esas identidades, cuán apegado estaba yo a ellas y cómo creaban una imagen de invulnerabilidad que mantenía a quienes me rodeaban alejados de mí. Creo que algo muy interesante que descubrí es que la gente cree que, si eres rico o has logrado ciertos éxitos o tienes cierto prestigio, eso atraerá a los demás hacia ti. Yo conocía gente y comenzaba a contarles mi lista de logros y logros a tan temprana edad y empecé a notar que, de hecho, no era que la gente se sintiera atraída hacia mí debido a todos mis logros, sino *a pesar de ellos*".

Desde entonces, la investigación de Andrew sobre sí mismo y sobre su mundo no se ha detenido. Es un proceso en el que él se involucra continuamente, en todos los niveles de su vida. "Después de haber sido un oficial de la marina, participé en los triatlones de Iron Man —me dediqué a trabajar en mi parte física—. Después de eso, hice muchas mejoras intelectuales y estudios académicos bastante intensos.

"Con el tiempo, llegas al otro problema de superación personal, que es, 'bueno, pero ¿cómo soy yo como ser humano?'. Primero, verifiqué los problemas más tradicionales. Vivimos en una cultura de dietas y pérdida de peso… el mayor bien es ser delgado o estar en forma. Entonces, juegas a eso. Y el segundo mayor bien es ser inteligente, exitoso y rico, luego, también juegas a eso y, de repente, reflexionas y dices: 'Espera, nada de eso me ha dado amor, afecto o aprecio por mí mismo'. En algún momento tienes que decir: 'Está bien, pero ¿qué más hay que hacer? ¿Cómo me presento ante el mundo? ¿Qué tan amable soy? ¿Qué tan conectado estoy? ¿Cuán paciente soy?'. Comprender esa realidad te lleva por un camino de exploración diferente".

Ser sincero da cuenta de cómo nos lideramos a nosotros mismos y a los demás. La verdad y el amor son dos caras de la misma moneda. Cuando somos sinceros, amamos lo que es, no lo que debería ser. Somos amorosos solo cuando corremos los velos que oscurecen nuestro amor por nosotros mismos y por los demás. Este es un viaje sin fin. Siempre descubriremos nuevas perspectivas desde las cuales podemos vernos a nosotros mismos y ver a las personas que nos rodean. Nuevas perspectivas nos brindan nuevas posibilidades para extender el amor a medida que descubrimos nuevas partes en nosotros mismos que están confundidas y que quizás están listas para ser restauradas en torno a la verdad. *Cuanto más sinceros nos volvamos, más nos amaremos a nosotros mismos.* Y cuanto más nos amemos, más podremos compartir ese amor con los demás.

"Imagina que estás visitando la Tierra desde otro planeta", le dije a Andrew. "Dadas tus experiencias de vida como Andrew hasta la fecha, ¿qué nos dirías?".

"Diría que parece que hay muchas personas que están un poco confundidas", me respondió. "Estás aquí y ahora, excepto cuando estás confundido. Eso es lo que Katie también diría: 'Mira, no hay maldad. Solo hay confusión, una identificación errónea'. Existe la creencia de que si tengo un cierto nivel de prestigio, rango, éxito o riqueza, bajo esa premisa, todo en la vida se trata de obtener, de estar en una clasificación más alta, de tener más dinero, más prestigio, más reconocimiento, más credibilidad. Lamentablemente, la vida de la mayoría de las personas está centrada en la adquisición interminable de todas esas cosas. Sin embargo, cualquiera que haya logrado todas o algunas de ellas, te dirá que no hay nada de especial en el hecho de poseerlas".

La respuesta de Andrew resume el cambio de conciencia que los líderes de crecimiento podemos generar juntos, evolucionando nosotros mismos y haciendo evolucionar nuestro mundo dejando de pensar en el estilo absurdo de liderazgo basado en tener y acumular (un callejón sin salida), y enfocándonos en un viaje de crecimiento en nuestra capacidad de amar, servir y guiar a la humanidad hacia un lugar más veraz y sostenible que este en el que nos encontramos aquí y ahora.

EL PODER DEL LIDERAZGO VERDADERO

"¿Qué te cansa de *ti mismo*?" ¿De qué pseudoverdad vives y con cuáles estás preparado para cuestionar la verdad? ¿De qué manera lideras a los demás según las creencias que aprendiste en algún lugar hace mucho tiempo y que te limitan tanto a ti como a ellos? A medida que des más de ti mismo en esta investigación, irás logrando mayor libertad para ti y para aquellos a quienes lideras. Indagar te permite a ti y les permite a otros ser lo que cada uno realmente es y separarse de una serie de creencias falsas. Cuando estás libre de estas creencias limitantes, ya no les prestas atención. En cambio, le dedicas tu energía a lo que realmente valoras. El trabajo y el autoempoderamiento van de la mano.

Piensa en algunos de los grandes líderes que admiramos. En su tiempo, ellos estaban sosteniendo el espejo de la verdad, ayudando a las personas a recuperarse de los falsos sistemas de creencias a los que les habían dado su poder. Mientras dejas que sus ejemplos se marinen en tu mente, reflexiona sobre estas cuatro preguntas:

1. ¿A qué creencias les estoy dando poder?

2. ¿Cuáles *estoy dispuesto* a cuestionar ahora?

3. ¿Cuáles *debo* cuestionar ahora dado mi papel como líder?

4. ¿De qué maneras esta investigación me empoderará a mí mismo y empoderará a otros?

Lincoln retó a la gente a ver lo incierto de oprimir a otros con tal de demostrar que la esclavitud era una muy buena práctica. Él dijo: "Nunca hemos oído hablar de un hombre que quiera ser esclavo de otro por voluntad propia".

Martin Luther King era un símbolo vivo de la búsqueda de la verdad e hizo eco de las palabras de Lincoln en su famoso discurso: "Hace cinco años, un gran estadounidense, bajo cuya sombra simbólica nos encontramos hoy, firmó la Proclamación de Emancipación… pero cien años después, los negros todavía no somos libres. Cien años después, la vida de los negros todavía está tristemente paralizada por las esposas de la segregación y las cadenas de la discriminación. Cien años después, los negros vivimos en una isla solitaria de pobreza en medio de un vasto océano de prosperidad material. Cien años después, los negros todavía languidecemos en los rincones de la sociedad estadounidense y estamos exiliados en nuestra propia tierra. Y por eso, hemos venido aquí hoy para evidenciar esta vergonzosa condición".

Tómate un momento y reflexiona sobre las declaraciones de Lincoln y del Dr. King. ¿Qué creencias similares a la de la esclavitud aún te discriminan a ti y a otros hoy? ¿A quién (jefe, celebridad, colega...) o a qué (dinero, reconocimiento, placer, seguridad...) pones en un pedestal y le cedes tu poder? ¿De quién tomas el poder cuando te pones en un pedestal? ¿De qué maneras intentas controlar tu entorno? ¿Qué creencias aprendidas, pero falsas subyacen a estos comportamientos? ¿Cómo pensarías, sentirías y actuarías si te liberaras de esas creencias? Observa cómo tus cocodrilos no quieren que descubras esta verdad. Recuerda que tus cocodrilos lucharán por el *statu quo*, sin embargo, el desempoderamiento es beneficioso para ti y para otros.

— • —

Al igual que Lincoln y King, Gandhi fue implacable en su búsqueda de la verdad o *satyagraha*, que tiene otra traducción: "fuerza del alma". Un poder enorme se desata cuando estamos en la verdad. Gandhi aplicó este poder para dejar que la opresión colonial se derrumbara bajo su propia falsedad e inspiró a la gente a ver la falsedad en la explotación. Su biógrafo, Easwaran, escribió: "Mientras un pueblo acepte la explotación, tanto los explotadores como los explotados se verán sumidos en una injusticia. Pero una vez que los explotados se niegan a aceptar la relación, se niegan a cooperar con ella, ya son libres". En marzo de 1930, Gandhi le escribió al virrey británico afirmándole que estaba a punto de comenzar a hacer una resistencia no violenta marchando hacia el mar y haciendo sal —rompiendo un estatuto que había convertido esa actividad en un monopolio del gobierno británico—. Su marcha de dos semanas, que comenzó con un pequeño grupo de voluntarios, había atraído a miles al llegar al océano y fue noticia mundial de la noche a la mañana. Más importante aún, la India explotó en desobediencia no violenta en contra de la ley colonial. Multitudes de personas fueron encarceladas en ese momento y, sin embargo, se mantuvo la no violencia. Muchos veteranos recuerdan estos días en la cárcel como el punto culminante de sus vidas, ya que "cumplieron su promesa" y experimentaron el "sufrimiento por la verdad" como una insignia de honor.

Piensa en tu propio empoderamiento y en el de aquellos a quienes diriges y pregúntate: ¿qué creencias estoy dispuesto a cuestionar, incluso si eso significa experimentar la incomodidad del cambio durante algún tiempo? ¿Cómo me empoderará esta investigación a mí y a los demás?

Cuando adoptamos una postura a favor de la verdad y cuestionamos las falsedades profundamente arraigadas, recibimos algunas palizas. Primero, los cocodrilos en nuestro sistema nervioso protestan reclamando que no es seguro dejar de lado nuestras creencias y estrategias probadas y aparentemente verdaderas —la necesidad de ser perfectos, agradables, en control, omniscientes, indispensables, especiales, etc. —. Luego, algunos estarán en desacuerdo con nosotros e incluso nos abandonarán, ya que no están dispuestos a evolucionar con nosotros. En medio de esa batalla con nuestros cocodrilos internos y externos, es muy importante recordar a los grandes buscadores de la verdad, como Lincoln, King y Gandhi, pues sus ejemplos nos darán fuerza y capacidad de persistencia.

Buscar activamente y defender la verdad es empoderarnos. Tomar posición para defender la verdad nos permite domar a nuestros cocodrilos y sobreponernos a nuestras creencias y comportamientos limitantes. Ese es un poderoso atajo en nuestro viaje de crecimiento. O encontramos nuestra verdad, o eventualmente, después de días, meses o años de vivir en nuestra mentira, esta nos alcanzará y nos obligará a enfrentarla. Eso fue lo que me sucedió cuando me enfrenté al insomnio —esa era la forma en que mi cuerpo me estaba obligando a mirar una verdad que había ignorado hasta ese momento: que no estaba contento.

La vida tiene formas divertidas de enseñarnos la verdad.

Si nos aferramos a nuestra creencia de tener que ser perfectos y otras personas comienzan a rendirnos informes, experimentamos desconfianza, ya que nuestros colegas querrán aparecer más allá de cualquier reproche para sobrevivir a la cultura que estamos creando, incluso si eso significa ser falsos. Si buscamos la validación de otros, nos topare-mos con un muro en algún momento de nuestras carreras. Las personas ya no valorarán nuestras palabras, ni nuestros puntos de vista, ya que saben que no somos auténticos. Si insistimos en tener el control, nos quedaremos rodeados de colegas sin poder que se desempeñan muy por debajo de su potencial. En algún momento, la realidad nos alcanzará.

Si no son las circunstancias externas las que nos guían a ser sobrios, serán nuestro cuerpo y nuestras emociones. Vivir a partir de falsedades es estresante y, en algún momento, nuestro cuerpo nos lo hará saber. La pregunta es ¿cuándo? *Los susurros se convertirán en gritos.* La vida quiere empoderarnos para que nos atrevamos y entremos en nuestra verdad, incluso cuando todavía estamos pateando y gritando. La belleza de bus-car activamente nuestras verdades a través de los sistemas del "árbol" y "el trabajo" es que podemos hacerlo en nuestros propios términos y en nuestro propio tiempo, creando una aventura fascinante de aprendizaje asociada a nuestra vida.

Cuando la idea de descubrir tus verdades parece molesta o aterrado-ra, mira lo que sea que veas con los amables ojos de presencia. Permítete descubrir la verdad subyacente y general de que *todo está bien. Satyam eva jayate.* "La verdad siempre vence". Cada vez que desenmascaramos una falsedad, desbloqueamos un mayor poder de libertad y autentici-dad. Con ese conocimiento de que todo está bien, infinitamente más de lo que nuestro débil cerebro puede comprender, ¿estás dispuesto a ser un poco más valiente hoy y ampliar el alcance de las verdades aparentes que estás dispuesto a cuestionar? Pregúntate:

¿A qué creencias les estoy dando poder? ¿Cuáles estoy dispuesto a cuestionar ahora?

¿Cuáles debo cuestionar ahora dado mi papel como líder? ¿Cómo esta investigación me empoderará a mí y empoderará a otros?

Disfruta de esta parte del viaje —domestica tus cocodrilos más in-transigentes y descubre el poder de pararte en la verdad de quién eres.

—TRABAJO DE CAMPO—

Piensa en una creencia sospechosa que haya en tu sistema de creencias. Ahora, tómate un tiempo para hacer "el trabajo" con esta creencia o pseudoverdad que has estado tomando como verdad. Practica este ejercicio muchas veces al día o durante la semana, siempre que encuentres una creencia dudosa. Usa estas cuatro preguntas para hacer un taller sobre creencias que tengas con respecto a ti o a los demás y cómo deben comportarse/desempeñarse. Hoy, intenta trabajar con una creencia profundamente arraigada que tengas sobre ti o también sobre alguna que descubriste haciendo el ejercicio "el árbol" en este capítulo.

Mi creencia es:

1. ¿Es esto verdad?

2. ¿Puedes saber que esto es absolutamente cierto?

3. ¿Cómo reaccionas cuando crees ese pensamiento?

4. ¿Quién serías sin ese pensamiento?

5. Dale la vuelta a ese pensamiento, primero al yo, luego al otro, luego al contrario.

Bono: ¿Recuerdas el cambio de Andrew? Obsérvalo una vez más y escribe un ejemplo genuino que muestre cómo cada cambio es más cierto que la creencia con la que comenzaste.

6. ¿Cómo te empodera esta investigación? ¿Cómo estás creciendo?

Capítulo 7

BÚHOS EN CONVERSACIÓN

"Si eres honesto y franco, es posible que la gente te engañe. Aun así, sigue siendo honesto y franco en todo". —Madre Teresa

Una vez que conocemos nuestro propósito y estamos más familiarizados con él y nos sentimos menos limitados por nuestros temores de cocodrilo, estamos listos para nuestro próximo desafío de crecimiento —incorporar nuestra claridad recién descubierta a nuestras relaciones—. Este es un nivel de aprendizaje completamente diferente. Cuando entramos en la arena de la vida, encontramos que una gran parte del aprendizaje ocurre en nuestra conversación con los demás. La palabra *conversación* proviene del latín *conversari*, que significa "girar juntos" o "cambiar juntos". Según esto, una conversación verdadera es esa en la que las personas que intervienen en ella cambian bien sea poco o mucho en el transcurso de la misma. A esa conversación tan sincera la llamamos "conversación de crecimiento".

Aprender juntos genera un sentimiento positivo. Por consiguiente, de una conversación de crecimiento salimos con todas o cualquiera de las siguientes ganancias:

1. Nos sentimos más altos por dentro —con una visión más amplia de nosotros mismos.

2. Apreciamos más a los demás —nos quedamos con una visión más amplia de nuestros interlocutores y nos sentimos más conectados con ellos.

3. Se generan nuevas posibilidades y compromiso hacia la acción— adquirimos una visión más amplia de la tarea en cuestión.

Piensa en las conversaciones de crecimiento de las que has hecho parte hasta ahora. ¿Qué las hizo ser conversaciones de crecimiento? Quizá, fue una sensación de autenticidad; un sentido de respeto mutuo, enfoque, alegría, resolución, precisión, honestidad, aprendizaje o incluso de asombro. ¿Con qué frecuencia clasificarías una conversación como conversación de crecimiento? Piensa en todas esas conversaciones que tenemos que parecen estar apenas fluyendo —conversaciones en que la gente habla, pero no hay un interés real en ella—. Esas son conversaciones que no van a ningún lado. ¿Por qué? Porque estamos fingiendo interés y no comunicándonos de corazón.

Kathryn Stockett ilustra uno de estos tipos de falsa conversación en su libro *The Help*, así: "No sé qué decirle a ella. Todo lo que sé es que no se lo digo. Y sé que ella tampoco me está diciendo lo que me quiere decir. Es algo extraño que esto esté sucediendo, pues nadie dice nada y, aun así, nos las arreglamos para seguir conversando".

¿Recuerdas nuestra motivación para querer sostener relaciones interpersonales y nuestro miedo al abandono? Es evidente que la motivación y el miedo juegan un papel importante en la forma en que nos relacionamos y construimos nuestras conversaciones. Piensa en la frecuencia con la que decimos algo afirmativo, como "bueno" o "eso es genial" cuando lo que en realidad estamos pensando es que "no tengo ni la más remota idea de qué me está hablando" o que "¡eso nunca va a funcionar!". El hecho es que, por miedo a perder una relación, apenas sí decimos la mitad de nuestra verdad o menos.

Aunque estas conversaciones aparentes se dan con la intención de mantener vivas las relaciones, a lo que estas conducen es a una decadencia en la confianza y la conexión, ya que las personas involucradas en ellas sienten que lo que hay que decir no se está diciendo. Por lo tanto, las pseudoconversaciones tienden a ser oportunidades perdidas para incrementar el crecimiento individual y/o mutuo.

Paradójicamente, conversar domestica a nuestros cocodrilos de abandono, en parte, porque es una práctica de desapego. Así es como un maestro sugiere que participemos en una relación y en una conversación: "Soy genial. ¿Quieres probar un poco de mi genialidad?". Cuando sabemos que, en esencia, somos presencia, amor incondicional, también sabemos que estamos completos y nos sentimos libres de decir nuestra verdad. Entonces, no necesitamos al otro para que la valide, ni para que la aprecie, ni para que esté de acuerdo con ella. Cuando comunicamos nuestra verdad, que por definición está separada de los resultados —de lo contrario, no sería toda la verdad—, practicamos la libertad: *yo soy libre y tú eres libre.* Soy libre de ver las cosas a mi manera y tú también eres libre de verlas a la tuya.

Además, cuando hablamos y compartimos nuestra verdad, alentamos implícitamente a otros a hacer lo mismo. Cuando escuchamos algo que es sincero, nuestro corazón tiende a abrirse y estamos más preparados para recibir la perspectiva del otro. Entonces, también nos sentimos llamados a compartir nuestra verdad. En el proceso, nuestro corazón madura y nuestra capacidad de ver múltiples perspectivas se expande, aun sin ser motivados por ellas —y sin que estas tengan que ser "correctas" o "agradables".

Las conversaciones de crecimiento son conversaciones veraces. Ser sinceros con otros requiere esfuerzo y práctica, y vale la pena serlo, pues es transformador y construye las relaciones. "¡Qué sincero(a)!" es una frase que solemos decirle a nuestros amigos que nunca ocultan su verdad. En una conversación veraz existe un compromiso compartido de ser conscientes de lo que es verdad y no permitir que nada de lo que digamos se desvíe hacia la falsedad: no se valen las excusas, ni las medias verdades, ni otras versiones de cocodrilo.

Tener una conversación veraz requiere todo de nosotros, es como saltar de un avión. Cuando nos involucramos en ella por completo, tiende a parecer un acto de amor. Es en estas conversaciones que descubrimos que la verdad y el amor son dos caras de la misma moneda. Cuando compartimos verdades, revelamos partes auténticas de nuestro ser. Y cuanto más lo hacemos sin miedo, más amor fluye.

Entonces, ¿cómo tener conversaciones de crecimiento que sean verdaderas, sin necesidad de que sean brutales, sino respetuosas, sin soberbia, sin esconder partes de quiénes somos? He notado cinco ingredientes que ayudan a que las conversaciones de crecimiento sean verdaderas y amorosas:

1. Intención incondicional consciente

2. Expresión auténtica

3. Preguntas sinceras

4. Cocreación resonante

5. Compromiso total

Aunque están secuenciados del 1 al 5, los ingredientes del 2 al 4 se pueden aplicar en cualquier orden. Si no estás familiarizado con las conversaciones de crecimiento, procura utilizar esta secuencia hasta que te sientas seguro de participar en ellas de manera inconsciente. Yo utilizo el acrónimo "COAX" para hacer que estos ingredientes sean más fáciles de recordar: *Centrado* en la intención incondicional consciente, abierto *(Open)* a la expresión auténtica, haciendo preguntas *(Ask)* sinceras, logrando un verdadero intercambio *(eXchange)* a través de una cocreación resonante y un compromiso total. A continuación, exploremos cada uno de los elementos que hacen parte de COAX.

CENTRARSE EN UNA INTENCIÓN INCONDICIONAL CONSCIENTE COMO PARTE DE LA CONVERSACIÓN

Las conversaciones de crecimiento comienzan con una intención incondicional consciente que refleja el propósito que tenemos al sostener este tipo de conversaciones. Esto incluye ser honesto con respecto a lo que nuestro interlocutor hará y no hará. En este punto, comenzamos a pensar en lo que vamos a decir, en lo que queremos preguntar y en cómo cocrear algo con nuestro interlocutor que sea importante para los dos. Con frecuencia, terminamos involucrados en una conversación y más tarde pensamos: *"¡Desearía haberle dicho o preguntado antes!"* O *"No estoy seguro de por qué estamos teniendo esta conversación"*. Por esa razón, establecer una intención antes de cada conversación nos ayuda a evitar esta clase de pensamientos.

Recuerdo que, no hace muchos años, cuando todavía no sabía nada sobre esto, me involucré en una conversación de esas que toman cierto rumbo y están a punto de salirse de control. En ese tiempo, yo era socio de una empresa de consultoría y acababa de recibir un correo electrónico que me informaba el valor de una bonificación que estaba a punto de recibir y que resultó ser mucho menos de lo yo que pensaba, así que no me sentí contento con la noticia. Estuve trabajando todo un año para crear nuevos productos y servicios para la empresa lo cual me parecía muy importante para la relevancia futura de nuestras consultorías. Ya habíamos probado con éxito un nuevo conjunto de productos con dos clientes y pensé que merecía tres veces la cantidad que mi jefe me informó en ese correo. Me sentí enojado y vi la necesidad de tener una conversación al respecto con él y mi propósito era decirle mi verdad: "¡No eres justo!".

Estaba estresado y no veía cómo hacer para recibir la bonificación que correspondiera con mi trabajo, así que solicité una sesión adicional con mi entrenadora para que ella me ayudara a prepararme para aquella conversación con mi jefe. *¿Cómo lograría que me diera más dinero?* Nos reunimos y hablamos durante casi una hora. Después de contarle mi historia, ella me hizo este cuestionamiento que ha permanecido conmigo a lo largo de los años: *"¿Cuál es la aspiración más alta que puedes tener con respecto a esta conversación? ¿Quién aspiras ser en ella? Imagina el mejor resultado posible: ¿quién serás tú y quién será tu jefe?"*. Semejantes preguntas me detuvieron en seco. Había empezado a pensar en mi jefe como un monstruo —como alguien que siempre era injusto, que no me valoraba y que, fuera de eso, era miope—. Mi impulso de cocodrilo me iba a hacer actuar desde mi intención inconsciente de ser vengativo, codicioso, manipulador y juez. ¡Mi jefe estaba "haciéndome esto"! Por lo tanto, mi *intención inconsciente* era castigarlo —una intención que en realidad era bastante agresiva—. ¿Pero quién aspiraba ser yo en medio de la conversación? No quería ser mi cocodrilo, entonces ¿quién sería? Me confundí. Tampoco quería ser honesto y amable, pues sentía que siéndolo no obtendría lo que quería. Mi entrenadora me dejó despotricar: "¡Mi jefe debería haberme tratado mejor! Si él va a jugar duro, ¡yo también lo haré! ¡Si le doy razones que él no pueda refutar, lograré que cambie de opinión!".

Ella me escuchó durante un rato. Luego, le agregó un nuevo ingrediente a sus preguntas: "¿Te importa el resultado de la conversación?".

"¿Qué me está queriendo decir ella?", pensé. *"¡Me importa demasiado el resultado de la conversación! ¡Por eso quiero hablar con mi jefe!"*. Mi entrenadora me leyó la mente.

"Sí, sé que es un desafío pensar en eso —es obvio que te importa el resultado y sabes que no está en ti controlarlo, ¿cierto?", me dijo. Sí, yo lo sabía. "Entonces, si quieres tener una intención sólida en la cual puedas basarte firmemente, lo mejor será que no sea una intención susceptible al hecho de que tu jefe te dé más dinero o no. Estamos hablando de enfocarte en la que se conoce como una *intención incondicional*". De repente, entendí a lo que ella se refería.

Después, volvió a preguntarme: "¿Quién aspiras a ser *independientemente* del resultado que obtengas?". Dejé que la pregunta se esfumara en el aire. Tomé algunas respiraciones profundas, comencé a relajarme y sentí que un espacio se abría dentro de mí.

Lo que vino a mi mente fue: "Seré alguien honesto, empático y visionario". Me lo repetí varias veces y, poco a poco, fui sintiéndome más aliviado. Mi ansiedad se iba desvaneciendo y comencé a sentir cierto entusiasmo ante la posibilidad de tener una conversación que fuera realmente buena y provechosa, motivada por mi nueva intención incondicional consciente. Quizá, esa nueva intención sonaba un poco abstracta, pero recuerda dónde comencé: con una intención combativa, enfocada en castigar a mi jefe y en "ganar". Mi cambio interno abrió un nuevo rango de posibilidades de alcanzar el resultado que quería. Me sentí lleno de energía para expresar qué era lo que realidad me importaba: la razón por la cual este bono era tan importante para mí y cuánto había invertido en este proyecto. Por un momento, también comprendí el punto de vista de mi jefe. Me di cuenta que esta situación también debía ser un desafío para él —supe que él estaba interesado en mi bienestar y en hacer lo correcto— y sentí que tenía que haber otras formas para resolver esto en las cuales aún no había pensado. Quizá, entre juntos podríamos encontrar una mejor solución.

Si lo deseas, reflexiona en alguna próxima conversación que temas tener. ¿Qué sucede cuando te arraigas en una intención incondicional consciente? ¿Qué notas acerca de cómo te percibes a ti mismo, a la otra persona y al tema en cuestión? ¿Será posible que esta conversación te brinde una oportunidad de crecimiento instantáneo en el que te vuelvas más consciente de lo que tu corazón realmente anhela que suceda y de cuáles son tus verdaderos miedos? ¿Tal vez, quieras usarla para practicar y fortalecer tu mentalidad de búho?

Para asegurarte de que tu intención incondicional consciente se ocupe de toda la situación, asegúrate de incluir cada uno de los siguientes elementos:

- El "yo" (mi ser interior): tener conciencia de mis valores, de quién soy, de mi realización personal.

- El "nosotros" (el otro): el impacto que ejerzo en los demás, en mis relaciones, en la confianza mutua.

- El "eso" (la tarea): mi efectividad con respecto a la tarea en cuestión.

Al reflexionar sobre estos elementos, pude ver que mi intención inicial de "ser honesto, empático y visionario" estaba incompleta. Se centraba principalmente en el "yo" y en el "nosotros", pero ¿qué pasaba con el "eso"? Entonces, decidí completar mi intención de la siguiente manera: "Seré honesto, empático, visionario y enfocado". Confié en que al concentrarme en el tema en cuestión, mi bonificación, no me dejaría desviar con sutilezas, ni con temas más fáciles de conversar.

Otra prueba de fuego para tu intención incondicional consciente es el equilibrio Yin/Yang. ¿Incluye conexión y propósito? Mi intención inicial tenía algo de Yang —ser honesto—, pero sobre todo, de Yin— ser empático y visionario—. No era de sorprenderme, dada mi relativa tendencia al Yin. Mi oportunidad consistía en agregarle algo de enfoque Yang a mi intención.

Sería útil que, desde el comienzo de la conversación, compartieras con tu interlocutor cuál es tu intención incondicional consciente. Esa es una manera de poner las cartas sobre la mesa e invitar a la otra persona a que también reflexione sobre cuál es su intención. Es como invitar a alguien a tu casa. Si habías planeado hacer una agradable caminata nocturna con tu invitado, pero él o ella no lo saben, es muy posible que termines con alguien en tu puerta que esté vestido para salir a cenar, no para una caminata. Cuando compartes de antemano tu intención incondicional consciente, implícitamente, estás invitando a la otra persona a unirse a ti en tu intención. Es un acto de cortesía comprobar si tu interlocutor está dispuesto a ir de excursión contigo. Podría estar teniendo un día difícil o quizá necesite algo de tiempo para reflexionar sobre el tema en cuestión. El caso es que, con el simple hecho de preguntarle: "¿Estás dispuesto a hablar de esto ahora?, y si no ahora, ¿cuándo sería bueno para ti?", podrías estar ayudándole a dar lo mejor de sí en la conversación, al igual que tú.

REVISANDO PUNTOS EN COMÚN

Una herramienta que es una excelente manera de establecer el escenario adecuado para cualquier conversación es revisando qué puntos en común hay entre tu interlocutor y tú. Esta es una forma eficaz de centrarse en presencia juntos y dejar en claro cuáles son las intenciones mutuas desde el comienzo de la conversación. Se trata de una práctica basada en esa antigua tradición que consistía en que las personas se sentaban alrededor de la mesa o el fuego y cada una hablaba por un momento sobre lo que era verdad para ella mientras el resto escuchaba *sin interrumpir, ni reaccionar al respecto*. La gente ha practicado esta costumbre durante años. La persona que hablaba sostenía un palo en su mano hasta que terminaba de decir lo que tuviera que decir y luego, por lo general, se lo pasaba a la persona que estuviera sentada a su lado. Entonces, era su turno de hablar y así el palo iban rotando de persona en persona hasta que hablaban todas las que quisieran hablar.

Iniciar una conversación de esta manera les ayuda a todos los participantes a estar presentes y a establecer un propósito y una atmósfera comunes para la reunión. Por lo general, los puntos en común se centran en algunas preguntas clave que les ayudan a las personas a ser intencionales y a conectarse entre sí. Por ejemplo, se les podría pedir que reflexionen sobre alguna o en todas las siguientes indicaciones:

- ¿Cómo te sientes?

- ¿Cómo estás creciendo?

- ¿Cuál es tu propósito en esta reunión?

Poner a todos en una misma perspectiva permite que la conversación comience desde un punto de intencionalidad compartida. Gandhi fue famoso por establecer magistrales conversaciones en este plano de conciencia superior al llevar la energía del amor a cualquier conversación que entablara, aun sin decir mucho. Su energía era tan poderosa que transformó a casi todos aquellos a los que conoció. Según su biógrafo, Eknath Easwaran, cuando asumieron sus deberes en India, se les advirtió a los nuevos administradores británicos: "No se acerquen a Gandhi; los atrapará". Incluso en los momentos más desafiantes en la lucha por la independencia de la India, Gandhi logró cultivar amistades profundas y duraderas con sus oponentes británicos —en parte, debido a su capacidad para seguir amando incluso a aquellos que estaban al otro lado de la brecha—. Gandhi exudaba su intención de amor— específicamente, la no violencia, cualidad que le ayudó a desarmar incluso a sus oponentes más feroces—. Cuando estamos tan centrados en nuestra intención incondicional consciente, como lo estaba Gandhi en la suya, transformamos conversaciones potencialmente antagónicas en conversaciones de crecimiento, antes de que cualquiera de las partes haya dicho una sola palabra.

La próxima vez que estés próximo a una conversación desafiante, sería útil que reflexionaras sobre cómo Gandhi u otra persona que admiras abordarían esa conversación. O piensa en la pregunta de mi entrenadora y pregúntate cuál es tu mayor intención para esa conversación. Una intención que mantengo presente al comienzo de cada conversación desafiante es: hablar con sinceridad, preguntar sin juzgar y permanecer tranquilo.

Una vez estuve listo en mi intención, logré comenzar la conversación con mi jefe diciendo: "Harry, me gustaría tener una bella y constructiva conversación contigo sobre mi bonificación. Sé que esta puede no ser la conversación más fácil entre nosotros, pero quiero que sea la mejor posible. Tengo la intención de ser honesto ('yo'), profundamente comprensivo hacia tu perspectiva y hacia cualquiera que sea tu razonamiento ('nosotros') y quiero trabajar contigo de la manera más creativa posible para que entre juntos podamos encontrar una solución ('eso')". Harry sonrió y solo dijo: "Ídem". Tuvimos un gran comienzo —ambos lucíamos sonrientes y sentí que nuestros corazones se habían abierto un poco.

Estas fueron mis palabras —tú necesitarás encontrar las tuyas—. Tu intención depende de ti, de qué te hace sentir cómodo y de lo que sientas que la otra persona está dispuesta a escuchar. Es algo así como elegir un idioma para hablar. *"Als ik dit in't Nederlands vertel, begrijp je me waarschijnlijk niet"*. Bueno, en caso de que te lo preguntes, eso es holandés. Supongo que no lo hablas, así que mejor te escribo en inglés (en la versión original). Lo mismo ocurre con el hecho de traducir tu intención incondicional consciente a un idioma que tu interlocutor comprenda. ¿Qué palabras usarás que reflejen tu intención de manera auténtica *y* puedan ser entendidas por el otro? Observa que escribí *"puedan"*. No es que nuestro interlocutor las entienda, pues nosotros no controlamos eso; es que hagamos todo lo posible para que eso sea posible. Utilicé la palabra *bella* con mi jefe, ya que ambos amamos a Italia y su énfasis en la belleza. Allí, la comida es *bella;* ¡incluso a los estados financieros les dicen bellos a veces! Mi jefe y yo habíamos tenido muchas conversaciones sobre la belleza de la cultura italiana, así que me sentí cómodo usando una palabra como esa. Compartimos un contexto en común. Piensa en el lenguaje que hay en común entre tu compañero de conversación y tú. Según eso, ¿qué palabras sería sabio elegir para expresar tu intención incondicional consciente?

TRANSFORMANDO NUESTROS COCODRILOS AGRESIVOS Y EVASIVOS EN UNA VERDAD AUTÉNTICA

Una vez que hayas establecido tu intención como individuo y como compañero de conversación, es hora de entrar en la conversación. Sin embargo, estar anclado en una intención clara e incondicional no es todo lo que necesitas para hacer bien la siguiente parte —también debes ser abierto para expresar tu verdad, en lugar de recurrir a una rutina de aparente conversación ineficaz—. No importa cuán comprometidos estemos a expresar nuestro punto de vista, siempre existe el temor a sentirnos incómodos al ser honestos en cuanto a nuestros sentimientos u opiniones. Efectivamente, cuando me acerqué a mi jefe para referirme a mi bonificación, mi deseo de agradar casi me llevó a acobardarme y ser superficial a la hora de expresar la que, para mí, era mi verdad. Esto suele suceder cuando nos quedamos atrapados en la creencia de cocodrilo de que solo podemos ser honestos *o* amables a la vez. ¿Cómo ser las dos cosas al mismo tiempo?

Practicar un juego de roles, especialmente, antes de conversaciones de alto riesgo, nos ayuda a darnos cuenta de antemano cómo nuestros cocodrilos podrían tentarnos a actuar con brutal honestidad o con una amabilidad no auténtica.

Antes de la conversación con mi jefe, mi entrenadora y yo imaginamos un "intercambio de cocodrilo evasivo" durante el cual yo evitaba los puntos difíciles de manifestar cediendo así a mi deseo de agradar. Este intercambio habría sido algo así como:

Yo: "Oye, quiero hablar contigo sobre mi bonificación".

Harry: "Bueno, me parece bien".

Yo: "Es un poco menos de lo que yo esperaba. ¿Puedes darme algo más de dinero?"

Harry: "No estoy seguro, déjame pensarlo".

Yo: "Genial, muchas gracias, me alegra que seas mi jefe".

Eso habría sido todo lo que yo hubiera dicho. Suena bien, ¿no? ¡Pues, ni tanto! Veamos qué dijo mi "cocodrilo agresivo":

CONVERSACIÓN DE COCODRILO AGRESIVO (Lo que pensaría y sentiría, pero no diría).	CONVERSACIÓN DE COCODRILO EVASIVO (Lo que en realidad diríamos)
Esto va a estar difícil...	Yo: Hola, quiero hablar contigo sobre mi bonificación.
*¡Me cansé de ti! @% * &%! * & *!*	Harry: Bueno, me parece bien.
¡He estado esclavizándome para salvar la empresa y esto es todo lo que tienes que decir! ¡Qué pésimo líder eres! ¡Lo único que te importa son los resultados!	Yo: Es un poco menos de lo que esperaba. ¿Me puedes dar algo más de dinero?
¡Aquí vienes otra vez con tus falsas promesas! ¡Te voy a reportar con tu jefe para que te echen del trabajo! ¡A ver si escarmientas!	Harry: No estoy seguro, déjame pensarlo.
¡Eres menos que una ayuda! ¡Eres una pérdida de tiempo para mí!	Yo: Genial, muchas gracias, me alegro de que seas mi jefe.

¡Hablando de una pseudoconversación!

Cuando observamos las conversaciones de nuestro cocodrilo agresivo o evasivo, es muy probable que nos sintamos desanimados. *Malo porque sí y malo porque no.*

Si reprimes tus sentimientos honestos para agradarles a las personas, lo más probable es que no tengas la conversación que necesitas tener. Tendrás un intercambio como el descrito en *The Help,* donde "nadie dice nada y, aun así, nos las arreglamos para sostener la conversación...". Cuando das tu más sincera opinión, te sientes como caminando de puntillas, como pisando cáscaras de huevo. Esto consume mucha energía. Sin embargo, muchas conversaciones terminan siendo del tipo evasivo a pesar de lo insatisfactorias que son. ¿Por qué? Porque tenemos miedo al conflicto. *¿Será posible que nuestra relación sobreviva a nuestro conflicto?*, piensan nuestros preocupados cocodrilos.

Al final, nuestros cocodrilos querrán expresar nuestros sentimientos en algún momento, así que comenzamos a murmurar a espaldas de nuestro jefe o colega, pero, por desgracia, esa actitud no tiene ninguna posibilidad de ser productiva. ¿Alguna vez has notado que, casi siempre, la "verdadera reunión" ocurre después de la reunión, en el pasillo o a puerta cerrada, uno a uno? La intención detrás de la evasión es inocente, pues solo queremos ser amables con la otra persona y no lastimarnos el uno al otro. Sin embargo, ese es un camino sin salida.

Ahora, si dejamos escapar nuestro pensamiento de cocodrilo agresivo, los resultados son casi peores: dañamos brutalmente nuestra relación con la otra persona (nosotros) y es probable que cualquier satisfacción que obtengamos sea de corta duración (yo). Para cuando hemos terminado de reflexionar, será casi un hecho que no estamos orgullosos de lo que hicimos (yo) y nos daremos cuenta de que el resultado fue una combinación de ineficacia (eso), desconfianza (nosotros) y más ansiedad (yo). Entonces, quedará más que comprobado que nuestro cocodrilo agresivo es desagradable y reactivo.

Notarás que tanto el estilo evasivo como el agresivo son impulsados por las tres primeras familias de miedos: escasez, abandono y fracaso. Ambas son estrategias diferentes para ocultar nuestro miedo. No decimos lo que queremos decir para proteger una relación o no exponer nuestras inseguridades o expresamos con agresividad nuestros pensamientos y sentimientos para defendernos, perjudicando nuestra relación y, en última instancia, perjudicándonos a nosotros mismos.

Ahora que lo pienso, ¿no tendrá también nuestro interlocutor un cocodrilo agresivo y evasivo? Por supuesto que sí. Fred Kofman, autor de *Conscious Business,* me enseñó que esto significa que estamos atrapados en un cuatrilema —un dilema con cuatro cuernos—. Las partes que intervenimos en una conversación tenemos algunos pensamientos no tan agradables que no queremos compartir y sabemos que las otras personas también los tienen.

El cuatrilema

¿Qué hay en mi columna de cocodrilo agresivo?	¿QUÉ OCURRIRÁ SI YO ...		¿Y qué decir de la columna del cocodrilo agresivo de los demás?
	...dice mi cocodrilo evasivo?	...dice mi cocodrilo evasivo?	
Juicio Agresión Desesperación Manipulación Miedo Es tóxico.	...dice mi cocodrilo evasivo? Yo— frustrado, ansioso Nosotros— desconfianza Eso— ineficacia	...dice mi cocodrilo agresivo? Yo—alivio momentáneo, luego, arrepentimiento Nosotros— romper Eso— inefectividad	Yo sé que ellos tienen sus cocodrilos Ellos saben que yo también tengo mis cocodrilos

Adaptado de *Conscious Business*, por Fred Kofman.

Atrapado entre estos dos modos improductivos de estilo de conversación, es muy factible que nos rindamos. Nuestro cocodrilo concluye: *"Así es como son las cosas. Es imposible hablar sobre algo que sea verdad"*. Incluso te dirá: *"Y así está bien, porque, después de todo, esa es de la única manera que funciona"*. Pero ¿es verdad que así está bien? ¿Cuántas horas de nuestra vida pasamos comunicándonos en el trabajo? Probablemente, la mayoría. Entonces, ¿en realidad queremos desperdiciar todo ese tiempo en lugar de dedicarlo al crecimiento? Depende de nosotros.

Menos mal que Fred también enseñó una forma de salirnos de este vínculo a través de la historia de los tres ancianos sabios. Estos tres ancianos sabios caminaban por el bosque y de pronto se toparon con un árbol que resultó ser venenoso. El primer sabio propuso: "Vamos a cortar este árbol venenoso para que no dañe a nuestros hijos". Los otros estuvieron de acuerdo en que esa era una propuesta bastante buena hasta que el segundo sabio dijo: "Sí, pero el árbol también es hermoso, es parte del bosque y les proporciona sombra y nutrientes a muchas criaturas; no lo talemos; mejor, cerquémoslo; así, protegeremos a nuestros hijos y al árbol". Los otros dos pensaron que esta era una solución muy inteligente hasta el tercero propuso: "Sí, esa es una propuesta muy inteligente, sin embargo, hay muchos de estos árboles aquí. Si colocamos una cerca alrededor de este árbol, pasaremos el resto de nuestros días en la tierra colocándoles cercas a todos los árboles venenosos. ¿Por qué no destilamos el veneno de la fruta y lo convertimos en una vacuna que inmunice a nuestros hijos contra la enfermedad?".

Podemos resolver el dilema de comunicarnos con honestidad y amabilidad como los tres sabios resolvieron su problema del árbol. Con demasiada frecuencia, usamos el primer enfoque, cortando el árbol, soltando nuestros pensamientos agresivos pensando que nos sentiremos mejor después de sacarlos de entre pecho y espalda. *"¡Deshazte de este sentimiento asqueroso!"*, nos grita nuestro cocodrilo. Ser brutalmente honestos nos proporcionará algún alivio a corto plazo, pero en última instancia, nos conducirá a un daño a largo plazo. Como alternativa, podemos intentar controlar nuestra agresiva toxicidad de cocodrilo poniéndonos nuestra máscara de cocodrilo evitando así que nos vean y fingiendo que todo está bien. ¿Recuerdas el cocodrilo buen chico/buena chica del Capítulo 3? *"Juguemos bien y disimulemos"*, nos murmura este cocodrilo. El problema es que usaremos una máscara, no seremos sinceros y, al final, terminaremos no siendo confiables, ya que lo que estaremos haciendo no será comunicar nuestra verdad, sino intentando mantenernos a salvo.

"¿Por qué no destilamos el veneno de la fruta y lo convertimos en una vacuna que inmunice a nuestros hijos de la enfermedad?", preguntó el tercer sabio. Del mismo modo, ¿por qué no destilamos la energía acumulada en nuestro cocodrilo agresivo en una forma honesta, respetuosa y efectiva de expresarnos?

¿Cómo? Haciendo una destilación interna que distinga nuestras motivaciones de nuestros miedos, tal como lo hicimos en el Capítulo 4 (Familias de miedos). Son nuestros miedos los que alimentan nuestros pensamientos y sentimientos tóxicos. Hay algo que estamos tratando de proteger, algo que nos importa y que se encuentra debajo de nuestros sentimientos de cocodrilos agresivos y tóxicos.

Preguntándonos a nosotros mismos *"¿Qué es lo que realmente me importa?"*, y mirando en nuestro corazón en busca de una respuesta, vamos rumbo hacia una verdad que nos ayuda a conectarnos más profundamente con nosotros mismos y con los demás. Llamaremos a esta nuestra "verdad auténtica", que significa la verdad más profunda *para nosotros*. Cuando hablamos nuestra verdad auténtica, las conversaciones se convierten en combustible para el crecimiento en las que nos conectamos unos con otros desde el corazón a través de nuestra expresión auténtica. Crecemos porque todos los que intervenimos en ellas llegamos a saber más sobre lo que es nuestra verdad mutua, aprendiendo unos de otros. Cuando usamos palabras que nuestro corazón nos dicta, le damos un pedazo de nuestro corazón al otro. Entonces, nuestras palabras son una expresión de amor. La verdad y el amor son dos partes de la misma moneda. Tan pronto como ingresamos a este espacio, no hay forma en que nuestros impulsos agresivos, ni evasivos dominen.

Al reflexionar sobre lo que realmente me importaba en mi conversación con mi jefe, Harry, me di cuenta de que no se trataba del dinero, sino de algo mucho más profundo que abarcaba las tres dimensiones de la conciencia: el "yo", cómo me estaba sintiendo; el "nosotros", el estado de nuestra relación; y el "eso", la efectividad con que realizáramos nuestro acuerdo. Yo había dado todo de mi parte para crear nuevos productos y servicios para la empresa; me pasé días, noches y fines de semana trabajando en el proyecto y tenía un profundo deseo de continuar haciendo ese trabajo (la dimensión del "yo"). Por esa razón, interpreté mi baja bonificación como una señal de que lo que estaba haciendo no era realmente valorado y que, por lo tanto, no podría hacerlo con nuestra empresa por mucho más tiempo. Además, me preocupaba que Harry y yo no hubiéramos comunicado claramente nuestras expectativas (la dimensión del "nosotros"). Y, por último, creía que construir nuevos productos para nuestra empresa era importante para su longevidad, por lo que sentí que necesitábamos incentivos para lograrlo (la dimensión del "eso").

Observar las diferentes dimensiones de la conciencia —nuestro ser interior (el "yo"), nuestras relaciones con los demás (el "nosotros") y la eficacia con nuestras tareas (el "eso") nos ayuda a destilar una verdad auténtica que es inclusiva y completa. Profundizar en estas tres dimensiones nos ayuda a crecer en la conciencia de lo que anhela nuestro corazón y, en última instancia, de lo que realmente somos, que siempre es más grande que nuestro cocodrilo agresivo.

¿Cómo sabemos que hemos encontrado nuestra verdad auténtica? Podemos hacer una prueba de fuego: ¿es honesta, empática y efectiva? Es honesta cuando resuena profundamente en nuestro corazón, sin reactividad de cocodrilo. La paz se apodera de nosotros cuando encontramos honestidad. Es empática cuando podemos ver la perspectiva de la otra persona, mientras pensamos en la nuestra y sentimos aprecio y responsabilidad hacia nuestro(a) compañero(a) de conversación. Y es efectiva si abre la puerta a nuevas posibilidades para ser, pensar y actuar juntos de manera diferente.

Una forma de ayudar a depurar nuestra verdad auténtica es manteniéndola firme y ligera a la vez, con energía del Yang y también del Yin, en cantidades iguales. Firme en la asertividad del Yang, ya que es la verdad más profunda que tenemos, y ligera en cuanto a la empatía propia del Yin, pues el aprecio hacia la otra persona implica una perspectiva por completo diferente, pero igual de válida.

Para proteger nuestra verdad auténtica de los juicios de cocodrilo, queremos ser conscientes de la diferencia entre los hechos observables y nuestras interpretaciones y opiniones sobre ellos. Por ejemplo, pensar que "la bonificación era baja", fue mi interpretación, mientras que decir que "la bonificación era de $15.000 dólares" es sin duda un hecho observable. Podemos diferenciar nuestras observaciones e interpretaciones en nuestra expresión de manera consciente, usando una fórmula simple:

"Vi a X, por eso pensé en Y. ¿Qué piensas?"

Al final, terminé compartiendo mi verdad auténtica con mi jefe diciéndole lo siguiente: "Harry, lo que realmente me importa es nuestra relación, hacer el trabajo que amo de tal manera que contribuya al éxito de nuestra empresa. Cuando leí que la bonificación era de $15.000 dólares, pensé: '¡Vaya! ¡Eso es poco! ¿Harry sí valorará lo que estoy haciendo?'. Esa bonificación me hace cuestionarme eso. ¿Tiene sentido para ti lo que te estoy diciendo?'. Harry respondió que sí. Entonces, continué: 'Además, recordé una conversación sobre incentivos que tuvimos el 10 de enero del año pasado. Mirando mis notas de esa fecha, deduje que tres nuevos proyectos vendidos de este nuevo servicio me darían $60.000 dólares en bonificaciones. ¿Entendí mal?'. Esta vez, Harry respondió que él tenía un recuerdo diferente de esa conversación —que esa fue una conversación en la que yo había propuesto el tipo de incentivos que preferiría y que él sugerido que mantuviéramos abierta esa opción—. Al principio, cuando escuché esto, me sentí sorprendido. Yo creía recordar con total claridad el tipo de acuerdo que hicimos. Luego, cuando lo pensé más, me di cuenta de que yo nunca le hice una solicitud firme para acordar esos incentivos. Esta fue una gran oportunidad de crecimiento para, en el futuro, afirmarme con más energía en el Yang. Al comprender esta nueva realidad, le dije a Harry que estaba empezando a darme cuenta en dónde estaba nuestra desconexión.

La combinación de establecer una intención clara para nuestra conversación y luego ir más allá de mi ser agresivo y evasivo hacia una verdad más auténtica me había liberado para hacer nuevos descubrimientos y ver en dónde era que estaba nuestro conflicto. De repente, Harry ya no era mi enemigo, solo era alguien con quien había tenido una falta de comunicación.

INVESTIGANDO CON EL CORAZÓN ABIERTO

Harry no necesitaba ninguna invitación para compartir su verdad auténtica. La compartió justo después de que yo compartiera la mía y fue evidente que para él fue así como sucedieron las cosas. Esto sucede a menudo; cuando nos mostramos sinceros y al mismo tiempo empáticos, esa actitud contribuye a que el búho de la otra persona se haga presente. Entonces, nuestra empatía hacia la otra persona calma a los cocodrilos que quieran secuestrar su mente.

Harry me dijo: "Hylke, yo también me intereso en ti y en nuestra relación, y valoro lo que has hecho y lo importante que es todo eso para la empresa y para tu carrera. Mi preocupación es que no te he visto involucrarte tanto con el equipo y que la mayor parte del tiempo tú estás al frente del nuevo negocio. Y sí, también me doy cuenta de que no hemos sido claros el uno con el otro. Yo sé que no lo he sido porque quería ser amable contigo. ¿Qué piensas?".

Vi que Harry tenía razón. Yo también había evitado esa dura conversación sobre responsabilidad mutua, tal como él lo había hecho. Además, asumí que otros no estarían interesados en lo que yo estaba haciendo, así que tome la decisión de trabajar por mi cuenta, independiente —un viejo patrón de cocodrilo muy frecuente en mí.

No todos nuestros interlocutores nos compartirán su verdad auténtica tan fácilmente. Mantenernos en presencia, en contacto con nuestra intención incondicional consciente, nos ayudará a seguir aceptando dónde está la otra persona —sobre todo, cuando no comparte con nosotros tanto como nos gustaría—. Si tenemos expectativas sobre cuánto comparte la otra persona a cambio de nuestra honestidad, la estamos coaccionando, bien sea implícita o explícitamente. E inconscientemente, hacerlo obstaculizamos la interacción. En pocas palabras, pensar que "solo te comparto si tú compartes" conduce a más pseudoconversaciones. En cambio, es mejor mantenernos fieles a nuestra intención incondicional. No estamos allí para convencer, controlar, engatusar, ni manipular; estas son estrategias del Yang y el Yin inferiores. Cuando notemos estos cocodrilos, veámoslos como nuestra próxima oportunidad de crecimiento instantáneo. Comunicar nuestra verdad auténtica con intención incondicional consciente no nos impide que volvamos a encontrarnos con esos cocodrilos defensivos o protectores en el transcurso de nuestra conversación. Cuando los notemos, simplemente, volvamos a comprometernos con nuestra intención y no cedamos a estos impulsos. En lugar de dejar que nuestros cocodrilos hablen, decidamos responder con empatía y abrir nuestros corazones a la verdad de nuestro compañero de conversación. Cuanto más practiquemos esta actitud, más fácil se vuelve con el tiempo.

Este tipo de apertura, a la que llamamos investigación con corazón abierto, es un arte. Consiste en despojarnos por completo de nuestras expectativas, de nuestros miedos y de otros patrones mentales, permaneciendo totalmente desinteresados en ellos y estando totalmente presentes en lo que la otra persona tiene para decir. Entonces, hacemos preguntas simples como *"¿qué piensas?", "¿Cómo te suena eso?", "¿Qué es lo que realmente te importa?"*. Estas ayudarán a profundizar el intercambio. Preguntas como "¿no crees eso?", "Si miras los hechos, ¿qué concluyes?", tienden a conducir a un drama innecesario y a combatividad.

Compartir la verdad es solo eso —no se trata de convencer a la otra persona de nuestro punto de vista, ni de enlistarla para que valide nuestra experiencia—. Cuando me doy la libertad de ser quien soy y lo expreso, me siento libre cuando también veo a la otra persona libre para ser y expresar quién ella es. Con frecuencia, durante un intercambio tan incondicional de la verdad, notamos resonancia mutua y encontramos una conexión más profunda.

En 1931, cuando Gandhi visitó Gran Bretaña, habló con los trabajadores de la industria textil en Lancashire, miles de los cuales se quedaron sin trabajo durante una baja en la demanda, después de que Gandhi lideró un boicot a los textiles extranjeros a favor de la tela tejida en casa como una forma de oponerse a las leyes británicas. Los funcionarios británicos le advirtieron a Gandhi que no fuera, temerosos de la violencia que él podría enfrentar por parte de las masas, pero Gandhi les expresó su verdad auténtica de la siguiente manera:

"Por favor, escúchenme por unos minutos. Denme la oportunidad de presentar nuestro punto de vista y luego, si lo desean, condénennos a mí y a mi gente. Ustedes me dicen que tres millones de personas están sin empleo aquí, que han estado desempleadas durante varios meses. En mi país, trescientos millones de personas están desempleadas, por lo menos, seis meses cada año. Ustedes dicen que hay días en que solo tienen pan y mantequilla para la cena, pero es muy frecuente que estas personas en mi país pasen días enteros sin ningún tipo de comida".

La auténtica respuesta de los trabajadores de los aserraderos al intercambio firme y valiente de esta verdad de Gandhi sorprendió a los funcionarios británicos. En lugar de atacarlo, los trabajadores expresaron su pleno apoyo y lo animaron —incluyendo el líder que provocó el desempleo.

Cuando compartimos nuestra verdad de manera auténtica y abrimos nuestro corazón al corazón de los demás, completamente ajenos a los resultados, crecemos en autoestima e inspiramos a otros a hacer lo mismo. Y, sin embargo, la conversación no se completa solo con compartir, aunque podría verse como la parte más importante y audaz de ella.

PASANDO DE COMPARTIR A LA COCREACIÓN RESONANTE

Una vez que todas las partes que intervienen en la conversación han expresado su verdad auténtica y están enraizadas en una investigación basada en un corazón abierto, la pelota se pone realmente en marcha. Cuando compartimos nuestras verdades, entramos en el mundo de las posibilidades y pensamos: "¿Qué pasa si ambos tenemos razón? Entonces, ¿qué podríamos crear juntos?".

Harry y yo entramos en esta parte de la conversación haciendo el asunto del bono a un lado para tener una conversación más amplia acerca de mi rol en la empresa. Fue así como llegamos a la conclusión de que, dada mi pasión por estos nuevos productos en los que estaba trabajando por mi cuenta, había un espacio para imprimirle al nuevo negocio el 100% de mis capacidades. También concluimos que yo necesitaba comenzar a pensar qué era lo que en realidad quería hacer en la vida. Fue así como descubrí que mi interés en el campo de los negocios estaba impulsado, más que todo, por mi interés en la transformación en general, y siendo más específico, en la transformación personal. Al final, esta conversación fue uno de los susurros de la vida, además de mi insomnio, que me ayudó a darme cuenta de que necesitaba cambiar de rumbo —así de poderosos pueden llegar a ser estos momentos de reflexión conjunta.

Esta parte de la conversación puede energizarnos a medida que pasamos de estar a la defensiva (el cocodrilo agresivo) y tratando de apaciguar la situación (el cocodrilo evasivo) a un lugar de verdad y cocreación de nuevas posibilidades. ¡Esto sí que significa cambio!

Por supuesto, nuestro cocodrilo que busca sostener el *statu quo* intentará sabotearnos bien sea siendo agresivo ante nuestra decisión de *"quiero cambiar"* (yo no tengo por qué hacerlo) o de pensar que *"no quiero cambiar"*, es decir, querer evitar. Basados en nuestra intención incondicional consciente de búho, pensamos: *"Tengo el corazón para compartir mi verdad y estoy dispuesto a escuchar tu verdad".* Luego, entramos en un espacio donde ambos estamos *dispuestos a crecer juntos a través de una relación sincera.* Las preguntas de cocreación, como las siguientes, nos ayudan a permanecer en este lugar de veracidad y cocreatividad:

- ¿Qué pasa si ambos tenemos razón?

- ¿Qué objetivos tenemos en común? ¿Cómo podemos trabajar en eso? ¿Qué soluciones creativas podemos imaginar?

- ¿Qué pasaría si ambos creciéramos gracias a esto? Entonces, ¿cómo nos veríamos? ¿Cómo abordaríamos esto?

- ¿Qué pasa si no hay conflicto?

- ¿Cuáles son algunas de las formas en que podemos expresar nuestra empatía mutua y hacia el problema en cuestión?

- ¿Cómo abordarían esta conversación las personas que ambos admiramos?

Gandhi se enteró de la cocreación basada en el corazón al principio de su carrera, cuando todavía era abogado en Sudáfrica. Trabajando en su primer caso importante, persuadió a ambas partes a llegar a un acuerdo extrajudicial. Más tarde, mirando hacia atrás, Gandhi reflexionó: "Aprendí la verdadera práctica de la ley, aprendí a descubrir el mejor lado de la naturaleza humana y a entrar en los corazones de las personas. Me di cuenta que la verdadera función de un abogado era unir a las partes divididas en pedazos". Todos podemos hacer de este nuestro objetivo principal en la vida.

HAZ UN COMPROMISO VALIENTE

Para que exista un crecimiento tanto interno como externo a partir de una conversación necesitamos ser conscientes de las posibilidades de cocreación que existan y además debemos hacer algo al respecto.

Es como este viejo acertijo: cuatro ranas se sentaron en un tronco y tres decidieron saltar al lago. ¿Cuántas hay en el agua? Suena fácil, pero es una pregunta capciosa. No estamos seguros, ya que el simple hecho de que ellas hayan tomado la decisión de saltar no significa que alguna haya saltado ya. Del mismo modo, debemos llegar al momento en que saltemos a la vida al final de nuestra conversación. En este punto, los temores al fracaso, la incertidumbre, el abandono y el dolor volverán a aparecer. Es por eso que, en lugar de ceder ante las soluciones de cocodrilo —como retomar el asunto más tarde o dejarlo a la deriva—, es mejor buscar algo en lo cual comprometernos aquí y ahora, por pequeño que sea, pero que nos lleve a dar el siguiente paso. Las preguntas útiles para generar compromiso, antes que nada, en nosotros mismos, son:

- ¿Cómo pretendo crecer?
- ¿Qué cambio quiero hacer?
- ¿Qué prometo?
- Si me volviera dos veces más valiente, ¿a qué me comprometería?
- ¿Cuál es el próximo paso más pequeño, pero más poderoso que puedo dar aquí y ahora?

El coraje y el compromiso están estrechamente relacionados. Cuando nos comprometemos con algo, nos adentramos en lo desconocido. Nuestra mente de cocodrilo tiende a resistirse al compromiso presentando innumerables razones para no hacer algo nuevo con tal de que permanezcamos en nuestra zona de confort. Sin embargo, casi siempre, nuestro corazón sabe cuándo es el momento de actuar y nos empuja a comprometernos sin miedo.

En mi conversación con mi jefe, crecí en autoconciencia. Descubrí que lo que más me importaba no era mi bonificación, sino mi satisfacción en la vida: hacer el trabajo de transformación y crecimiento. Harry creció descubriendo su libertad para responsabilizarme y responsabilizar a los demás con más firmeza. También aprendió que no necesitaba contenerse por miedo a dañar una relación. Le pedí que tuviéramos una reunión uno a uno por mes para construir y modificar nuestra visión. Yo me comprometí a hacer una profunda investigación interna sobre el llamado de mi vida y a compartir los resultados con él.

Me mantuve fiel a mi promesa: tres meses después, decidí hacer una transición profesional, abandoné la empresa y pasé de la consultoría a la cultura, el trabajo en equipo y el desarrollo ejecutivo.

Ahora, mirando hacia atrás, me doy cuenta que mi preocupación acerca de que otros no valoraran mi búsqueda de nuevas fronteras para la compañía detonó mis propios anhelos y mis dudas sobre cómo estaba gastando la energía de mi vida. Pero esta sola comprensión no hubiera sido suficiente si no hubiera dado el paso de investigar mis objetivos para luego actuar y hacer los cambios consecuentes con ellos. La conversación nos abre un espacio para descubrir nuevas posibilidades; luego, depende de nosotros actuar en consecuencia.

EL VERDADERO PROPÓSITO DE LA CONVERSACIÓN

Cuando cada conversación se lleva a cabo en una atmósfera de crecimiento, no hay conversaciones "buenas" o "malas", solo conversaciones más o menos efectivas. Cuando mantenemos nuestro corazón abierto, estamos obligados a descubrir más puntos en común con el otro: cómo ser uno en presencia. Este puede ser el propósito final de cada conversación que alguna vez haya sido y será. En las conversaciones verdaderas crecemos juntos, ante todo, en nuestra capacidad de amar. A medida que otros nos comparten quienes son, es nuestra oportunidad de aceptarlo todo, incluso cuando es incómodo. Nuestra aceptación incondicional del otro es presencia en acción, ya que la presencia incluye todo lo que simplemente "es", incluido nuestros gustos en común y nuestras diferencias.

A través de esta aceptación viene la comprensión; con comprensión, cada conversación se convierte en una reunión de los corazones en torno a la verdad, donde podemos cuidarnos unos a otros y cocrear nuestro mundo de la mejor manera posible.

—TRABAJO DE CAMPO—

1. ¿Cuál es tu eslabón más débil? Selecciona uno:

    A. Intención consciente

    B. Expresión auténtica

    C. Consulta basada en el corazón

    D. Cocreación resonante

    E. Compromiso valiente

2. Piensa en las mejores conversaciones que hayas tenido. ¿Qué las hizo geniales? Elije los elementos de la lista a continuación que más te interesen. Agrega otros elementos que no se enumeren aquí. ¿Cómo puedes poner más en práctica estos elementos que elegiste en las conversaciones que tendrás a partir de ahora?

    A. Honestidad

    B. Respeto

    C. Claridad

    D. Enfoque

    E. Presencia

    F. Precisión

    G. Compromiso

    H. Progreso

    I. Interés

    J. Desafío

    K. Empatía

3. Piensa en una conversación que necesites tener con alguien, pero que hayas pospuesto, temido que ocurra o sentido ansiedad de solo pensar en tenerla. Cuanto más crucial sea, más sentimientos tendrás sobre esta conversación y más aprendizaje obtendrás una vez la hayas llevado a cabo.

¿Con quién es esta conversación?

¿De qué se trata?

4. ¿Por qué no quieres que suceda esta conversación? ¿Qué te dicen tus cocodrilos sobre ella?

5. Escribe todos los juicios que se le ocurran a tu mentalidad de cocodrilo cuando piensas en la persona con la que necesitas tener esta conversación. Escribe toda la mezquindad que notes en tus pensamientos acerca de ella y cómo "te hacen sentir" con respecto a ti mismo.

6. ¿Cuál es tu objetivo consciente o inconsciente de cocodrilo para esta conversación?

7. Haz esta conversación en tu mente y escribe tus palabras de cocodrilo evasivo y tus pensamientos y sentimientos de cocodrilo agresivo-reactivo.

CONVERSACIÓN DE COCODRILO AGRESIVO (Lo que yo pensaría y sentiría, pero no diría).	CONVERSACIÓN DE COCODRILO EVASIVO (Lo que en realidad diríamos)

8. ¿Cuál es tu mayor intención para esta conversación? Recuerda abordar el "yo" (nuestro ser interior), el "nosotros" (nuestra relación con los demás) y el "eso" (tarea/efectividad) a medida que creas tu intención. ¿A quién aspiras ser independientemente del resultado?

9. Piensa en el tema en cuestión con la mayor profundidad posible. En el fondo, ¿qué es lo que más te importa? ¿Cuál es tu auténtica verdad?

10. ¿Qué le dirás a la otra persona que exprese tus intenciones y tu verdad auténtica?

11. ¿Cuáles de tus juicios y expectativas de cocodrilo pueden interponerse en tu camino, mientras abres tu corazón para escuchar con total atención a tu compañero de conversación?

12. ¿Qué es eso a lo que estás dispuesto a comprometerte?

13. ¿Cómo estás creciendo?

Capítulo 8

CULTIVANDO A OTROS— ENTRENANDO UNO A UNO

"No debemos apurarnos, no debemos ser impacientes, sino que debemos obedecer confiadamente el ritmo eterno".
—Nikos Kazantzakis, autor de Zorba, el griego

Devolviéndole a la vida —Entrenando a otros

Piensa en una persona que te haya ayudado a crecer significativamente en tu vida. Puede tratarse de un entrenador formal o informal —un colega, un miembro de la familia, alguien especial, un amigo, un maestro o cualquier otra persona que te haya ayudado a lo largo del camino—. ¿Qué sientes cuando piensas en ella? Lo más probable es que sea gratitud, amor, inspiración, paz o incluso asombro. La mayoría de nosotros valoramos en gran manera a quienes nos han ayudado a crecer. Ahora, piensa en cómo tú has ayudado a otros a crecer. ¿Para quiénes eres un entrenador formal o informal? Ponte en su lugar por un momento. Lo más probable es que ellos también valoren tu ayuda. Y es posible que tú hayas visto que ayudarlos también fue reconfortante para ti. Valoramos aprendiendo con otros.

Sin embargo, aun si nunca has tenido un entrenador profesional o deportivo, tu vida está llena de personas que, de alguna manera, han sido tus entrenadoras. Este capítulo está dedicado a todos los hombres y mujeres que me han entrenado. Es una lista larga e incompleta y de algunos solo tengo un vago recuerdo. Los primeros fueron mis padres y mis hermanos; luego, siguieron mi maestro de música, el director de mi escuela primaria, mi maestro de idiomas clásicos, mi maestro de holandés, mis maestros de educación física, mi maestro de economía, mi primera casera, mi mentor consultor, mi entrenador vocal, mi entrenador de ópera, mis entrenadores ejecutivos, mis terapeutas, mis colegas de Towers Perrin, SDG, Co-Creation Partners, Axialent, Constancee y Growth Leaders Network, innumerables clientes, mis amigos, mi pareja y, por último, pero no menos importante, mis maestros espirituales de los últimos 15 años. Y podría enumerar a otras mil personas que se han cruzado en mi camino y me han enseñado algo que me ha llevado a ser quien soy hoy.

Todos tenemos listas como esta, que se van extendiendo a lo largo de nuestra vida. Ahora, no solo la gente nos ayuda a crecer. Aquellos lugares que me han alojado alrededor del mundo también han desempeñado un papel importante en mi crecimiento, como tal vez te haya ocurrido también a ti. Cada lugar me ha enseñado algo diferente. Desde la resistencia holandesa hasta la ligereza australiana; desde la belleza italiana hasta la fogosidad argentina; del ritual inglés a la inmensidad islandesa; y desde la eficiencia de Nueva York hasta la honestidad de Seattle.

El caso es que, lo sepamos o no, nos ayudamos a crecer unos a otros. A veces, con nuestra sola presencia, con una simple mirada que provoca una reacción en otra persona. Ya sea que te hayas dado cuenta o no, el mundo es un campo interconectado de entrenadores y entrenados. Estamos rodeados de personas y lugares que nos ayudan a crecer.

¿Cuándo estamos ayudando a otros a crecer? Quizá, la mejor pregunta sea *¿cuándo no lo estamos?* Cuando estamos cerca de otros, nuestra mentalidad y comportamiento los afectarán, lo sepamos o no. Si lideramos una organización o equipo, este efecto es aún más evidente, pues siempre estamos ayudándoles a otros a crecer bien sea dándoles retroalimentación, orientación, ejemplo, trabajando juntos en proyectos desafiantes y disponiéndonos a tener una conversación de coaching uno a uno.

Nos sentimos cada vez más, atraídos ante la idea de entrenar a otros de manera explícita a medida que experimentamos los beneficios del crecimiento. En algún momento, podemos sentirnos obligados a devolver la ayuda que hemos recibido de otros a lo largo de la vida. En el camino a convertirnos más y más en quienes realmente somos, es obvio que lleguemos a un punto en el que queramos compartir con los demás lo que hemos recorrido, ayudándoles a crecer. Al menos, esa ha sido mi experiencia. Solía encantarme asesorar a otros antes de haber recibido algún entrenamiento formal. Una vez que vi cómo mi trabajo, y el resto de mi vida, comenzaron a cambiar trabajando con entrenadores ejecutivos, no pasó mucho tiempo antes de que quisiera ayudar a otros de la misma manera, aplicando algunas de las herramientas de entrenamiento que estaba aprendiendo. Por ejemplo, todavía recuerdo lo emocionado que estaba cuando descubrí el poder de ser consciente de mis intenciones. No pasó mucho tiempo antes de que comenzara a hablar con mis colegas sobre *¿cuál es la intención más alta que podemos tener para esta conversación?*

En los capítulos anteriores, nos hemos centrado en nuestro propio crecimiento. Ahora, estamos desviando nuestra atención con el propósito de ayudarles a otros a crecer, entrenándolos para que se conviertan más en quienes realmente son y aprendan a domar sus cocodrilos. Exploremos cómo hacerlo con habilidad. Para comenzar, lo primero que haremos será definir con la mayor claridad posible lo que queremos decir cuando hablamos de entrenamiento.

DEFINICIÓN DE ENTRENAMIENTO EN EL LIDERAZGO DE CRECIMIENTO

La palabra *coach* proviene del término húngaro *kocsi*, que significa carruaje, el medio de transporte que era arrastrado por caballos para llevar gente o cosas a su destino. Del mismo modo, como entrenadores, nosotros también les ayudamos a otros a avanzar hacia su objetivo. El *entrenamiento en el liderazgo de crecimiento* es un estilo particular de coaching. Como entrenadores de liderazgo de crecimiento nos enfocamos en ayudarles a las personas en su viaje de autodescubrimiento. Nuestro destino es un objetivo en movimiento: se trata de ayudarles a otros a descubrir más acerca de quiénes ellos son realmente lo cual es un viaje interminable. Se trata de ayudarles a encontrar formas de actuar y servir desde ese lugar más auténtico. Lo que es más importante, como entrenadores de liderazgo de crecimiento, contribuimos a que le gente descubra su anhelo de aprender sobre sí misma para que quiera continuar con su viaje de crecimiento mucho después de que nos hayamos cruzado con ella. En el resto de este libro, cuando hablemos de un entrenador, nos referiremos a un entrenador de liderazgo de crecimiento. A continuación, algunas palabras más para definir lo que es entrenamiento.

ENTRENAMIENTO, MENTORÍA Y RENDICIÓN DE RESULTADOS

Entrenamiento es diferente a tutoría, retroalimentación y rendición de resultados, a pesar de que todos estos roles consisten en ayudarles a otros a crecer. Cuando asesoramos, compartimos nuestra experiencia con nuestros pupilos, ya que nosotros recorrimos el camino antes que ellos. Les damos consejos y les compartimos historias y perspectivas relevantes para sus desafíos y objetivos. Cuando les damos retroalimentación, les compartimos datos sobre su comportamiento y nuestras interpretaciones de su impacto en su entorno. Podemos decirles: *"Cuando te vi hacer X, el impacto en mí fue Y y me pareció que fue Z en los demás, ¿tiene sentido para ti lo que te estoy diciendo?"*. Por último, cuando llamamos a rendición de resultados a alguien, le compartimos nuestros estándares de desempeño y dejamos que esa persona sepa cómo lo está haciendo en comparación con esos estándares.

¿Recuerdas las etapas de crecimiento que aprendimos en el Capítulo 1: inconsciente-no calificado, consciente-no calificado, consciente-calificado e inconsciente-calificado? Como mentores, les ayudamos a otros en estas cuatro etapas; cuando les damos retroalimentación, les ayudamos a ser más conscientes, a pasar de habilidades inconscientes a habilidades conscientes. Cuando les hacemos rendición de resultados, primero los ayudamos a tomar conciencia, pasando de inconsciente-no calificado a consciente-no calificado, y en segundo lugar, les ayudamos a detectar qué opciones tienen para convertirse en conscientes-expertos en un área donde aún ellos no están calificados. *¿Estás dispuesto a cambiar algunas cosas para mejorar tu rendimiento y cumplir con este estándar?* Esta es una pregunta que podemos hacer para alentar el nivel de responsabilidad de nuestros entrenados.

En el rol de entrenadores, les ayudamos a nuestros entrenados en las cuatro etapas, como en la tutoría. La diferencia con la tutoría es que les ayudamos a encontrar sus propias respuestas sin darles ningún consejo. En su forma más pura, cuando entrenamos, tampoco les damos retroalimentación, ni los llamamos a rendición de resultados. Podemos compartirles comentarios de otros, pero no los nuestros. De esa forma, nos aseguramos de que el entrenamiento sea centrado en el proceso de todos y cada uno de nuestros entrenados, no sobre el nuestro.

Ahora, analicemos la diferencia que existe entre llamar a rendición de resultados y entrenar a una persona. Llamarla a cuentas puede llevar a que ella se vaya del equipo si no cumple con los estándares. En el entrenamiento, seguimos comprometidos con ella, ya sea que esté mejorando o no. Recuerda que es probable que el entrenado esté progresando y que nosotros no tengamos los ojos para ver sus verdaderos avances. ¿Quién sabe qué camino deba recorrer él o ella para reconocer a ciencia cierta a sus cocodrilos antes de que pueda domesticarlos? Yo estoy agradecido con mis entrenadores por no obligarme a dejar de lado mis apegos a los cocodrilos, por ejemplo, al dinero, al estatus o a alguna relación, antes de estar listo para esos cambios. Sí, me preguntaban quién quería ser realmente y cuáles eran mis valores, pero nunca me dijeron qué hacer —si renunciar a un trabajo, proyecto o relación—. Yo tenía que descubrir por mí mismo que, al fin de cuentas, el dinero, ni el estatus me satisfacían y que había algo más sobre lo cual quería priorizar. Si me hubieran obligado a cambiar antes de estar listo, es muy probable que todavía tendría dudas acerca de haber tomado la decisión correcta de dejar atrás el dinero y el estatus, porque no me habrían permitido ver por completo a través de su naturaleza ilusoria. Así que, al experimentar por mi propia cuenta tanto la euforia como el vacío asociado con estos apegos, llegué a mis propias conclusiones; logré ver algo sobre estos dos aspectos que nunca había visto: que, en realidad, no eran mis verdaderas prioridades, sino que eran prestadas, ideas que había copiado de mi entorno.

Antes de continuar leyendo este capítulo, piensa en una persona a la que estés entrenando, formal o informalmente. ¿Cómo se llama? Podrías ser tú mismo. ¿Cuál es su desafío? ¿Qué estará pensando y sintiendo? Ten presente a tu entrenado a medida que aprendas sobre las herramientas de entrenamiento que siguen. Cuando las apliques, las absorberás con mayor profundidad.

—•◆•—

¿Cómo podemos ser lo más efectivos posible como entrenadores? Comienza con el *conditio seno qua non* (condición indispensable) del entrenamiento: seguridad. Sin seguridad, no hay entrenamiento.

AMOR INCONDICIONAL COMO BASE DEL ENTRENAMIENTO

¿Qué queremos decir cuando afirmamos que debemos crear un espacio seguro para nuestros entrenados? Estamos hablando de relacionarnos con ellos desde la energía del amor incondicional. El resto fluye por añadidura. Esta es una tarea difícil que parece simple y, sin embargo, a veces, resulta difícil de implementar.

Es más fácil describir lo que no es el amor incondicional que lo que es. Lo opuesto al amor incondicional, o "no amor" en un entorno de entrenamiento es el entrenador tratando de obtener algo de su entrenado, ya sea un resultado específico, aprobación o un sentimiento. Por otro lado, entrenar con amor incondicional es dar desinteresadamente, sin agenda. La condición previa para que surja una relación de entrenamiento es la incondicionalidad de estar dispuestos a tener conversaciones cada vez más veraces.

Como entrenadores, debemos desconectarnos de los altibajos que surgen dentro de nosotros durante una sesión de entrenamiento. Al hacer esto, nos colocamos en un espacio mental donde podemos ser empáticos, pero sin juzgar los altibajos de nuestros entrenados. Se trata de una persona extraña que le brinda ese servicio a otras personas —me vienen a la mente grandes terapeutas o guías espirituales—. Sin embargo, proporcionarles a los demás el entorno para que sean exactamente quienes son sin nuestra interferencia es un requisito absoluto para el entrenamiento. Una sesión de entrenamiento es una meditación sobre uno mismo. El entrenado se familiariza con ella al prestarle toda su atención a la sesión. La función principal del entrenador de liderazgo de crecimiento es ser un espejo diáfano y cuestionar las creencias e ideas que tienen sus entrenados que podrían interponerse en el camino a lograr sus aspiraciones. El entrenador honra el proceso de aprendizaje del entrenado al no forzar respuestas e ideas. El entrenado establece la intención, la agenda y las guías del entrenador.

El amor incondicional también se trata de nunca tratar de cambiar o apurar a un entrenado; esto iría en contra del ritmo natural de aprendizaje y podría obstaculizar su progreso. Si el entrenado no está interesado en aprender, entonces no necesita aprender. Si quiere trabajar a un ritmo diferente, ese será el ritmo. El crecimiento no puede ser forzado.

Tómate un momento para leer este extracto de *Zorba, el griego*, de Nikos Kazantzakis:

> "Una mañana… descubrí un capullo en la corteza de un árbol, justo cuando la mariposa estaba haciendo un agujero en su capullo, preparándose para salir. Esperé un rato, pero me resultó demasiado largo ver que ella apareciera y me sentí impaciente. Entonces, me agaché y respiré para calentar el capullo. Lo calenté lo más rápido que pude y el milagro comenzó a ocurrir frente a mis ojos, más rápido que la vida. Por fin, el capullo se abrió y la mariposa comenzó a gatear poco a poco. Nunca olvidaré mi horror cuando vi cómo sus alas estaban dobladas hacia atrás y arrugadas; la pobre mariposa intentó desplegarlas con todo su cuerpo. Agachándome, intenté ayudarla con mi aliento, pero fue en vano.

La mariposa necesitaba salir con paciencia y el despliegue de las alas debía ser un proceso gradual frente al sol. Ahora, era demasiado tarde. Mi aliento había obligado a la mariposa a salir maltrecha y antes de tiempo, pero ella tuvo que luchar con gran desespero y, unos segundos después, murió en la palma de mi mano.

Ese pequeño cuerpo es, creo, el mayor peso que tengo en mi conciencia. Hoy, me doy cuenta que es un pecado mortal violar las grandes leyes de la naturaleza. No debemos apurarnos, no debemos estar impacientes, sino obedecer con confianza el ritmo eterno".

Como entrenadores, nos recordamos a nosotros mismos que ya estamos completos. Todos somos presencia, amor, paz y alegría en nuestra esencia. El viaje de nuestra vida consiste en descubrir eso —que cada persona va a su propio ritmo, por su propio camino, con su propio enfoque—. No depende de nosotros arreglar a alguien más, porque no hay nada que arreglar. Lo único que debemos hacer es sostener el espejo limpio de presencia. Luego, guiamos a nuestro entrenado y lo vemos moverse y avanzar por las cuatro etapas de crecimiento, una y otra vez, en ocasiones, varias veces en una sola sesión —tomar conciencia (pasar de inconsciente a consciente), comprometerse (volverse consciente) y practicar la nueva conciencia con coraje y humildad (trabajando constantemente hacia convertirse en inconsciente experto).

¿ENTRENANDO PARA AMAR O PARA TERMINAR?

Para recordarnos que practiquemos el amor incondicional en el entrenamiento, es útil repetirnos un mantra a nosotros mismos: "Dejemos que otros evolucionen voluntariamente", en resumen, L.O.V.E. (En inglés, el autor presenta L.O.V.E. como el acrónimo de la frase: *Let Others Voluntarily Evolve*, que en español, significa la frase anterior que aparece entre comillas). Esa es nuestra intención al entrenar a otros. Entrenarlos con AMOR es honrar quienes son ellos aquí y ahora, donde están en este instante y como se están moviendo en su viaje. Se trata de su viaje, no del nuestro.

Nuestro cocodrilo tiene una idea muy diferente sobre el entrenamiento. Quiere rescatar, arreglar, manipular y convencer al otro. "Si te reparo ahora, yo soy el superhéroe", en resumen, F.I.N.I.S.H. es su mantra. (En inglés el autor presenta F.I.N.I.S.H. como el acrónimo de la frase *Fixing it Now, I, Super Hero"*). En otras palabras, *te reparo para sentirme mejor conmigo mismo,* piensa el cocodrilo.

Piensa otra vez en alguien a quien estés entrenando, formal o informalmente. ¿Cómo sería si te adentraras aún más en la mentalidad de *dejar que otros evolucionen voluntariamente?* ¿Cómo te ayudaría esta forma de pensar a entrenar a esa persona de manera más efectiva? Sin la carga de tener que arreglar a tu entrenado, te atreverás a hacerle preguntas más desafiantes, sin inmutarte ante la posibilidad de no llegar a saber sus respuestas. Es posible que tengas más paciencia, ya no necesitarás apresurarte, ni ir en busca de un resultado específico. Y es posible que tengas una mayor capacidad de empatía, pues ya no te preocupa que sus sentimientos sean problemas que tú debas solucionar. La mentalidad de L.O.V.E. suele ser desafiante, paciente y amable, todo al mismo tiempo. Es una combinación del Yang feroz y el Yin empático.

Ahora, pregúntate a ti mismo: ¿qué cambios necesito hacer para domar mi cocodrilo superhéroe y *dejar que otros evolucionen voluntariamente?* ¿Qué tanto estoy tratando de arreglar a los demás? ¿Cuánta prisa tengo por mostrar resultados para quedar bien como entrenador? ¿Qué tanto satisface el entrenamiento mis necesidades de dinero, aprobación y autoestima? ¿Qué preguntas no estoy haciendo porque mi mentalidad de F.I.N.I.S.H. las considera demasiado arriesgadas? ¿Cómo estoy presionando a mis entrenados para que satisfagan mi agenda de F.I.N.I.S.H.? Es completamente comprensible que tengamos algunos cocodrilos finlandeses nadando en nuestro sistema. Es solo que se vuelve mucho más importante nombrarlos y domesticarlos, ya que ahora también afectan directamente a aquellos a quienes estamos entrenando.

— • —

Reflexiona una vez más acerca de los grandes mentores y entrenadores, ya sean formales o no, que te han guiado a lo largo de tu vida. ¿Cuáles fueron sus principales cualidades? Lo más probable es que te hayan hecho sentir seguro y que no juzgar haya sido una de sus cualidades principales. Tenían la intención de un amor incondicional por ti. Sin seguridad significa sin entrenamiento. Una vez que hemos establecido la seguridad, hemos creado las condiciones para establecer una mayor honestidad hacia nosotros mismos y para tener mayor autocuidado, así como para ayudarles a nuestros entrenados a convertirse en quienes realmente son —la intención principal del entrenamiento de liderazgo de crecimiento.

LOS 5 COCIENTES DEL ENTRENAMIENTO EN EL LIDE-RAZGO DE CRECIMIENTO

La seguridad, el amor incondicional, es uno de los que me gusta llamar los 5C, o los 5 cocientes de un gran entrenamiento. Logré poner juntos estos 5C cuando estaba trabajando en Co-Creation Partners. Cada uno de estos elementos son cualidades que he encontrado útiles para desarrollar mis propias capacidades de entrenamiento y las de los demás. Piensa en ellos como los medidores en tu tablero interno de entrenamiento. Míralos y pregúntate: ¿cómo me está yendo en esta dimensión? ¿Cuál es mi oportunidad de mejorar? ¿Dónde veo una luz roja que me indica que necesito prestarle atención y dedicarle algo de tiempo al mantenimiento interno ahora?

Mientras miras este panel de entrenamiento 5C, piensa nuevamente en la persona que estás entrenando en este momento. ¿Dónde está tu fuerza como entrenador? ¿Dónde están tus oportunidades para evolucionar la calidad de tu ser para que puedas prestarle un servicio aún mayor a tu actual entrenado?

CS: COCIENTE DE SIGNIFICADO

El cociente de significado (MQ, según su sigla en inglés) es el primero de nuestros cocientes y consiste en tener la capacidad de inspirar al otro a ver el mayor significado de su estación actual en la vida. El propósito y el significado, además del amor incondicional, pueden verse como las mayores fuentes de energía dentro de nosotros.

Les ayudamos a nuestros entrenados a acceder a su sentido de significado averiguando cómo pretenden ellos aplicar el amor incondicional que son en el mundo. Por ejemplo, preguntándoles: "*¿Cómo servirás desde la estación en que te encuentras ahora?*", como Yvonne Higgins Leach, la exdirectora de Relaciones Públicas de Boeing, se preguntaba al comienzo de cada jornada laboral. Se trata de aplicar la esencia que somos —presencia, amor incondicional— al servicio de los demás. Otra forma de decirlo es que les ayudamos a nuestros entrenados a descubrir su contribución auténtica en la vida —lo que Gene White podría llamar su propósito—. Para ayudarles a alentar su viaje con un significado auténtico, es provechoso hacerles todas o cualquiera de las siguientes preguntas:

- ¿Qué te gustaría que sucediera realmente?

- ¿Cómo piensas contribuir contigo mismo, con tu familia, tu equipo, tu organización, tus clientes, tus socios y con la sociedad en general?

- Resumiendo, ¿cuál es el regalo de este desafío en el viaje de tu vida?

- ¿Cómo podrías abordar este desafío de una manera que refleje tu esencia, tus valores, lo que realmente crees?

- ¿Cómo responderás a este desafío de manera que te ayude a sentirte satisfecho y orgulloso?

Las preguntas inspiradoras suelen ayudarnos a salirnos de nuestra manera habitual de pensar. Nos ayudan a pasar de pensar con la mente a hacerlo con el corazón, desde donde podemos comprender mejor el significado. En la mente, nos sentimos demasiado atrapados por el miedo a los cocodrilos como para ver con claridad. Desde el corazón, vemos posibilidades.

Luego, un objetivo de ventas desafiante se convierte en una oportunidad para compartir más ampliamente los beneficios de nuestro producto, para acceder a más de nuestro ingenio interno y para crear un equipo de mayor rendimiento. El conflicto con un colega se convierte en una oportunidad para ser más claros acerca de lo que representamos y desarrollar nuestro músculo Yang, y para descubrir más lo que el otro realmente quiere —extendemos nuestro lado Yin—. La sensación de estar abrumado se transforma en una oportunidad para crear claridad sobre las prioridades y aprender a decir que no (Yang). De igual manera, una restricción presupuestaria se convierte en una oportunidad para racionalizar nuestras actividades y centrarnos aún más en lo que nos importa (Yang).

Con los ojos del significado, descubrimos el contexto más amplio y cómo cada desafío es una oportunidad para crecer y dar más. Cuando nos quedamos en nuestro marco de cocodrilos limitados, nos perdemos la aventura y la inspiración que nos brinda un significado más amplio.

CE: COCIENTE EMOCIONAL

El segundo cociente, nuestro Cociente Emocional (EQ, según su sigla en inglés), se refiere a nuestra capacidad como entrenadores para trabajar hábilmente con los sentimientos, tanto con los nuestros como con los de nuestros entrenados, al:

1. Regular nuestras propias emociones durante una sesión de entrenamiento (para que no se interpongan, sino que alienten al entrenado si es necesario).

2. Ser empáticos con las emociones del entrenado, pero sin involucrarnos.

3. Contribuir a que el entrenado aprenda a dominar sus emociones.

A menudo, gran parte de las energías del amor incondicional y el significado son absorbidas por las emociones reactivas de nuestros entrenados, como la ira, la ansiedad o la vergüenza. Como entrenadores, lo primero que debemos hacer es asegurarnos de no coludir con ellos. Cuando un entrenado está molesto por algo y culpa a alguien más o a sí mismo, no lo ayudamos enojándonos y culpando también nosotros a quien él o ella culpan. Eso es poner queroseno en el fuego pensando que así lo apagaremos. Así, lo único que logramos es distraer al entrenado de su trabajo interno. Estaríamos uniéndonos a él o ella en su infructuosa espiral descendente de pensar y sentir: "*¿Por qué me está sucediendo esto?*". En cambio, con desapego emocional, conseguimos mantener una mentalidad de liderazgo de crecimiento y preguntarle: *"¿Por qué razón te está sucediendo esto? ¿Cómo estás creciendo a través de esta situación?"*. Así, no le proporcionamos a nuestro entrenado un aliado en ningún estado emocional de cocodrilo. Recuerda que queremos seguir siendo un espejo resplandeciente.

Esto no significa que ignoremos sus emociones. Nos mostramos empáticos hacia él o ella, sin confundirnos con lo que sientan. "Las emociones son terribles maestros y grandes consejeros", enseñó Fred Kofman. El entrenador aprovecha las emociones del entrenado para comprender su estado interior. Luego, le ayuda a a obtener conciencia y control posterior sobre sus respuestas a sus emociones.

Cuando Mary Jane acudió en respuesta a una de nuestras llamadas de entrenamiento, se veía muy estresada. Tenía la cara cenicienta, los ojos duros y la mandíbula apretada. Le habían dicho que su colega Steve se iba de la empresa porque ya no quería trabajar allí, con ella al frente del equipo. Le pregunté cómo se sentía a ese respecto. Ella respondió que estaba enojada con Steve y se culpó a sí misma por no ser una mejor líder. Cuando exploramos dónde estaban localizados estos sentimientos en su cuerpo, ella descubrió que sentía su pecho muy apretado y un nudo en su vientre. Entonces, le pedí que se pusiera en contacto con las contracciones que sentía en su pecho y en su barriga y que investigara más a fondo, concentrándose en la energía de su pecho. Luego, terminamos el ejercicio aplicando las preguntas del "árbol" (ver Capítulo 6). ¿Qué indica esta sensación dolorosa en el pecho? ¿Cuál puede ser una creencia que subyace en torno a estos pensamientos? ¿Cuál es ese miedo subyacente? Resultó que debajo de la ira había mucha tristeza y vergüenza. Mary Jane estaba triste por no haber logrado generar una mejor relación con Steve y sentía vergüenza y miedo de haber hecho algo mal, de haber fallado. Recuerdo haber pensado: *"¡Ajá, conque este es el cocodrilo subyacente que hace que esto sea tan difícil para ella!"*. Al analizar este miedo un poco más, descubrimos que, durante toda su vida, Mary Jane había tenido mucho miedo de fallar. Ella provenía de una familia de escasos recursos que fue desalojada de su apartamento varias veces. La primera vez que terminaron en la calle con todas sus pertenencias, Mary Jane todavía era una niña. Aun recordaba haber ido a la escuela al día siguiente y lo avergonzada que se sintió. Sus compañeros de clase habían aumentado su pesadilla burlándose de ella por no tener hogar. Mary Jane aprendió que el fracaso, en este caso, de no pagar el alquiler a tiempo, tiene graves consecuencias y es algo de lo que ella debe avergonzarse. Después de 40 años, su cocodrilo autovergonzante se hizo cargo de sus emociones cuando ella escuchó que Steve estaba renunciando. La noticia la paralizó. Cuando revisamos esto juntos, Mary Jane se enteró de que la vergüenza que sentía ahora no tenía nada que ver con Steve, sino que era una repetición del viejo video de aquella niña ansiosa que tuvo que presentarse a la escuela después de haber pasado su primera noche en la calle como una persona sin hogar. *¿Es absolutamente cierto que deberías sentirte avergonzada de que Steve se vaya?* Entre ambos, exploramos haciendo el ejercicio del árbol (ver Capítulo 6). "No", respondió Mary Jane y exhaló. *¿Cómo reaccionas cuando crees que deberías sentirte avergonzada de que Steve se vaya?* "Me paralizo, sigo pensando en todo lo que hice mal, no puedo hablar con Steve ni con mis otros colegas, porque tengo miedo de lo que pensarán de mí y esa idea no me deja concentrarme, ni hacer mi trabajo", reflexionó Mary Jane. Cuando hizo los "cambios", sus ojos se iluminaron. "Debería estar avergonzada de haberme abandonado a si misma" fue el primero de ellos. Mary Jane vio que se estaba abandonando al escuchar a su "cocodrilo avergonzante" que no le dejaba ninguna capacidad mental para cuidar de su propio bienestar, ni del bienestar del equipo. "Debería estar feliz por el hecho de que Steve se vaya" fue su segundo cambio. Mary Jane comprendió que su trabajo no consistía en saber qué era lo mejor para Steve, pues ese era trabajo de Steve. Steve estaba cuidando a Steve. Esa era una razón para sentirse feliz. Su tercer cambio fue: "Debería estar feliz por mí de que Steve se vaya". Steve cuida de Steve fue un recordatorio para Mary Jane de que ella también debe hacer lo mismo. Y no solo para ella. También fue un recordatorio para el resto de su equipo.

Si yo me hubiera rendido ante sus cocodrilos de ansiedad e ira, dándoles el control sobre nuestra conversación de entrenamiento, no hubiera habido lugar a un verdadero aprendizaje. Manteniéndonos firmemente arraigados en el amor incondicional, separados de cualquier turbulencia emocional, podemos ser empáticos con las emociones de nuestros entrenados sin involucrarnos en ellas. Más bien, indagamos al respecto y descubrimos junto con ellos qué creencias de cocodrilos hay detrás de estos sentimientos y pensamientos reactivos y les ayudamos a descubrir más de quiénes son ellos realmente cuando se liberan de estos "monstruos que habitan debajo de la cama".

Queremos ser capaces de sentir claramente las emociones del entrenado —son "asesoras" que contribuyen a valiosas oportunidades de crecimiento—. El autor Stephen Covey parafraseó a Viktor Frankl (el psiquiatra y sobreviviente del Holocausto que conocimos en el Capítulo 2), diciendo que "entre el estímulo y la respuesta se encuentra la libertad de elegir". Como entrenadores, les ayudamos a los entrenados a acceder a esa libertad siendo una superficie reflexiva sobre la cual ellos puedan optar bien sea por mirar en su interior o hacia otro lado. Cuando los entrenados se miran en el espejo limpio que les ofrecemos, logran descubrir de qué emociones huyen y cómo estas pueden ser una puerta valiosa para liberar las creencias de cocodrilo que limitan su libertad e inspiración.

CI: COCIENTE DE INTELIGENCIA

Además del CS y el CI, tendremos que tener un alto CI (IQ según su sigla en inglés), o cociente de inteligencia, para ser impactantes. Para un entrenador, el CI consiste en tener un proceso que se base en la precisión, la practicidad y la claridad.

Ser entrenador es un oficio como todos lo demás. Para cocinar una buena comida, debemos estar familiarizados con nuestros ingredientes y recetas. Un coeficiente intelectual de alto entrenamiento le proporciona al entrenado la sensación de comodidad de que está en manos expertas. Una sesión de entrenamiento tiene un comienzo, un medio y un final. Un gran entrenador sabe cómo ayudarle a un entrenado a pasar por estas etapas cn una sesión sin forzar nada. Más adelante, en este mismo capítulo, aprenderemos un proceso para hacer esto. Se llama G.R.O.W. (crecer).

Una excelente manera de crear precisión y claridad es pedirle al entrenado algunos ejemplos específicos. Cuando estoy en una sesión de entrenamiento con mi entrenadora, ella me pregunta: "Bien, cuéntame sobre un desafío que estés enfrentando en este momento. Dices que te sientes ansioso. ¿Por qué específicamente estás ansioso?".

Lo que sea que me preocupe estará relacionado con alguna creencia de cocodrilo que tenga. Entonces, tan pronto como tenga en mis manos a este cocodrilo, me libero de él. Para domarlo, primero debemos nombrarlo. Cuando hacemos preguntas que exploran la realidad que percibe el entrenado, trabajamos como talladores que, poco a poco, van convirtiendo la piedra en estatua, en búho al cocodrilo.

Y para que este sea un ejercicio práctico, le ayudamos al entrenado a aplicar sus aprendizajes en ese mismo momento, aquí y ahora. Al final del entrenamiento, resultará útil preguntarle: *"¿Cuáles son las tres formas en que practicarás esto? ¿Qué te comprometes a hacer de manera diferente ahora?".*

NI: COCIENTE DE INTUICIÓN

Otra cualidad central de la labor de entrenamiento es nuestro cociente de intuición (NQ, según su sigla en inglés). Esta es nuestra capacidad de reflexión y le ayuda al entrenado a hacer nuevas conexiones y descubrir patrones que no había visto antes. Lo logramos al estar bien sintonizados con nuestros entrenados, sabiendo intuitivamente qué preguntas hacerles. La intuición le ayuda al entrenador a guiar la conversación; tenemos la capacidad de percibir en nuestro interior cuál de los muchos temas que cada uno de nuestros entrenados ha tocado nos proporcionará el campo más favorable para que ellos aprendan aquí y ahora. Luego, con ayuda de nuestra intuición, deducimos las preguntas clave que les ayudarán tanto a ellos en su labor como a nosotros a ayudarles.

A veces, los entrenadores altamente intuitivos comienzan con una pregunta sin saber qué habrá al final de la misma, ya que solo actúan en función de la conexión que está fluyendo en el momento. Cuando un entrenador tiene un alto NI, también puede ayudarles a sus entrenados a acceder y desarrollar aún más sus NI. Algo que mi entrenadora Jonelle Reynolds hace muy bien es intuir qué me está pasando. Entonces, genera un espacio sin prejuicios en el que yo pueda expresarle lo que siento. Cuando comenzamos nuestra sesión, ella no tiene ninguna pregunta preparada, pero cuando ya me ha escuchado, me hace una pregunta que va directo al meollo del asunto. "En una escala del 1 al 10, ¿cuánto te amas?". Recuerdo que, desde nuestro primer encuentro, esa fue la primera pregunta que ella me hizo. Mi falta de amor propio era mi principal obstáculo en el reto al que me enfrentaba en ese momento. Debo decir que el viaje hacia amarme más plenamente es una tarea en la que continúo trabajando cada día.

En todo caso, una excelente manera de comenzar a desarrollar nuestra intuición es observando *qué dice este momento*. Dicho de otra forma, *¿qué dice mi corazón?* Recuerda que la intuición está asociada con frecuencias cerebrales theta y delta más bajas. Si queremos desarrollar nuestra intuición, necesitamos estar calmados; para lograrlo, es aconsejable usar meditación, respiración consciente, contemplación y estar rodeados de la naturaleza. Además, suavizar nuestra mirada, hacerla afable, benevolente, también nos ayuda a acceder a más de nuestra sabiduría intuitiva.

Un maestro mío decía que "es difícil ser simple y es simple ser difícil". Cuando accedemos a la intuición, comenzamos a ver la esencia de las cosas con facilidad y sin esfuerzo — descubrimos que, con frecuencia, es simple verlas de esa manera—. Lo que ocurre es que nuestra mente de cocodrilo se complica. Los cocodrilos se preocupan y nos preguntan: *¿pero qué hay de esto y qué hay de aquello?* Lo hacen para asegurarse de que hayamos cubierto todas nuestras bases y no nos sorprenderemos más adelante en el camino. Luego, a medida que los cocodrilos se escabullen, nuestro búho toma control y pregunta: *¿cuál es la causa del problema?* Entonces, las ideas emergen naturalmente. Los cocodrilos forcejean, mientras que los búhos se concentran y observan.

CC: COCIENTE DE CONTENTAMIENTO

El último cociente, que llamamos CC (CQ, según su sigla en inglés) que significa cociente de contentamiento o satisfacción, es útil para recordarnos que somos amor incondicional, de corazón, y que es posible extenderlo hacia nuestros entrenados sin importar qué. Manifestamos amor incondicional en una conversación de entrenamiento al crear un espacio seguro, donde aplicamos el acrónimo L.O.V.E. —dejar que otros evolucionen voluntariamente—. Cuando descansamos en el amor incondicional, nos sentimos naturalmente seguros, contentos y alegres, ya que descansamos en nuestra esencia de búho lejos de las interferencias de los cocodrilos. En ese lugar, nos extendemos, por pura presencia, en un campo de aceptación y amor que nutrirá de forma natural a nuestros entrenados y los ayudará a crecer. Estamos contentos, porque, en el fondo, sabemos que *todo está bien*, que todos somos amor incondicional sin importar lo que esté sucediendo y cómo se sientan nuestros cocodrilos al respecto. Todos tenemos personas con experiencia que nos iluminan de esta manera.

Cultivamos el CC siendo conscientes, dejando que nuestro corazón se llene del amor y de la belleza del momento presente, desentendiéndonos de todos los movimientos de cocodrilo en la pantalla de nuestra conciencia, así como en nuestras historias mentales y emocionales. Paradójicamente, mientras más nos mantenemos desinteresados de todo esto, más surge una gran intimidad con nuestro entorno. El límite entre tú y yo deja de ser tan difícil —se suaviza y comenzamos a ver unidad en todas las cosas.

Según el biógrafo de Gandhi, Eknath Easwaran: "Cuando Gandhi logró quitarse la máscara y 'convertirse en cero' a través de muchos años viviendo para otros y nunca para sí mismo, descubrió que lo que había eliminado de su personalidad era solo su lugar propio, su egoísmo, su miedo. Lo que quedaba en él era el amor y la valentía que habían estado escondidas allí todo el tiempo". El entrenamiento es una excelente manera de practicar el camino del cero, el camino del amor incondicional.

Otra forma de practicar el amor incondicional es ver al niño dulce e inocente en cada persona. Piensa en aquellos con los que estás trabajando. Imagínatelos a la edad de un año. Observa sus caritas, sus ojos, su inocencia, su asombro y quizás también los comienzos de sus miedos, cuando se preocupaban por asuntos como "*¿Me alimentarán a tiempo?*" "*¿Alguien estará allí cuando yo despierte?*". En el fondo, ellos, al igual que tú, solo quieren ser felices. O sea que, observa cómo tú y ellos son muy similares. Contempla esta verdad por unos minutos y observa cómo tus sentimientos hacia los demás se van volviendo más afables. Tu corazón está abriéndose a ellos y entrando en una sensación más profunda de que todo está bien. Al hacer esta práctica, aprendemos a sentir amor por los colegas, incluso por aquellos que nos molestan; por los extraños que vemos caminando por la calle; por las personas que nos han lastimado y por cualquier otra persona, por todos a quienes miramos desde esta luz de inocencia. Cuando vemos que quienes nos rodean son criaturas inocentes y que cada una está haciendo lo mejor que sabe, nuestro corazón se abre para amar a todos los seres sin condiciones. En ese espacio, es fácil que el espejo permanezca limpio, dispuesto para L.O.V.E., sin objetivo alguno en nuestras agendas.

LA CALIDAD 5C DE NUESTRO SER

La calidad de nuestro ser, que consta de los cinco cocientes combinados, es la herramienta más poderosa que tenemos para transformar una sesión de entrenamiento en un espacio para lograr crecimiento instantáneo. Imagínate cómo sería entrar en una sesión de entrenamiento en la que estés inspirado (CS); hasta el brillo de tus ojos le ayudaría a tu entrenado a ver sus desafíos como una invitación a crecer. Ahora, piensa en ese entrenado que se siente ansioso. Observa cómo se relaja a medida que tú lo guías con la ecuanimidad propia del desapego emocional (CE). ¿Y qué hay de aquel que se encuentra en medio de una situación confusa, siendo arrastrado en diferentes direcciones? ¿Ves cómo tu enfoque (CI) en este momento le ayuda a lograr claridad? ¿Y cómo tu paciencia (NI) para dejar que las ideas le muestren intuitivamente cual es el camino es un gran beneficio para tu entrenado? ¿Y qué decir cuando transpiras la energía del contentamiento y la satisfacción (CC) sabiendo que todo está bien? ¿No crees que todos esos atributos les ayudarán a tus entrenados a encontrar su camino con más facilidad?

A pesar de que podríamos tener una sesión de entrenamiento sin intercambiar palabras, confiando por completo en la calidad de nuestro ser en el momento —la cual podría funcionar de maravilla, como una especie de meditación silenciosa conjunta—, querremos saber qué decir y cuándo. Tener un proceso claro en mente ayuda, sobre todo, cuando comenzamos a servir como entrenadores.

¿Dónde comenzamos la conversación? ¿Dónde nos enfocamos? ¿Cómo terminamos la sesión? Exploremos entonces un simple proceso de entrenamiento que se desarrolló a fines de la década de 1980 en el Reino Unido y se usa ampliamente en el entrenamiento corporativo. Se llama el proceso *G.R.O.W.* (crecimiento), acrónimo de *Goal* (objetivo), *Reality* (realidad), *Options* (opciones) y *Wrap up* (resumen). Piensa en este proceso como en los títulos que conforman los capítulos de una conversación de entrenamiento. Aquí, aplicarás todas y cada una de las estrategias que aprendiste en este libro, como cocodrilo y como búho. Estas son: conciencia del yo-nosotros-ello, familias de miedos, intenciones y personajes de S.U.C.C.E.S.S., balance entre el Yang y el Yin, "el árbol" y "el trabajo". Todas ellas serán las herramientas con las cuales tú escribirás tus propios capítulos. Y, por supuesto, también usarás muchas otras herramientas. Simplemente, aplica las que te funcionen y deja que el proceso *G.R.O.W.* se encargue del resto. Veamos cómo funciona esto en la práctica.

PROCESO DE ENTRENAMIENTO *G.R.O.W.*

Nuestro entrenado llegará en cinco minutos y este será nuestro primer encuentro. ¿Qué haremos?

Primero, sintonicémonos en el momento presente y activemos nuestro CC, puesto que necesitamos ser un espejo limpio y seguro desde la primera interacción con nuestro entrenado, sin poner las cargas de nuestro día, ni nuestras necesidades, ni nuestros deseos, ni nuestros miedos sobre el entrenado. *Este es su momento* y no el nuestro. Solo estamos aquí para guiarlo, ya que está listo para ser guiado. Antes de decir algo, es bueno recordarnos a nosotros mismos que debemos permanecer enraizados en nuestra intención incondicional consciente: *¿quién pretendo ser en esta conversación sin importar el resultado?*

Luego, el entrenado llega al lugar de encuentro. Lo conocemos un poco; tal vez, compartimos algo sobre nosotros y lo invitamos a hacer lo mismo.

Antes de continuar, establecemos la relación como una relación de entrenamiento. En esto consiste la primera parte del encuentro: en establecer los límites que dejen en claro que esta conversación es segura y que el encuentro consiste en un entrenamiento. Así, tanto tú como entrenador y él o ella como entrenados se sentirán más decididos y seguros. Si todavía sentimos que la relación necesita centrarse en lo que es y para lo que es, es posible que necesitemos volver a limitar la interacción varias veces durante la conversación.

Con el fin de generar una relación de entrenamiento es útil preguntar: "¿Estás dispuesto(a) a ser entrenado(a) por mí?". Si la respuesta es sí, conviene compartir un poco sobre lo que eso significa y verificar si nuestro entrenado se siente cómodo con el proceso. Podríamos decir algo como: "Todo en este entrenamiento es para tu crecimiento. Daré lo mejor de mí para ayudarte. Te escucharé y, a veces, te desafiaré si veo que el desafío te será útil. Y habrá ocasiones en que quizá te señale algo en especial. Sin embargo, en todos los casos, *tú sigues siendo el experto en ti mismo*, es decir, nada de lo que yo te pregunte o te diga es cierto, a menos que algo dentro de ti te indique que lo es. Olvídate del resto. No me ofenderé. Además, te haré preguntas, pero no te daré respuestas, sino que te ayudaré a encontrar tus propias respuestas. ¿Te parece que funcionará así? ¿Qué más te gustaría poner en marcha para crear un entorno de aprendizaje óptimo a tu favor?".

OBJETIVO (GOAL)

Entonces estamos listos para entrar en la G equivalente a la exploración de los objetivos del proceso de *G.R.O.W.* (crecimiento). Comencemos con una pregunta abierta: "¿Qué está pasando? ¿De qué te gustaría hablar hoy?". Algunos entrenados se sumergirán de inmediato en lo más profundo de su ser y hablarán sobre un miedo que no logran manejar. Sin embargo, la mayoría de ellos comienza con un desafío práctico. ¿Recuerdas "el árbol" (ver Capítulo 6)? La mayoría de la gente hablará primero sobre lo que ve en la superficie —los resultados y las acciones-; muchos no están enfocados en el paisaje interno de las creencias, los miedos y las necesidades que subyacen a su realidad externa.

John, un gerente de producto, comenzó su sesión de entrenamiento diciéndome: "No estamos logrando la interacción que necesitamos con el departamento de ingeniería para garantizar el lanzamiento de nuestro producto a tiempo y me gustaría cambiar eso".

En este punto, podríamos comenzar con este objetivo; quizá, sería mejor explorarlo un poco más. La mayoría de las personas no se da tiempo para pensar qué es lo que en realidad quiere que suceda. En nuestra sociedad, hemos sido condicionados a creer que necesitamos seguir siendo productivos —y seguir siendo productivos significa que no tenemos tiempo para pensar en cosas "poco prácticas" como las que nos importan en realidad—. En las sesiones de entrenamiento, creamos espacio para esta reflexión. "¿Qué te gustaría que pasara, John?", le pregunté. Es tan simple, y sin embargo… inténtalo y hazte esta pregunta. Te llevará a lugares en los que no has estado antes.

Ayudamos al entrenado a tomar conciencia de sus objetivos más importantes al preguntarle sobre el "yo" (sí mismo), el "nosotros" (su relación con los demás) y el "eso" (su eficacia en el cumplimiento de sus tareas). A menudo, los entrenados comienzan con el "eso". En nuestro entrenamiento condicionado para sobrevivir, la mayor parte de nuestra atención va allí —y como era de esperarse, la respuesta inicial de John fue sobre el "eso"—. Más que todo, él estaba preocupado por el lanzamiento a tiempo del producto, o eso parecía. Cuando le pregunté sobre lo más importante que él quería ver que sucediera con su relación con el departamento de ingeniería, me dijo: "Quiero que prioricen la finalización de nuestro producto sobre todos los demás". Otra respuesta basada en el "eso".

Como entrenadores, siempre respetamos las respuestas de nuestros entrenados. Cada uno de nosotros interpreta la realidad a su manera; las respuestas de los entrenados reflejan la lente a través de la cual ellos ven su mundo. Y no hay problema en ello. Solo estamos aquí para ayudarlos a descubrir oportunidades para aumentar sus perspectivas en la medida en que ellos estén interesados. Varias veces más, y de diferentes maneras, le hice la misma pregunta a John sobre qué era aquello que él quería que

sucediera y su respuesta se mantuvo igual: que el departamento de ingeniería priorizara la finalización de su producto por encima de los demás.

Con esa claridad y enfoque, sabemos que es hora de seguir adelante
en el proceso. Volveremos al objetivo más tarde, una vez que hayamos
observado más de cerca la realidad que percibe el entrenado.

REALIDAD (*REALITY*)

Observar la realidad, la R en el proceso *G.R.O.W.* es quizá la parte
más importante de la sesión de entrenamiento. Ganamos libertad cuanto más discernimos entre lo que es realidad y las ilusiones que *creemos*
que son ciertas. En el entrenamiento, tener coraje es atreverse a mirar
la realidad a la cara y decirle: "Estoy 100% aquí para ti. Tú también
muéstrate ante mí el 100%".

La pregunta R que le hice a John fue: "¿Qué está pasando?".

"Hemos tenido varios retrasos con nuestro producto y no confío en
que lo tendrán listo a tiempo", me dijo. Otra respuesta sobre la dimensión del "eso". Seguí con una pregunta sobre el "yo":

"¿Cómo te sientes con respecto a esto, John?". En este punto de la
conversación de entrenamiento estamos ayudándole a nuestro entrenado a tomar conciencia de las lentes a través de las cuales está percibien-
do la realidad en el momento; queremos ayudarle a que pase del estado
inconsciente-no calificado al consciente-no calificado. Como escribió
Einstein, "los problemas no pueden resolverse desde la misma conciencia que los creó".

"Deberían hacer lo que nos prometieron. Ellos saben hacer mejor las
cosas", respondió John. Muchos entrenados, como John, responden a
una pregunta de sentimiento con pensamientos. Esto es comprensible,
ya que para muchos de nosotros, los pensamientos están más cerca de la
superficie de nuestra experiencia que los sentimientos. Para una persona
que no está familiarizada con la introspección, nombrar sentimientos
puede ser un concepto extraño. Entonces, ayudé a John un poco.

"¿Y cómo te sientes al respecto, John? ¿Frustrado, ansioso, molesto,
triste, curioso?".

"Bueno, es obvio que me siento frustrado", contestó él. "¡Y así llevo sintiéndome desde hace un tiempo!".

En este punto, hay muchas maneras excelentes de proceder como entrenadores. Podríamos comenzar a identificar los sistemas de creencias de cocodrilos subyacentes que alimentan la ansiedad de John; podríamos ver cómo está su equilibrio del Yin y el Yang hasta ahora; podríamos ir directo a entrenarlo para tener una conversación de crecimiento con el departamento de ingeniería; incluso podríamos proponerle una sesión de meditación de permanencia en presencia para ayudarle a experimentar la bondad que subyace en sí mismo, en el departamento de ingeniería y en medio de la situación, y despertar una sensación de amor incondicional en él. Y, sin embargo, lo más probable es que ninguno de estos enfoques fuera el adecuado para lo que John preguntaba, ni para el momento del proceso en el que él se encontraba. No podemos obligar a alguien a profundizar cuando está experimentando una gran curiosidad por ver lo que sucede en la superficie. Recuerda la historia de la mariposa que salió del capullo antes de tiempo.

DOS PERSPECTIVAS:
DE VÍCTIMA Y DE DOMINIO PROPIO

Entonces, ¿qué hay que hacer? Para los entrenados como John— así como para muchas personas que viven desde esta perspectiva—, *el mundo les está haciendo cosas.* No es justo y ellos se sienten impotentes ante eso. Su interés en el crecimiento es aprender a protegerse del mundo o a controlarlo de la mejor manera posible. Esta es conocida como una mentalidad de contracción o reptiliana, pero, para una persona que vive en esta percepción de la realidad, esa distinción puede no ser útil todavía. Entonces, ¿qué sí sería útil?

Para una persona que se siente impotente, la idea de autoempoderarse es atractiva. El autoempoderamiento es un trampolín hacia el crecimiento. Cuando comenzamos a asumir la responsabilidad de nosotros mismos, despertamos en nuestro interior la curiosidad sobre quiénes somos en relación con lo que sucede a nuestro alrededor. Pasamos de estar principalmente interesados en la realidad física a dirigir nuestra atención a la realidad mental, liderando el camino para, en determinado momento, explorar la tercera realidad trascendental (ver el Capítulo 5 para revisar la descripción de estas tres realidades).

Sin embargo, observa cuán frecuente en la mayoría de nosotros es la energía de la victimización, de la impotencia, independientemente de cuál sea nuestra etapa de desarrollo. ¿Qué decimos cuando llegamos tarde a una reunión? "Fue por el tráfico", "Estaba atrapado en otra reunión" o "Mi jefe me retuvo". Decimos esto porque uno de nuestros cocodrilos — ¿recuerdas al chico bueno/la chica buena? — está secuestrando nuestra atención. Culpamos a nuestras circunstancias externas, como el tráfico, con tal de mantener nuestro sentido de inocencia, por lo menos, de manera temporal.

Lo negativo de culpar a otros o a situaciones externas es que generamos impotencia y estancamiento en nosotros mismos. ¿Cuál es la probabilidad de que lleguemos a tiempo la próxima vez a una reunión si seguimos pensando en cómo el tráfico "nos hace" llegar tarde? ¡Ninguna! Nuestra mente no permitirá espacio para buscar nuevas posibilidades de acción si estamos bajo el control de una mentalidad de culpa, de pensar que somos víctimas de otros.

¿Cómo salirnos de ahí? Primero que todo, tomando conciencia de que estamos atrapados en la mentalidad de víctimas y decidiendo que adoptaremos una mentalidad diferente a la cual llamaremos mentalidad de dominio propio. Así, ya no permaneceremos en la mentalidad de víctimas. Desde un lugar de dominio propio, asumiremos el hecho de llegar tarde como uno en el cual participamos. "A sabiendas de que el tráfico estaba pesado, salí tarde de mi casa" sería una respuesta más consciente de parte nuestra a la pregunta "¿Por qué llegaste tarde a la reunión?", pues da cuenta de nuestras propias acciones y abre la puerta hacia una introspección más profunda de las creencias y temores que subyacen a nuestra acción ineficaz. Así es como cada *inconveniente* se convierte en una *oportunidad* para el aprendizaje. Tomamos responsabilidad y sentimos interés con respecto a nuestra participación en ello.

Por supuesto, la desventaja de asumir la responsabilidad propia es la ansiedad que sentimos, ya que desviamos nuestra atención del entorno externo para enfocarla en nosotros. Puede que no nos guste lo que estamos viendo cuando nos miramos a nosotros mismos, a nuestro interior, por primera vez. Puede que no nos guste la idea de que hayamos contribuido a llegar tarde, por ejemplo; puede que tampoco nos guste el hecho de que todavía no hayamos aprendido nuestras lecciones en cierta(s) área(s) de nuestra vida.

A medida que nos sentamos por completo en el banquillo de los acusados de nuestra propia vida, la *única* persona a la cual podremos cambiar es a nosotros mismos. Sin embargo, si estamos viviendo en la cosmovisión de que somos una buena persona que tiene todo resuelto y nunca comete un error —recuerda la familia de miedos #3, el miedo al fracaso—, este banquillo puede llegar a ser un lugar muy doloroso, pues nos juzgamos a nosotros mismos por ser imperfectos. Por esa razón, es que duele tanto el dominio propio sin amor incondicional. Debemos ver nuestra parte de responsabilidad en el tema en cuestión y, al mismo tiempo, la inocencia absoluta en cada pensamiento y acción que hayamos tenido.

Para ayudar a John a avanzar hacia una mayor conciencia y autocontrol, le hice una serie de preguntas que Fred Kofman y otros me enseñaron a usar como herramienta útil para ayudar a lograr el cambio de la mentalidad de víctima a la de dominio propio:

1. ¿Cuál es tu desafío en las dimensiones del "yo", el "nosotros" y el "eso"?

2. ¿Cómo has respondido hasta ahora?

3. ¿Cuál ha sido el impacto de tu respuesta en todas y cada una de estas dimensiones?

4. ¿En cuál de ellas sientes el mayor incentivo para hacer que el cambio ocurra lo más pronto posible?

John respondió a la primera pregunta de la siguiente manera: "Me siento estresado por esto todo el tiempo. En realidad, no estoy durmiendo bien. Y lo que más me molesta es que Sigmund y yo solíamos ser buenos amigos y ya ni siquiera nos vemos desde que él se convirtió en el jefe del departamento de ingeniería. Supongo que ya no confiamos el uno en el otro y la situación empeora a medida que pasa el tiempo. Ya tuvimos tres retrasos en el lanzamiento porque Sigmund y su equipo no cumplieron y ahora estamos a punto de tener el cuarto. ¡Esto es inaceptable!".

¡Por fin, el gato saltó fuera de la caja! Ahora sí podríamos mirar bien la situación, con ojos de amor incondicional. "Entonces, John, ya que es evidente que esto te está molestando, ¿cómo has respondido hasta ahora al asunto? ¿Qué has hecho *tú* para mitigar el riesgo de un cuarto retraso del lanzamiento?".

"Bueno, les he explicado la situación en numerosas ocasiones y les he enviado numerosos correos electrónicos. ¿Y sabes? No he obtenido respuesta. ¡Simplemente, me están ignorando!". A pesar de su respuesta desviada y de su mentalidad de víctima a mi pregunta, poco a poco, se estaba formando un sentimiento de conciencia en él.

"John", le pregunté, "¿cuál ha sido el impacto de tu respuesta hasta ahora, hablándoles y enviándoles correos electrónicos para reducir tu estrés, reconstruir la relación con Sigmund y obtener lo que necesitas para lograr hacer un lanzamiento oportuno?".

John bajó la mirada abatido y dijo: "¡Cero! ¡Nada! ¡Nada! Cada día que pasa, las cosas se ponen más tensas y parece que nos estamos quedando cada vez más atrás… no hay nada que yo pueda hacer". Una vez que llegamos al nivel de conciencia de decir "no puedo", surge a la vista la oportunidad de crecer en el campo del dominio propio. Esa es una parte hermosa del viaje de entrenamiento.

A continuación, le pregunté: "¿Quién tiene el mayor interés en que el cambio suceda ahora?".

Al principio, John reaccionó diciendo: "Bueno, ¡Sigmund debería entender mejor la situación! ¡Él sabe que el crecimiento de nuestra empresa depende de que este producto se envíe a tiempo!"

"Sí", le respondí. *"Pero en este momento, ¿quién es consciente de que algo necesita cambiar ahora?".*

John suspiró y agregó: "Bueno, ese soy yo, supongo. No… Quiero decir, por supuesto, yo. Lo sé, pero ¿qué puedo hacer?". La energía de John había pasado de sentirse frustrado a algo interesado. A veces, nuestros entrenados tardan un tiempo en aceptar que la mejor opción es el dominio propio. Se requiere coraje para tomar el asiento del conductor en nuestra vida.

OPCIONES (*OPTIONS*)

Tomar el asiento del dominio de uno mismo en cualquier desafío es pasar de la reactividad a la creatividad. Una vez que John ocupó su asiento de dominio propio, la conciencia y las percepciones comenzaron a fluir con más facilidad. Ahora, yo podría preguntarle:

1. ¿Qué te gustaría que *en realidad* sucediera en las dimensiones del "yo", el "nosotros" y el "eso"?

2. ¿Cómo podrías responder de una manera que te haga sentir satisfecho y aumentar tu efectividad?

"Para tu propia satisfacción, ¿qué te gustaría que pasara en tu relación con Sigmund y su equipo y en tu efectividad?".

John respondió: "Me gustaría confiar en que estamos trabajando juntos para lanzar este producto con calidad y que Sigmund y yo volviéramos a ser amigos". Sonrió al decir esto. Todo sonaba muy simple. Y, sin embargo, este nuevo objetivo era muy diferente al que John manifestó al comienzo: que el departamento de ingeniería actuara de acuerdo a sus prioridades. Observa la diferencia de energía en estos dos objetivos:

- Quiero que ellos cambien.
- Me gustaría confiar en que estamos trabajando juntos por un objetivo común y volver a ser amigos.

Observa que el segundo objetivo ofrece más posibilidades de acción que el primero. El primero, conduce a la culpa, a la espera y a la autocompasión. El segundo, nos lleva a ser proactivos, a estar atentos y enfocados.

Nuestra meticulosa exploración de la percepción de la realidad por parte de John había generado nuevas opciones de aprendizaje y eficacia para él, pasando de la culpa al autocontrol y de la separación a la construcción de relaciones.

"¿Cómo podrías responder de tal manera que te sintieras satisfecho y aumentaras tu efectividad?", le pregunté a John.

"Lo que realmente necesito hacer es sentarme con Sigmund y conversar con él, preguntarle qué le está sucediendo para que actué de esta manera. Él no es un mal tipo, eso yo lo sé. Además, necesito explicarle cuál es mi preocupación", manifestó John.

"¿Cómo te sientes al decir eso?", le pregunté.

"Bueno, bien", dijo John. "¿Y sabes? También necesito crear un plan de respaldo en caso de que Sigmund no alcance a cumplir. En la compañía hay otros equipos de ingeniería que podrían echarnos una mano". Cuando abrimos nuestra conciencia hacia lo que es verdad, las posibilidades comienzan a fluir en abundancia.

Para ampliar aún más nuestra percepción de lo que es posible ayuda el hecho de pensar en las personas que admiramos. Podemos preguntarles a nuestros entrenados: "¿A qué grandes líderes admiras? ¿Y por qué?". Luego, viene otra pregunta: "Por unos minutos, piensa que eres uno de ellos. ¿Cómo crees que él o ella responderían a tu desafío?". Las ideas sorprendentes provienen de vincular nuestra conciencia con la imagen de un gran líder. Cuando pensamos como ellos, nos convertimos en ellos por un momento y comenzamos a ver las posibilidades que ellos verían si estuvieran en nuestros zapatos.

RESUMEN *(WRAP UP)*

Todavía no hemos terminado, pues solo hemos definido nuestras posibilidades de acción. "Entonces, John, *¿qué harás y cuándo?*". John se sentó en posición recta y dijo: "Bueno, programaré una reunión con Sigmund de inmediato… hoy. Y mañana, comenzaré a trabajar en un plan de respaldo con mi equipo".

Para ayudarlo a crecer en medio de esta situación, más allá de la simple solución del problema a corto plazo, le hice una pregunta que resulta muy apropiada para encender el fuego del crecimiento en nosotros: "*¿Cómo estás creciendo* a través de esta experiencia, John?".

"Bueno, me siento mucho mejor ahora que veo qué más puedo hacer al respecto. Veo que quedarme en la mentalidad de culpar y ser víctima no me ayudó y que el hecho de centrar mi atención en lo que estoy en capacidad de hacer me hace más eficaz".

Luego, le hice otra pregunta: "*¿Cómo te sientes ahora?*". John dijo que, ahora que veía lo que podía aprender de la situación y cómo podía resolverlo, se sentía más optimista y calmado.

Para resumir, terminamos cada sesión de entrenamiento combinando la afirmación del Yang y la reflexión del Yin. Invitamos a nuestro entrenado a afirmar su compromiso de acción y crecimiento. Además, lo animamos a mantenerse abierto a los aprendizajes que encuentre a su paso. La vida es nuestra mejor maestra. Lo más probable es que el entrenado logrará cada vez más un mayor avance viviendo su vida fuera del entorno de entrenamiento formal. Por último, concluimos la sesión preguntándole: "¿Cómo pondrás en práctica tu aprendizaje?".

Después de que John y yo discutimos algunas formas de practicar sus aprendizajes, incluyendo escribir, hacer caminatas reflexivas y pausas en el medio de su día para pensar en sus asuntos y revisarlos, John compartió conmigo su compromiso de crecimiento: "Practicaré reflexionando durante dos minutos diarios sobre dónde y cómo transformé mi mentalidad de víctima en una mentalidad de dominio propio ese día. Además, me encargaré de las situaciones en que, a lo largo del día, mi mentalidad de víctima me ganó y buscaré maneras de abordarlas mejor la próxima vez".

RESUMEN DEL PROCESO *G.R.O.W.*

El proceso *G.R.O.W.* (crecimiento) ofrece un camino claro para entrenadores y entrenados. Aquí, los pasos de este proceso han sido presentados de manera lineal, aunque a menudo, las conversaciones no suelen ser lineales. Cuando comencemos a entrenar a otros, será útil seguir este flujo de preguntas básicas:

Objetivo *(Goal)*: ¿Qué te gustaría que sucediera realmente?

Realidad *(Reality)*: ¿Qué está pasando?

Opciones *(Options)*: ¿Qué podrías hacer?

Resumen *(Wrap up)*: ¿Cómo estás creciendo? ¿Qué harás?

UN LÍDER DE CRECIMIENTO COMO ENTRENADOR

Eknath Easwaran escribió que, "como seres humanos, señaló Gandhi, nuestra grandeza no radica tanto en ser capaces de rehacer el mundo fuera de nosotros —como la mayoría cree—, sino en ser capaces de convertirnos a nosotros mismos en el modelo de logro humano más elevado del que se tenga noticia".

Como líderes de crecimiento, aprendemos a apreciar el infinito potencial del ser humano. A medida que avanzamos en la realización de este potencial, es inevitable que lo siguiente sea descubrir que en nosotros yace una desinteresada capacidad de servicio. Estamos programados para ayudar a otros. Cuando comenzamos a ver nuestro propio potencial infinito, lo reconocemos en los demás y comprendemos que la presencia, el potencial infinito y el amor nos unen.

Así las cosas, entrenar a otros se convierte en un acto natural de autoexpresión, tan natural como el árbol que da sombra a su entorno; tan natural como el sol compartiendo su calor. Para algunos, esta capacidad es su verdadera pasión en la vida. En cambio, otros la ven como uno de muchos llamados. Gandhi no era solo político, líder espiritual, escritor, padre, esposo, amigo, activista, entrenador, consejero, bromista, vegetariano, abogado o gurú. Él sirvió en todos estos roles, según fueran necesarios, con una energía inagotable. A medida que envejecía, se volvió más energético. A los 70 años, se iba a dormir alrededor de las 11:00 p.m. y se despertaba hacia las 3:00 a.m. o 4:00 a.m. para hacer su meditación; luego, dedicaba el resto de su día al servicio desinteresado. Gandhi no comenzó de esa manera, sino que, poco a poco, se convirtió en un ser que dominaba la capacidad de encarnar el amor infinito a través de su inquebrantable devoción a su ideal y a su compromiso de continua autotransformación.

Día y noche, la gente llegaba a visitar Gandhi con sus problemas, incluidos los líderes políticos de India y otros países. Según su biógrafo, "por lo general, pasaban solo unos minutos antes de que tales visitantes se encontraran riendo a pesar de sí mismos con alguno de los chistes de Gandhi, y cuando se iban, por alguna alquimia de personalidades, se iban relajados, llenos de entusiasmo e inspiración, listos para enfrentar sus problemas con una perspectiva clara y un nivel de fortaleza más profundo".

Podemos ser nuestros propios entrenadores y también de los demás, recordándonos que somos gigantes desinteresados y dormidos que anhelan despertar a otros y despertarse con el interés humano del uno en el otro. Al final, ser entrenador es justo eso —una inquebrantable devoción por el crecimiento de otros—. Es como aprender sobre un nuevo país. Una vez que lo hayamos visitado y amado, queremos que otros también experimenten esa misma alegría. Una vez nos conocemos más y descubrimos más de nuestra fuerza innata, de nuestro amor, sabiduría y compasión, no vemos la hora de ayudarles a otros a encontrar lo mismo en ellos.

—TRABAJO DE CAMPO—

1. Escribe el nombre de esa persona a la cual podrías capacitar o que está pidiendo tu ayuda en una situación.

Esa persona es:

Su situación es:

2. ¿Cómo te sientes al pensar en entrenar a esta persona?

3. ¿Cuáles son algunas de las cualidades de un gran entrenador que te haya ayudado a crecer? Encierra en un círculo todas las que sean aplicables a esa persona:

    A. Inspirador

    B. Desafiante

    C. Empático

    D. Calmado

    E. Preciso

F. Práctico

G. Intuitivo

H. Descomplicado

I. Seguro

J. Confiado

4. Escribe cómo tu cocodrilo de mentalidad *F.I.N.I.S.H. (Fixing it Now, I, Super Hero")* abordaría esta conversación de entrenamiento. En otras palabras, ¿qué expectativas tiene este cocodrilo acerca de ti, del otro y de la conversación desde la perspectiva de: *"Te reparo para sentirme mejor conmigo mismo"*? ¿Cómo entrenarías (pensamientos y comportamientos) con el cocodrilo *F.I.N.I.S.H.* conduciendo tu mente?

5. Escribe cómo abordarías la conversación con la intención de "dejar que otros evolucionen voluntariamente" *(L.O.V.E.)*. ¿Qué harías? ¿Qué no harías?

6. ¿Cuál es tu cualidad más sobresaliente como entrenador?

A. CS (mi habilidad para inspirar significado)

B. CE (mi capacidad de permanecer centrado en medio de una tormenta de emociones)

C. CI (mi capacidad para delinear con precisión un desafío y usar procesos de coaching sólidos)

D. NI (mi capacidad para percibir intuitivamente lo que está surgiendo y trabajar con ideas a medida que estas emergen)

E. CC (mi capacidad de contentamiento, de satisfacción, saber que todo está bien, ser fiel a la mentalidad *L.O.V.E.* y ser capaz de inspirar ese sentimiento)

7. ¿Cuál es tu cualidad más débil como entrenador?

A. CS (mi habilidad para inspirar significado)

B. CE (mi capacidad de permanecer centrado en medio de una tormenta de emociones)

C. CI (mi capacidad para delinear con precisión un desafío y usar procesos de coaching sólidos)

D. NI (mi capacidad para percibir intuitivamente lo que está surgiendo y trabajar con ideas a medida que estas emergen)

E. CC (mi capacidad de contentamiento, de satisfacción, saber que todo está bien, ser fiel a la mentalidad *L.O.V.E.* y ser capaz de inspirar ese sentimiento)

8. ¿Qué cualidades de entrenamiento pretendes aplicar durante tus conversaciones con tus entrenados? Haz una lista. Observa cómo te sientes al comprometerte a practicarlas en las conversaciones de entrenamiento.

9. Ahora, practica una conversación de entrenamiento, primero, contigo mismo. Luego, con el entrenado que identificaste en el punto 1. Practica el proceso *G.R.O.W.* mediante las siguientes preguntas:

- Objetivo *(Goal)*
  — ¿Cuál es tu intención? ¿Qué te gustaría que sucediera realmente?

- Realidad *(Reality)*
  — ¿Cuál es tu desafío en las dimensiones del "yo" (realización propia), el "nosotros" (relaciones interpersonales) y el "eso" (tu nivel de efectividad)?
  — ¿Cómo has respondido hasta ahora?
  — ¿Cuál ha sido el impacto de tu respuesta hasta ahora en las dimensiones del "yo", el "nosotros" y el "eso"?
  — ¿En cuál de estas dimensiones encuentras el mayor incentivo para hacer que el cambio suceda ahora?

- Opciones *(Options)*
  — ¿Qué te gustaría ver realmente en las dimensiones del "yo", el "nosotros" y el "eso"?
  — ¿A quién admiras? ¿Por qué? Sé esa persona por unos minutos. ¿Cómo respondería ella a tu desafío?

— ¿Cómo podrías responder de una manera que te haga sentir satisfecho y aumente tu efectividad?

- Resumen *(Wrap Up)*

  — ¿Qué vas a hacer y cuándo?

  — ¿Cómo estás creciendo?

  — ¿Cómo practicarás tu aprendizaje?

10. ¿Cómo estás creciendo como entrenador?

Capítulo 9

TRANSFORMÁNDONOS EN LOS BÚHOS QUE SOMOS— UNO ENTRENANDO A MUCHOS

"Tenemos que sorprenderlos con compasión, moderación y generosidad". —Nelson Mandela

Hasta ahora, hemos explorado y aprendido en qué consiste el crecimiento personal logrado por nosotros mismos y en sesiones uno a uno. Ahora, ¿cómo se produce el crecimiento en entornos más grandes, como el de la familia, un equipo o en toda una organización? ¿Recuerdas las intenciones de éxito que presentamos en el Capítulo 2? ¿Qué sucedería si el colectivo del cual formas parte trabajara para deshacerse de algunas de sus creencias y temores de cocodrilo y operara más desde las intenciones de S.U.C.C.E.S.S. (éxito) del búho? ¿Con el coraje de un guerrero samurái, construyendo relaciones empáticas, centrado en tu propósito, desarrollando tu curiosidad, contribuyendo, siendo sensible hacia todo lo que te rodea y sencillo en el servicio que prestas? Quizá, pienses que esa visión es demasiado grande para todos y cada uno de nosotros, pero piensa otra vez: ¿quién está hablando, el búho o el cocodrilo?

¿CUÁL ES TU CAMPO DE ACCIÓN?

Aumentamos nuestra capacidad de amar a través del trabajo interno y de servicio al mundo. Entonces, la pregunta es: ¿qué parte del mundo estamos llamados a cuidar? ¿Cuál es nuestro "campo de acción"? Muchos de los grandes líderes que admiramos se ocuparon de naciones enteras. Además, existen por todas partes legiones de grandes líderes que son menos conocidos, pero que cuidan de su familia, comunidad, equipo u organización con el mismo compromiso de crecimiento que los líderes más reconocidos, pero también basados en un servicio cuyo amor es incondicional. Pienso en mi entrenadora, Jonelle Reynolds, que me ha apoyado durante más de 10 años. Ella es la encarnación viviente del amor desinteresado. Jonelle ha estado sirviendo a muchos clientes durante muchos años, sin tomar crédito, ni pedir grandes sumas de dinero. Le pagas lo que quieres. A mis ojos, su servicio es puramente desinteresado. Uno de sus campos de acción son sus entrenados, incluyéndome a mí.

Reflexiona por un momento: *¿cuál es mi campo de acción?* ¿Cuál es el colectivo al que estoy llamado a servir? Quizá, sea tu familia, tu empresa, un equipo, una organización benéfica o cualquier otro colectivo del que formes parte. Además, es posible que tengas múltiples campos de acción.

UN MÉTODO SENSACIONAL: CINCO PATRONES PARA CAMBIAR UNA CULTURA

Muchos creemos que la diferencia entre nosotros y los líderes que admiramos, como Mandela, Gandhi o FDR, es enorme —que no tenemos la capacidad de influir positivamente en nuestro campo de acción de la misma manera en que ellos impactaron a sus comunidades y al mundo—. Tendemos a pensar: *"Sí, pero ellos dirigían un país. Yo estoy sentado en mi oficina o en casa o estoy en algún lugar de la carretera. ¿Qué tiene que ver mi vida con la de ellos?"*. Existe un método sobre cómo servirle al mundo que nos rodea, quienesquiera que seamos. Siguiendo los pasos de los grandes líderes de la Historia y también de los grandes mentores y entrenadores que hemos tenido a lo largo de nuestra propia vida, encontramos algunos patrones con respecto al tipo de servicio que ellos prestaron o prestan. Son cinco los patrones que se destacan al observar cómo los líderes cambian la cultura de sus campos de acción a una nueva forma de sentir, pensar y actuar que sea menos reactiva a los cocodrilos y más inclinada a la sabiduría del búho. A estos cinco patrones los llamaremos "Sistema de Administración del Crecimiento". Vemos que los líderes exitosos:

1. Definen un propósito superior para inspirar a otros

2. Modelan su visión primero y luego crean una masa crítica inquebrantable

3. Dirigen por medio de marcadores de idioma

4. Eligen los símbolos sabiamente

5. Comunican, comunican y comunican

McKinsey, la empresa de consultoría, desarrolló por primera vez las bases para esta nueva comprensión de una cultura familiar o empresarial. Al estudiar su investigación y aplicarla al cambio cultural de las organizaciones y los equipos a lo largo de los años, descubrí que estos patrones son piezas fundamentales para garantizar que se mantenga una nueva forma de pensamiento. Si falta una pieza, todo el sistema comienza a debilitarse y la nueva forma de búho no se arraigará jamás en donde sea que la queramos implementar. Esto podría significar que algunas personas la adopten mientras que la mayoría del sistema sigue adherida a sus viejas formas de cocodrilo; significaría también que la nueva forma de búho se convertirá en la novedad del mes y que nunca se adoptará por completo.

Así que piensa de nuevo en tu campo de acción y en cómo podrías aplicar el enfoque de estos cinco patrones allí. Te preguntarás, ¿funcionará? Si los aplicas de manera consistente, practicando las herramientas de crecimiento que hemos visto y otras que ya conozcas, no fallarás. ¿Por qué? Debido a que iniciarás un viaje que es magnético —*al fin de cuentas, todos quieren ser ellos mismos*—. Tú estás ofreciendo un camino para que este cambio se convierta en una realidad en tu campo de acción.

Ahora, aquí va una advertencia: si decides implementar estos cinco patrones de cambio al interior de tu familia, prepárate para que los frutos de tu trabajo tarden toda una vida o incluso generaciones en hacerse tangibles. La resistencia en los linajes familiares tiende a estar particularmente arraigada y no vamos a obligar a la mariposa a salir de su capullo antes de tiempo. Necesitamos poner en práctica la mentalidad *L.O.V.E.*: dejar que otros evolucionen voluntariamente.

Si le presentas el Sistema de Administración del Crecimiento a tu equipo de trabajo o empresa, lo más conveniente es que todas las partes involucradas se pongan de acuerdo con respecto a una línea de tiempo que garantice que la nueva cultura esté implantada tan pronto como sea necesario para cumplir con los objetivos comerciales, y de manera tan gradual, que las personas tengan tiempo de adaptarse a ella. Establecer una nueva cultura se convierte en un objetivo en sí mismo, lo que motivará a la gente a trabajar en función de esta nueva cultura y de hacerse responsables unos a otros para crecer en ella. En algunos casos, aquellos que permanecen demasiado arraigados a sus cocodrilos se autoeliminarán o, con el tiempo, se les pedirá que se vayan.

Dicho todo esto, exploremos cómo establecer todos y cada uno de los cinco patrones del Sistema de Administración del Crecimiento en tu campo de acción.

1. DEFINIENDO UN PROPÓSITO SUPERIOR PARA INSPIRAR A OTROS

Cada año, se les pide a los estudiantes de The Greenwood School, en Vermont —una escuela dedicada a despertar el potencial humano en niños con diferencias de aprendizaje y discapacidades como dislexia o dificultades de atención (ADD/ADHD, según sus siglas en inglés)— que aprendan a recitar el Discurso de Gettysburg de memoria para que lo digan durante la celebración anual de la escuela. Ken Burns hizo un documental conmovedor sobre ellos. Se llama *The Address*. En él, vemos a los estudiantes trabajar duro durante meses para dominar las palabras, la pronunciación, el significado y la cadencia de cada una y del discurso entero; a veces, con gran dificultad; y a menudo, con bastante perseverancia. Su ejemplo me recuerda la fuerza humana que entra en acción cuando realmente nos dedicamos a algo que valoramos.

Al final del documental, vemos los frutos de su dedicación y trabajo duro. En la celebración de Greenwood, a la cual asistieron padres, amigos, maestros y administradores, observamos a 34 estudiantes, uno tras otro, subir al escenario y hacer su presentación. Geo, un estudiante de 11 años que antes no podía pronunciar algunas de las consonantes, vestido muy elegante con su vestido de dos piezas, está parado detrás del atril. Con todos los ojos puestos en él, pronuncia el discurso de Abraham Lincoln lenta, musical, bellamente, de memoria y desde su corazón: "Es mejor para nosotros estar aquí dedicados a la gran tarea que nos queda por delante —la cual tomamos de estos honorables difuntos con la mayor devoción posible en esa causa por la cual ellos dieron hasta la última gota de su devoción…".

Tres meses después, cuando los cineastas entrevistaron a Geo durante un viaje escolar al monumento conmemorativo de Gettysburg, en Pensilvania, él manifestó que "pronunciar el Discurso de Gettysburg en público me hace sentir que puedo lograr lo que yo quiera". Otros estudiantes oradores agregaron: "Me hace sentir como un hombre nuevo", "Cuando lo hice, sentí que podía volar" y "Cuando recitaba el Discurso de Gettysburg, sentí que recitaba un millón de cosas a la vez".

De hecho, el Discurso de Gettysburg, escrito y pronunciado por Abraham Lincoln en el punto de inflexión de la Guerra Civil, se ha convertido en uno de los discursos más citados y memorizados jamás escritos. Lincoln comenzó recordándoles a sus oyentes la intención de los fundadores de la nación: "Hace años, nuestros padres dieron a luz en este continente una nueva nación, concebida en libertad y dedicada a la proposición de que todos los hombres son creados iguales". Luego, Lincoln continuó abordando el estado actual del país, el cual exigió la acción del pueblo estadounidense. "Ahora, estamos involucrados en una gran guerra civil, probando si esta nación, o cualquier nación tan bien concebida y tan dedicada como esta, es capaz de perdurar por mucho tiempo". Un minuto después, concluyó su discurso diciendo: "Es mejor para nosotros estar aquí dedicados a la gran tarea que nos queda por delante —la cual tomamos de estos honorables difuntos con la mayor devoción posible en esa causa por la cual ellos dieron hasta la última gota de su devoción— que aquí decidamos con nuestro más alto sentido de patria que nuestros difuntos no han muerto en vano —pues esta nación, fundamentada en la Palabra de Dios, verá un nuevo nacimiento de su libertad— y que ese gobierno del pueblo, por el pueblo y para el pueblo no será erradicado de la faz de la Tierra".

Acto seguido, le pidió a su audiencia —y todavía podemos escuchar su llamado— que reevaluara la posibilidad de dedicarse a algo más importante que sus preocupaciones inmediatas. Lincoln había aprendido de su propia vida, después de enfrentar muchos contratiempos y superarlos, que la dedicación genera inspiración para crecer en el ser, en las metas y en las acciones.

Lincoln le dedicó el final de su vida a la causa de la unión y la libertad, inspirándonos a ser libres y a dedicarnos a una causa grandiosa; algo que haga cantar a nuestro corazón; algo que nos ayuda a crecer y ser valientemente creativos, pase lo que pase. The Greenwood School se dedica a despertar el potencial humano. Al tener una visión de grandes posibilidades para sus alumnos, la escuela fomenta su dedicación para ayudarles a llegar a alcanzar lo que muchos piensan que es imposible cuando comienzan. Esto incluye recitar el Discurso de Gettysburg. Su ejemplo toca a personas como nosotros, que observan su enorme valentía y su excelencia humana. Una influencia positiva engendra otra. *¿Qué será posible cuando todos nos pongamos de pie y pronunciemos nuestro propio Discurso de Gettysburg?*

Aquí es donde comienzan los líderes de crecimiento. ¿Recuerdas lo que leíste en el Capítulo 2 sobre cómo encontrar nuestro verdadero llamado en la vida? Ahora, es tiempo de crear una declaración de propósito *colectiva*, junto con otros líderes de nuestro mismo campo de acción. Así es como se inicia el fuego y se genera la inspiración necesaria para trabajar en equipo sin siquiera pestañear.

Nelson Mandela pronunció su propio discurso similar al de Gettysburg cuando abogó por la continuación del equipo sudafricano de rugby, los Springboks, a pesar de sus asociaciones con la historia del apartheid. Vimos solo una parte en el Capítulo 4, pero a continuación lo leerás en su totalidad:

"Hermanos, hermanas, camaradas, estoy aquí porque creo que han tomado una decisión basados en la información y la previsión insuficientes. Soy consciente de su voto anterior. Soy consciente de que fue unánime. No obstante, creo que deberíamos restaurar al equipo de los Springboks. Restaurar de inmediato su nombre, su emblema y sus colores. Déjenme decirles porqué. En la isla Robben, en la prisión de Polsmoor, todos mis carceleros eran afrikáners. Durante 27 años, los observé. Aprendí su idioma, leí sus libros, su poesía. Tenía que conocer a mi enemigo antes de poder prevalecer contra él. Y prevalecimos, ¿no? Todos nosotros aquí, prevalecimos. Nuestro enemigo ya no es el afrikáner. Son nuestros compañeros sudafricanos, nuestros socios en democracia y ellos atesoran el rugby de los Springboks. Si les quitamos eso, los perdemos. Probamos que nosotros somos lo que ellos temen, pero nosotros tenemos que ser mejores que eso. Tenemos que sorprenderlos con compasión, con moderación y generosidad. Sé todas las cosas que ellos nos negaron, pero este no es momento para celebrar mezquinas venganzas. Este es el momento de construir nuestra nación utilizando cada ladrillo disponible para nosotros. Incluso si ese ladrillo viene envuelto en verde y oro".

¿Qué podemos aprender de Lincoln y Mandela acerca de llevar un campo de acción a un propósito superior? Ambos líderes apelaron a los corazones de las personas: la fuente de inspiración. Piensa en una historia o discurso que te haya tocado profundamente y que te haya ayudado a expandir la visión que tienes de ti mismo. Para mí, *The Diary of a Young Girl* viene a mi mente. Anne Frank, la adolescente judía que escribió la mayor parte de su diario desde 1942 hasta 1944, mientras se escondía en un anexo secreto en Ámsterdam con su familia y algunos amigos hasta que fueron descubiertos y deportados a los campos de concentración, donde ella y la mayoría de su familia murieron (solo su padre, Otto, sobrevivió a los campos). El 1 de agosto de 1944, tres días antes de ser arrestados, ella comenta: *"Sé exactamente cómo me gustaría ser, cómo estoy... por dentro... por dentro, me guía la Anne pura, pero por fuera, no soy más que una pequeña cabra juguetona y herida"*. Recuerdo a Anne Frank cada vez que yo soy lo que anhelo ser cuando me conecto con quien realmente soy, con el verdadero Hylke y con la fortaleza que genera ese sentimiento. Su historia toca mi corazón y desata mi coraje. Recuerda que *courage* proviene de la palabra latina *cor*, que significa corazón. Cuando nos movemos desde el corazón, nos volvemos más amables e inquebrantables —nuestro corazón sigue latiendo el son constante de la vitalidad, la sabiduría y la compasión—. Compara esto con tratar de ser valiente porque serlo tiene sentido racional, confiando más en nuestra corteza prefrontal, sobre todo, en el lóbulo izquierdo, nuestro centro lógico. Tan pronto como ya no tiene sentido ser valientes, dejamos de serlo. Desde la mente racional, solo podemos ser *condicionalmente valientes,* porque tiene sentido serlo. Desde el corazón, elegimos el coraje, solo porque sí. Ese coraje no flaquea y, por lo tanto, es incondicional. Meher Baba, un maestro espiritual, lo escribió de esta manera: "No escuches la voz de la mente. Escucha la voz del corazón. La mente vacila, el corazón no. La mente teme, el corazón no se desanima".

¿Cómo pintamos una imagen colectiva que hable a los corazones de las personas y despierte coraje incondicional? Una herramienta importante es compartiendo una visión que inspire el crecimiento. A nuestro corazón les gusta abrirse a nuevas posibilidades. Ama vernos crecer más en nuestro potencial, al igual que los padres se deleitan en el progreso de sus hijos.

Los tres líderes, Lincoln, Mandela y Anne Frank, pintaron una imagen de la conciencia actual, de sus limitaciones y de lo que podríamos crecer si escucháramos nuestra sabiduría colectiva superior. "Sé exactamente cómo me gustaría ser", escribe Anne Frank, en contraste con ser una "pequeña cabra juguetona y herida".

Estos líderes describieron un *"desde-hasta"*: nos mostraron el lugar donde estaban y el lugar al que aspiraban llegar. Podemos resumir que el discurso de Lincoln en Gettysburg nos llevó *"desde-hasta* la división y la desigualdad"* y que el de Lincoln fue *"desde-hasta* la unidad y la igualdad"*. El liderazgo de Lincoln, orientado al crecimiento, ayudó a unir al país, a pesar de que la verdadera unidad e igualdad siguen siendo difíciles de alcanzar hasta el día de hoy.

Al igual que Lincoln, Mandela propuso una nueva conciencia para Sudáfrica, su campo de acción, en términos inequívocos: "Tenemos que sorprenderlos [a los afrikáners], con compasión, con moderación y generosidad", en lugar de ceder a "mezquinas venganzas". Mandela instó a sus compatriotas a avanzar *desde* la represalia *hasta* la compasión, siendo este un paso necesario para unir a la nación. FDR también usó este mismo recurso bien fuera para alentar la confianza en los bancos o para superar la resistencia aislacionista al programa de préstamos y arrendamientos.

Ahora, ¿cómo implementamos este tipo de liderazgo orientado al crecimiento de un país en una organización o equipo? ¿Cómo lo aplicaríamos al círculo social y a la familia de un individuo? Parecería demasiado idealista y trascendental como para tener algo que ver con nosotros, pero siempre hay oportunidades para liderar con una gran visión y unir a las personas en torno a la aspiración compartida de crecer. En 2014, Satya Nadella, el entonces nuevo Director Ejecutivo de Microsoft, declaró una nueva y audaz visión para la compañía: el cambio a la computación en la nube con una cultura de mentalidad de crecimiento. Nadella entrenó a toda una compañía para que abandonara la mentalidad predominante que viene con la arrogancia que supone que eres el mejor, a adoptar una mentalidad de crecimiento, donde cada momento se aborda como una oportunidad para aprender. Es muy temprano para decir el impacto financiero de este cambio cultural. Sin embargo, si la atmósfera que se vive es una manera de medir resultados, las cosas se ven brillantes para la empresa. Los empleados informan que se sienten más empoderados que antes y apoyados en nuevos enfoques pioneros, tanto a nivel interno como con los clientes y socios. Incluso las culturas bien establecidas tienen la posibilidad de cambiar si un líder logra inspirar a quienes lo rodean con su visión de crecimiento.

Tú puedes inspirar el crecimiento en tu campo de acción al desarrollar una visión de administración del crecimiento. Esta describe tanto el *desde* como el *hasta*: a dónde quieres ir y dónde estás ahora. Una forma de comenzar el cambio es observando la naturaleza de los cocodrilos en tu campo de acción. Observa cuáles de las siete personalidades de cocodrilo que describe el acrónimo *S.U.C.C.E.S.S.* (éxito) están más activas ahora. Luego, piensa en qué nueva conciencia —qué nuevas formas de sentir, pensar y actuar— aspiras implementar. Podrías extraer ejemplos de los personajes e intenciones enumerados a continuación. Para que el cambio sea realmente convincente, manifiesta las razones prácticas para querer desarrollar la conciencia de tu campo de acción. Para Microsoft, el hecho de adoptar una mentalidad de crecimiento es fundamental para ayudar al éxito que tuvo la compañía al implementar su cambio de mentalidad en torno al uso de la nube. Para FDR, inspirar al país a pasar del miedo al coraje fue esencial para restaurar la estabilidad financiera y social en el país. ¿Cuál es la aspiración central o la necesidad que esperas abordar con el cambio cultural que quieres hacer? ¿Qué cambios en la conciencia (*desde-hasta*) serán más útiles?

DE: Personajes de cocodrilo de S.U.C.C.E.S.S. (éxito)	A: Intenciones de S.U.C.C.E.S.S. (éxito) de búho
1. *Seguro.* Exceso de trabajo, víctima y parcialidad a corto plazo Impulsado por el miedo a la escasez	1. *Samurái.* Tener el coraje y la fortaleza de un guerrero para atender nuestras necesidades básicas y enfrentar nuestros desafíos con recursos sin dejarnos abrumar por ellos

2. *Nosotros versus ellos.* Juzgando, cumpliendo y enfocado en el silo Impulsado por el miedo al abandono	2. *Unidad.* Crear relaciones auténticas y empáticas que acojan a todos y vayan más allá de la dinámica tribal del nosotros versus ellos
3. *Control.* Perfeccionismo, manipulación y microgestión Impulsado por el miedo al fracaso	3. *Centrado en el propósito (Enfocado).* Ser impulsado por nuestra brújula interna, persiguiendo nuestras metas de todo corazón y con enfoque; ver cada "fracaso" como parte de seguir adelante
4. *Certeza.* Rígido, dramático y de mente cerrada Impulsado por el miedo a la incertidumbre	4. *Curiosidad.* Abrir nuestros corazones a las enseñanzas y a los susurros de la vida, pase lo que pase y ver cada momento como una oportunidad para descubrir y adquirir una visión más amplia y ser innovadores
5. *Esencial.* Dominar, rescatar y esconderse Impulsado por el miedo al dolor	5. *Expresividad.* Manifestarles nuestros dones a los demás sin pedir disculpas y con cariño
6. *Sapiencia.* Conocedor, paranoico y asesor Impulsado por el miedo a la complejidad	6. *Sensibilidad.* Buscando la conexión entre todo y todos, integrando las aparentes polaridades de la vida; creando cohesión

7. *Especial.*	7. *Sencillez.* Ver lo que se
Pedestal, mártir y torre de marfil, orientado	necesita y hacerlo sin prestarle atención al ego de las personas, siendo y contribuyendo con lo que somos
Impulsado por el miedo a perder la identidad	

Crear posibilidades bajo el modelo "*desde-hasta*" en tu campo de acción es más un arte que una ciencia. Casi siempre, se requiere de un poco de insistencia y diálogo. ¿Cuáles son los cocodrilos más limitantes que notas? ¿Cuál es su impacto en la efectividad de tu equipo? ¿Cómo podrías describirlos para que los demás los identifiquen? ¿Cuáles son algunas de las intenciones de búho en las que deseas crecer como equipo?

Después de dos retiros intensivos para reflexionar sobre su nuevo modelo de negocios y sobre cuáles serían esos cambios culturales necesarios para implementarlos, el equipo de liderazgo de una compañía de servicios financieros llegó a los siguientes "*desde-hasta*" para comenzar a ser más innovadores y orientados en el área de servicio (en lugar de centrarse tanto en el producto). Agregué entre paréntesis los personajes e identidades correspondientes al acrónimo *S.U.C.C.E.S.S.*

DE (Personaje)	A (Intención)
1. Hablando el uno del otro (#2 Nosotros versus ellos)	Trabajar entre sí (#2: Unirse)
2. Mantener la paz/pseudo colaboración (#2 Nosotros versus ellos)	Pasión (#3 Centrado)
3. Indeciso (#3 Control)	Decidido (#3 Centrado)

4. Víctima (#1 Seguridad)	Dominio propio (#1 Samurái)
5. Ellos (#1 Seguridad)	Yo (#1 Samurái)
6 Certeza —rigidez y drama (#4 Certeza)	Curiosidad: abierta y creativa (# 4 Curiosidad)

Notarás cómo este equipo definió varios "*desde*" relacionados con los personajes #1 y #2 del acrónimo *S.U.C.C.E.S.S.*, lo que indica que estos dos personajes eran los más frecuentes en la organización y el mayor impedimento en el camino hacia lo que la organización aspiraba a convertirse. Además, descubrieron que uno de los personajes, el #2, nosotros versus ellos, trabajaría mejor al enfocarse en la intención #3, centrado en el propósito.

Haz una pausa y anota los resultados que crees que son más útiles para el crecimiento de tu campo de acción aquí y ahora. Piensa en todos tus propósitos y luego usa tu intuición para identificar los cocodrilos más limitantes y las intenciones de búho más poderosas. Si crees que no sabes, ¿quién está hablando, tu búho o tu cocodrilo?

2. MODELANDO UNA VISIÓN PRIMERO QUE TODO; LUEGO, CREANDO UNA MASA CRÍTICA

Respiramos vida con respecto a nuestra visión de mayordomía del crecimiento actuando basados en ella con total decisión. Somos modelos a seguir para mostrar el cambio que queremos ver. Esta es una cualidad muy del Yang. Vamos al frente, incluso si nadie más está dispuesto a seguirnos todavía —no esperamos que otros lleguen al mismo nivel de convencimiento nuestro—. Si todos los que nos rodean están apegados a las limitaciones de sus cocodrilos, aun así, nosotros podemos movernos en medio de nuestra sabiduría del búho por nuestra propia cuenta. En lugar de esperar a que otros adopten la misma mentalidad que nosotros para que todos comencemos este viaje juntos (este escenario suena muy encantador, pero es muy poco probable), es mejor aceptar a los demás tal como son al mismo tiempo que modelamos el camino hacia el cual queremos dirigirnos usando la sabiduría del búho. Es indudable que nuestro ejemplo les ayudará a otros en nuestro campo de acción a moverse en la dirección similar a la nuestra.

Nelson Mandela transformó sus propios cocodrilos primero. No fue algo que él aprendió a hacer de la noche a la mañana. Cuando Mandela entró en la política, era muy beligerante y crítico. Fue durante sus 27 años en prisión que se volvió más sabio, más amable y más compasivo. En su último día de prisión, salió y abrazó a sus captores. Son muy escasas las personas que son tan indulgentes. El Presidente Bill Clinton le preguntó sobre este aspecto cuando Mandela estuvo de visita en la Casa Blanca. Ocurrió durante la época del asunto de Mónica Lewinsky y estaban sucediendo muchas cosas molestas. Clinton se inspiró en la devoción de Mandela en cuanto a su intención incondicional —liberarse de la agresión, pasara lo que pasara—. Después de su visita, el Presidente Clinton comentó:

"Le pregunté: '¿Cómo lograste dejar de lado tu odio? ¿No odiabas a esas personas cuando te liberaron?'. Y él me respondió: 'Por un corto tiempo, sí, los odié. Pero cuando salía de mi celda por última vez, me dije a mí mismo, me mantuvieron aquí durante 27 años, si los odio cuando cruce esta puerta, eso significará que todavía me tendrán preso. Yo quería ser libre, así que lo dejé pasar'. Luego, Mandela me miró, me agarró del brazo y me dijo: 'Tú también deberías hacer lo mismo'".

Nelson Mandela ejemplifica un compromiso implacable y vívido en su visión de su campo de acción: compasión, moderación y generosidad. Él modeló ese rol dejando ir el resentimiento en circunstancias desgarradoras y eligió su libertad a cambio.

Marianne Williamson escribió: "Las personas que obtienen grandes logros no son necesariamente personas que hacen tanto ellas mismas; son personas alrededor de las cuales se hacen las cosas. Mahatma Gandhi y el Presidente John F. Kennedy fueron ejemplos de esto. Sus mayores logros residen en toda la energía que despertaron en otras personas, en las fuerzas invisibles que desataron a su alrededor. Al tocar sus propias profundidades, tocaron las profundidades dentro de los demás".

Creamos profundidad a través de la práctica deliberada y continua en nosotros mismos. Y para cultivar un cambio de conciencia en nuestro campo de atención, creamos una masa crítica de personas que encarnan la nueva conciencia junto con nosotros. ¿Cómo construimos masa crítica?

Cambiar una forma de ser y de comportarse es una elección personal —no se puede forzar, ni demostrar—. Cuando comenzamos a encarnar nuestra nueva conciencia de búho, siendo más de lo que somos, otros comienzan a seguir nuestro ejemplo. Además de ser modelos a seguir, también podemos construir una masa crítica invitando a quienes hacen parte de nuestro campo de acción a unirse a nosotros en un viaje deliberado de retiros y otras reflexiones grupales que sigan un camino como el que te presenta esta lectura:

1. *Definiendo una visión de mayordomía de crecimiento*, estableciendo nuestra vocación colectiva (Capítulos 2 y 9).

2. *Creciendo en nuestro propio ser* para convertirnos en modelos a seguir a través de (algunas de) las siguientes prácticas:

   • Navegando a través de las etapas de *G.R.O.W.* (Capítulo 1).

   • Pasando de la contracción al liderazgo de crecimiento y del cocodrilo a la mentalidad de búho (Capítulo 3).

   • Transformando los personajes de éxito según el acrónimo *S.U.C.C.E.S.S.*, basados en el miedo, en intenciones de éxito orientadas al búho (Capítulo 4).

   • Aprendiendo sobre el balance del Yin y el Yang (Capítulo 5).

   • Realizando una investigación de la verdad en nuestras raíces a través de los diagramas del árbol y el trabajo (Capítulo 6).

3. *Creciendo con otros,* aprendiendo a usar cada conversación como una oportunidad para crecer:

   • Practicando conversaciones de crecimiento (Capítulo 7).

4. *Cultivando a otros*, aprendiendo a entrenar a otros uno a uno:

   • Adoptando la mentalidad de Entrenamiento 5C y el proceso *G.R.O.W.* (Capítulo 8).

5. *Desarrollando un sistema,* aprendiendo a inspirar a nuestro campo de acción a evolucionar:

- Aplicando los cinco patrones para cambiar una cultura (este capítulo).

Antes de intentar cualquier reentrenamiento completo o de esperar que unos retiros sean suficientes para cambiar la actitud de tu grupo, reflexiona en ti mismo. Cuando los que te rodean te ven en acción, ¿ven a alguien encarnando los nuevos objetivos, dirección y conciencia que te gustaría incorporar? Asegúrate de que tus acciones hablen por sí mismas —actúa de la manera en que le pides a la gente que actúe—. El poder de este tipo de modelado de roles es intenso. Si aspiras a una mayor confianza en tu equipo, ¿podrías dejar de lado cualquier juicio de cocodrilo hacia quienes no están "entrando en el programa" tan rápido como tú quisieras? Si visualizas que hay mayor coraje, ¿estás dispuesto a hablarles a los elefantes que tienes al frente? Si deseas eliminar los pedestales, ¿está dispuesto a escuchar con la misma profundidad a otros que son "menores" en rango que tú y a aquellos que no son tan populares? ¿Y estás dispuesto a verte a ti mismo como un líder, sin importar lo que diga tu cargo?

3. DIRIGIENDO POR MEDIO DE MARCADORES DE IDIOMA

Cuando eres un modelo a seguir, lideras el camino. Sin embargo, no todos reconocerán tu nueva mentalidad, ni tus nuevos comportamientos. Para incorporar la nueva cultura en tu campo de acción, trata de ayudarles a los involucrados en el cambio a tomar conciencia de esta nueva mentalidad y a afianzarse en ella, si así lo desean. Para esto, utiliza *marcadores de idioma*, es decir, palabras o frases que repetimos para recordarnos la nueva mentalidad.

Los marcadores de idioma describen tanto el *por qué* como el *cómo* de la nueva mentalidad. Volvamos a una parte del discurso de Mandela sobre los Springboks para ver cómo él utilizó ambos tipos de marcadores de idioma. "Son nuestros compañeros sudafricanos, nuestros socios en democracia y atesoran el rugby de Springbok. Si les quitamos eso, los perdemos. Probamos que somos lo que temen. Tenemos que ser mejores que eso. Tenemos que sorprenderlos, con compasión, con moderación y generosidad. Sé todas las cosas que nos negaron, pero este no es momento para celebrar mezquinas venganzas. Este es el momento de construir nuestra nación utilizando cada ladrillo disponible para nosotros…".

El *porqué* de la visión de Mandela está marcado en la frase: "Si les quitamos eso, los perdemos". Al decirlo, se está refiriendo a la minoría blanca que antes había gobernado Sudáfrica. La visión de Mandela era la *unidad*; asegurarse de que ambas razas trabajaran juntas para construir una gran Sudáfrica. Así, le dio un codazo a su audiencia para que los "sorprendieran con compasión, con moderación y generosidad", dándole a la gente los *cómo*: la compasión, la moderación y la generosidad, cualidades que servirían para llevar a cabo el *por qué*.

Reflexiona por un minuto sobre cuáles serían los *por qué* y *cómo* que te servirían de marcadores de idioma en tu campo de acción. Una familia me dijo que su *por qué* era "amar" y que su *cómo* incluía cuatro principios que debían practicar juntos: "No te asustes, sé amable, juega y sé honesto".

En el caso de Satya en Microsoft, su *por qué* es "ayudarles a las personas a lograr más con la tecnología" y uno de sus *cómo* es practicar una mentalidad de crecimiento. En Adobe usan frases como "Quemar las naves" y "Adictos a los ingresos" para crear una mentalidad que respalde su cambio hacia un negocio basado en el uso de la nube.

En mi organización, The Growth Leadership Network, el *por qué* está en "cambiar la mentalidad del liderazgo" y nuestro *cómo* es "Liderazgo de crecimiento", que incluye herramientas como el búho, el cocodrilo y el Yin y el Yang.

Seguimos repitiendo nuestro *por qué* y nuestros *cómo* para que se destaquen en el ojo de la mente, como lo hacen los marcadores de senderos en la caminata en la que estamos. Y les damos el poder de cambiar la conciencia aplicándolos deliberadamente en las conversaciones diarias. La palabra cocodrilo en sí misma no tiene poder, pero cuando las personas hablan sobre sus cocodrilos antes de entrar en una conversación difícil y reflexionan sobre ellos en otros espacios específicos, como reuniones de trabajo o seminarios web, los "cocodrilos" se convierten en un punto de referencia para el crecimiento.

Podemos ser creativos con nuestros marcadores de idioma. Un equipo adoptó la canción Impossible Dream como su recordatorio para nunca darse por vencido en defender su auténtico propósito. A veces, la cantan en las reuniones de equipo.

4. ELIGIENDO LOS SÍMBOLOS SABIAMENTE

Crear una masa crítica de personas que se comprometan a crecer en su mentalidad y en sus comportamientos de búho es un proyecto no lineal. Tendremos que nutrirlas creativamente para conducirlas hacia un crecimiento comparable al de la crianza de un niño en el sentido de que es un proyecto continuo, desafiante y, en última instancia, satisfactorio, pero que conlleva tiempo. Al principio, los padres no tienen idea de lo que se necesitará de parte de ellos. Afortunadamente, se enteran por el camino. Lo mismo vale para construir un movimiento. Siempre que tengamos dudas, volvamos al momento presente y pidámosle a nuestro ser intuitivo y no lineal: "Ayúdame a ser un instrumento de crecimiento y bienestar para quienes están bajo mi cuidado". A continuación, verás que surgirán ideas y acciones. Confía en que así será. Déjate llevar y sorprende tu mente lineal.

Gandhi recibió la idea de la Marcha de la Sal en un sueño —aquella caminata colectiva hacia el océano donde los indios cosechaban sal y desafiaban las leyes de sal británicas que prohibían esa actividad—. La marcha se convirtió en uno de los símbolos más potentes en el camino de la India hacia la independencia.

Los símbolos son excelentes ayudas para desarrollar la conciencia de un campo de acción. Son recordatorios tangibles de que la nueva forma está aquí para quedarse. En una familia, los símbolos tangibles pueden incluir reservar un espacio en la casa para dedicarlo a la meditación; también podrían hacer una contemplación grupal con cierta frecuencia. Este tipo de actividades simboliza la importancia de la presencia y el amor incondicional en la vida familiar. La práctica de hacer una lista de verificación de puntos en común (ver Capítulo 7) donde todos intervienen y hablan sobre cómo se sienten y cómo crecen puede ser un símbolo que les recuerde a las personas, como la oración realizada antes del comienzo de una comida, el valor de conectarse unos con otros y a un Poder Superior. Tener un "día sin tecnología" también puede ser un símbolo poderoso para enfatizar la espontaneidad y la interacción directa entre ellos.

En una organización más grande, como una empresa o una entidad sin fines de lucro, se pueden usar símbolos similares. Debido a que una gran parte de la motivación de muchas personas para ir a trabajar está relacionada con el dinero, las relaciones y la autoestima, es importante abordar estos tres grandes aspecto en nuestros símbolos.

Por ejemplo, en Microsoft, el personal solía ser calificado en una escala del 1 al 5, de mayor a menor rendimiento. Todos estaban siendo comparados entre sí en una curva de campana forzada. Esto reforzó la mentalidad perfeccionista de los empleados que trabajaban aislados, creando una cultura defensiva, agobiada por el miedo al fracaso y la exclusión. Si obtenían un "5", lo más probable era que perderían su trabajo.

Para 2014, el sistema de calificación 1–5 había sobrevivido a su utilidad, así que el equipo de liderazgo sénior de Microsoft lo remplazó con un sistema de gestión del rendimiento que está más basado en el equipo. Esto no quiere decir que el sistema 1–5 no haya sido un símbolo poderoso y efectivo que ayudó a la compañía a madurar en una organización más orientada al desempeño hace una década, cuando era necesario. Pero como sabemos, con el tiempo, cualquier fuerza utilizada en exceso se convierte en una debilidad. El cambio del sistema de gestión del desempeño fue un poderoso símbolo de que la charla de Satya sobre la mentalidad de crecimiento era de hecho real, ya que se tradujo en lo que muchas personas valoran primero: la seguridad en dólares y centavos.

Estos son algunos otros ejemplos: en LinkedIn, los valores centrales del CEO Jeff Weiner son la sabiduría y la compasión. LinkedIn muestra su compromiso con estos valores a través de sus reuniones mensuales de toda la empresa, donde tú puedes hacerle cualquier pregunta al equipo de liderazgo sénior. En mi opinión, yo veo este diálogo de toda la empresa como un poderoso indicador de que Jeff y su equipo valoran la sabiduría. La sabiduría se basa en la verdad. La verdad y la sabiduría colectiva se pueden descubrir en los diálogos grupales. *¿Qué está pasando realmente?* Esa es una pregunta que tiende a aclararse a gran velocidad cuando creas un foro para responderla, como una reunión de toda la empresa donde el CEO y su equipo son el modelo a seguir en lo referente a apertura. Y es un concepto valiente, porque cualquiera puede decir lo que piensa; El CEO está allí y cualquier cosa puede ser discutida. Lo que he escuchado de las personas que trabajan allí es que el equipo en general aprecia realmente esta práctica.

Y el equipo de fútbol de los Seattle Seahawks tiene una práctica simbólica similar llamada "Lunes de decir la verdad". En esencia, es cuando todos los jugadores se reúnen y hablan sobre sus miedos y fracasos. Paradójicamente, al compartir sus inseguridades, ganan confianza en sí mismos y en los demás.

Elegir sabiamente los símbolos, como la Marcha de la Sal, llevar registros diarios, implementar un sistema de desempeño basado en equipo y compartir regularmente los miedos y fracasos entre sí, son símbolos que contribuyen en gran manera a la evolución de la conciencia en cualquier campo de acción. Parte de lo que hace que estos símbolos sean poderosos es que también tienen un valor *práctico*. La gente cosechaba sal *y* ayudó a la independencia de India; los compañeros de equipo hablan sobre sus miedos y crean un equipo cohesivo y seguro; ajustaron el modelo de compensación *y* cultivaron una mentalidad de crecimiento. Es decir, las personas actuamos de maneras nuevas y prácticas que se convierten en símbolos poderosos para la nueva cultura a la que pertenecemos.

Los símbolos potentes son visibles y algo arriesgados; es por eso que también los llamamos "apuestas simbólicas". Hablan al corazón de las personas y las invitan a crecer y evolucionar de formas en que tal vez ellas no pensarían por sí mismas. Nuestra mente está en parte preparada para hacer predicciones —las disfrutamos—. Hacer una apuesta (por ejemplo, en un nuevo proceso o acto) donde el resultado es incierto, involucra la parte predictiva del cerebro y nos da energía, como leer el comienzo de una gran historia de aventuras donde no podemos esperar para leer el próximo capítulo.

En su libro *Straight from the Gut*, el CEO Jack Welch comenta lo siguiente: "Quería que GE se quedara exclusivamente en negocios que fueran los #1 o #2 en sus mercados. Tuvimos que actuar más rápido y eliminar la burocracia". Parte de la burocracia de GE fue impulsada por la red del "buen chico" que se había desarrollado en su cultura a lo largo de los años. El éxito en GE se había convertido más en una cuestión de a quién conocías que en qué contribuías. Welch tenía la intención de cambiar eso y tenía su ojo puesto en un símbolo particularmente poderoso de la cultura que necesitaba cambiar. Se llamaba Elfun Society, un club de gestión interna de GE. "Era un grupo de redes para tipos de cuello blanco", escribió Jack. "No tenía mucho respeto por lo que estaba haciendo Elfun —yo pensaba que representaba el colmo de la simpatía superficial—. Ser un Elfun se consideraba un "rito de iniciación en la administración". Elfun, a diferencia de la palabra a la que se parece (*elfin*, que significa "delicado" o "petite"), se había convertido en un coloso de la burocracia de GE.

"Como nuevo CEO, me invitaron a hablar en la conferencia anual de liderazgo del grupo en el otoño de 1981. Se suponía que era una buena reunión y fue uno de esos discursos de chico nuevo. Entonces, me presenté en el Longshore Country Club en Westport, Connecticut, donde se reunieron unos 100 líderes Elfun de todos los ámbitos locales de los Estados Unidos. Después de la cena, me levanté y pronuncié el que un miembro todavía recuerda como un clásico discurso exhortador: 'Gracias por pedirme que hable. Esta noche, me gustaría ser sincero y comenzaré invitándolos a reflexionar sobre el hecho de que tengo serias reservas sobre su organización'. En otras palabras, describí a Elfun como una institución que seguía una agenda antigua. Les dije que nunca podría identificarme con sus actividades recientes. 'No logro encontrar ningún valor en lo que ustedes están haciendo. Este es un club social jerárquico y político. No voy a decirles lo que deben hacer o ser. Es su trabajo encontrar un modelo a seguir que tenga sentido para ustedes y GE'".

En la actualidad, aquellas palabras de Jack causaron malestar; luego, reflexión; y luego, acción decisiva. Hoy, Elfun se ha convertido en uno de los símbolos más poderosos del cambio cultural que Jack Welch dirigió en GE. "Hoy [2001], Elfun tiene más de 42.000 miembros, incluidos jubilados que ofrecen voluntariamente su tiempo y energía en comunidades donde GE tiene plantas y oficinas. Tiene programas de tutoría para estudiantes de secundaria. El cambio de diseño de Elfun se convirtió en un símbolo muy importante [de reducir la burocracia]. Era justo lo que estaba buscando", reflexiona Jack.

A menudo, recordamos símbolos por el resto de nuestra vida. Gandhi, Jack Welch, Nelson Mandela, FDR y JFK fueron maestros en la creación de símbolos que inspiraron a las personas a pensar y ser más grandes. ¿Cuál sería una propuesta simbólica que podrías introducir en tu campo de acción para indicar que el crecimiento está aquí para quedarse?

5. COMUNICAR, COMUNICAR, COMUNICAR

Hemos establecido una visión, modelos a seguir, marcadores de lenguaje y símbolos. ¿Qué nos falta si queremos cambiar la cultura de nuestro campo de acción de manera sostenible y poderosa?

La forma en que nos comportamos día a día está determinada por nuestro pensamiento, por nuestro diálogo interno. Desde esta perspectiva, podemos ver la cultura como nuestro diálogo interno *colectivo*—las historias que nos contamos—. Cuando cambiamos la cultura, evolucionamos de una narrativa colectiva a otra. Los líderes de crecimiento contribuyen a pasar de una historia colectiva de cocodrilos a una de búho.

EL PODER DE LAS HISTORIAS DE CRECIMIENTO

A la gente le encantan las historias —tenemos hambre de ellas—. Para muchos de nosotros, haber escuchado cuentos antes de dormir suele ser uno de nuestros recuerdos favoritos de la infancia. En el diccionario encontramos una referencia proveniente del anglo-latín sobre la palabra *historia* que dice: "Parece que, originalmente, la palabra *historia* hace referencia a un paisaje que representa, por ejemplo, un tema histórico en el que aparecen unas ventanas pintadas o unas esculturas en el frente de una edificación". En otras palabras, cuando contamos una historia, compartimos una parte de nuestro paisaje mental de una manera que quienes nos escuchan puedan relacionarse con él y recordarlo —un símbolo descrito en palabras—. Cuando contamos una historia de crecimiento, compartimos un símbolo verbal que nos inspira a seguir creciendo de forma individual y en conjunto con otros. Las historias de crecimiento son poderosas. De Abraham Lincoln aprendimos cuán poderosas son.

Lincoln se convirtió en un gran narrador durante su presidencia. Más que todo, comenzó siendo un gran oyente. Permitía que multitud de personas ingresaran semanalmente a su oficina para escucharlas y conocer sus inquietudes, y para saber qué estaba pasando en el país. Durante su campaña electoral en 1860, recibió una carta de Grace Bedell, una niña de 11 años de Westfield, Nueva York, que le decía: "Tengo 4 hermanos y unos votarán por ti a la fija, pero si te dejas crecer el bigote, intentaré que los otros también te den sus votos; además, te verías mucho mejor porque tu cara es demasiado delgada". Él le respondió cuatro días después: "En cuanto al bigote, como no lo he usado nunca, ¿no crees que la gente diría que es una tontería que comience a usarlo ahora?". Aunque no le hizo ninguna promesa, como presidente electo, se dejó la barba cuando se detuvo en Westfield el 16 de febrero de 1861 y se encontró con su joven corresponsal. Lincoln sabía escuchar y actuar en consecuencia, sin importar quién fuera el mensajero.

Más adelante, durante su presidencia, Lincoln se volvió magistral al *compartir asertivamente* su historia con la nación. Hasta que Lincoln asumió el cargo, los presidentes, una vez elegidos, no tenían contacto directo con el público. Su trabajo consistía en dirigir el gobierno y compartir sus acciones y deseos solo con el Congreso. Rara vez, salían de la capital, excepto por vacaciones. Sin embargo, Lincoln se despidió de esta tradición y salió del convencional aislamiento que se vivía en la Casa Blanca.

Al crear una nueva relación directa con el público estadounidense, Lincoln aplicó algo que había aprendido practicando política exterior. Meses antes, Lincoln había mantenido correspondencia directa con el pueblo de Gran Bretaña y había evitado un ataque británico en suelo de la Unión —que algunos de sus líderes estaban defendiendo—. La economía civil había sido gravemente afectada por la Guerra Civil, ya que el algodón de las fábricas textiles estadounidenses en las que confiaban había dejado de llegar cuando el Ejército de la Unión cerró los puertos confederados del Sur.

Lincoln reconoció la amenaza de esta crisis para la causa de la Unión y comenzó a escribirles cartas públicas a los trabajadores británicos— explicándoles las razones del cierre de los puertos y la Guerra Civil—. Les pidió que se unieran a la lucha por la libertad de sus semejantes, los esclavos del Sur. Lincoln le recordó a la gente un poderoso propósito que todos tenemos en común: ser humanos. Si bien al comienzo encontraron resistencia, las cartas de Lincoln generaron manifestaciones masivas de trabajadores de fábricas en Manchester y Londres expresando su apoyo a la lucha del presidente por la libertad de toda la humanidad. Aquí podemos ver un elemento de las historias de crecimiento —*que es unir a las personas en un propósito compartido.*

Al ver el impacto que las cartas tuvieron en el sentimiento público británico, Lincoln comenzó una campaña pública de redacción de cartas en su propio país con la esperanza de reunir el apoyo que tanto él necesitaba para implementar allí sus políticas. La gente estaba cansada de la Guerra Civil, de su costo en vidas humanas y del declive de la economía.

Sus cartas funcionaron. El 12 de junio, envió una carta a Erastus Corning con una copia al influyente periódico *The New York Tribune*. Corning era Presidente del Ferrocarril Central de Nueva York y líder de una protesta en Albany contra el arresto y el juicio a Clement Vallandigham, un destacado demócrata que estaba en contra de la guerra y que había sido condenado por expresar sentimientos que ayudaban, confortaban y alentaban a quienes estaban en armas contra el gobierno. Las citas de Vallandigham incluían atacar al presidente por actuar como el "Rey Lincoln" y por comenzar "una guerra por la libertad de los negros y la esclavitud de los blancos". En su carta, Lincoln explicó por qué se había vuelto más duro con respecto a responsabilizar a la gente y vaticinó que "llegará el momento en que lo más probable será que se me culpe por haber realizado muy pocos arrestos en lugar de demasiados". En lo que sería visto como su párrafo más efectivo, el presidente les pidió a sus peticionarios de Albany que vieran que era su derecho y su deber como presidente castigar la incitación, escribiendo: "¿Debo dispararle a un joven soldado ingenuo que deserta al mismo tiempo que no debo tocar ni un solo cabello del agitador que lo induce a desertar?".

Las victorias del partido de Lincoln en las elecciones de otoño, que impulsaron su efectividad, se atribuyeron en parte a su dominio para volver a involucrar a la opinión pública a través de su campaña de redacción. Con frecuencia, el *Chicago Tribune*, que criticaba a Lincoln, ahora lo llamaba "el hombre más popular en los Estados Unidos" y predijo: "Si las elecciones para presidente se celebraran mañana, el viejo Abe, sin la ayuda especial de ninguno de sus amigos, y sin un competidor que se dispute con él su habilidad magistral, que no es nada menos que su indudable patriotismo y su honestidad inquebrantable, ganaría la presidencia".

Lincoln sabía cómo capturar concisamente la narrativa de cocodrilo de la época, que no era otra que la negatividad y la estrechez mental, y la remplazaba con una nueva historia de búho que inspiraba el deseo de crecimiento: ser decisivo y ver el panorama general, comprender que atacar al gobierno y abandonar el ejército era similar. Y no solo escribió una nueva historia, sino que también la compartió asertivamente.

Lincoln amplió su trabajo incluyendo el hecho de convertirse en uno de los narradores de historias más poderosos de la nación, no solo de cuentos antiguos, sino de narraciones que inspiraron a las personas a crecer en su conciencia. Durante su presidencia, Lincoln surgió como un comunicador de conciencia superior; podemos llamarlo un comunicador de crecimiento.

¿Qué historia de crecimiento deseas escribir y defender para ayudar a que tu campo de acción crezca?

LOS 5C DE LA COMUNICACIÓN DE CRECIMIENTO

Los comunicadores de crecimiento aplican los 5C que ya exploramos cuando tratamos el tema de entrenamiento uno a uno: CS (significado), CE (emoción), CI (intelecto), NI (intuición) y CC (contentamiento). Ellos se preguntan una y otra vez: "¿Cómo puedo cambiar la historia colectiva hoy? ¿Qué historias puedo compartir? ¿Cómo quiero que las personas se sientan, piensen y actúen de manera diferente al final de la comunicación?". Exploremos cómo comunicar crecimiento usando las 5C.

COMUNICANDO SIGNIFICADO —CS

El 10 de julio de 2014, Satya Nadella escribió en una carta dirigida a todos los empleados de Microsoft: "El día que asumí mi nuevo cargo, manifesté que nuestra industria no le hace honor a la tradición, sino a la innovación. También manifesté que, para acelerar nuestro proceso de innovación, debemos redescubrir nuestra alma, nuestro núcleo único".

Los comunicadores de crecimiento aprecian el estado de conciencia de la audiencia con la que están hablando. Satya no lideró con la palabra *alma*, sino con la palabra *innovación*. La mayoría de los ingenieros se relaciona fácilmente con la innovación; y verla escrita junto a "alma", una palabra poco común en los negocios, les ayudó a relacionarse con el *significado* de lo que estaban haciendo de una manera más profunda.

"¿Qué viniste a contribuir?". Esa es una pregunta central que es útil plantear cuando se trata de encontrar significado. Con ella desafiamos a nuestras audiencias a pensar en su contribución a la expansión de sus círculos de acción —ellos mismos, sus equipos, sus organizaciones, sus clientes, sus socios y la sociedad—. Este cuestionamiento les ayuda a expandir la percepción de su *por qué* individual y del *por qué* detrás de su evolución hacia un nivel superior de consciencia colectiva. A medida que ampliamos nuestros círculos de acción, aumentamos nuestra capacidad de amar, accediendo a la energía infinita del amor incondicional. Satya desafía a las personas a pensar en la contribución única que pueden hacer para innovar su colectivo —Microsoft y, por ende, a sus clientes, socios y a la sociedad—. Su desafío energiza —le pide a la gente que piense en grande.

Los comunicadores de crecimiento se mantienen enfocados en la contribución que desean hacer y obtienen resultados en cada comunicación que publican; este propósito impulsa sus palabras. Ellos no se dejan engañar por los dibujos de cocodrilos de ser queridos o de mantenerse a salvo. Cuando Satya escribió: "Debemos redescubrir nuestra alma", se arriesgó a no ser convencional, a no encajar en el molde de las palabras corporativas. Invitó valientemente a decenas de miles de empleados a adquirir una mentalidad de crecimiento. Los inspiró a reflexionar: *¿De qué se trata realmente esta empresa? ¿Qué estoy haciendo yo aquí? ¿Cuál es mi propósito? ¿Y qué tan satisfactorio será?*

Sabremos que la nueva conciencia ha sido adquirida solo cuando veamos que las personas son y actúan de manera diferente. Toda excelente comunicación, ya sea un discurso, una publicación de blog o un diálogo, invita a hacer una elección personal: "¿Cómo responderás de manera diferente con tu nueva conciencia?". Esa es la pregunta que planteamos bien sea implícita o explícitamente.

"Cuando tengamos el coraje de transformarnos a nivel individual, transformaremos a nivel colectivo esta compañía y aprovecharemos la gran oportunidad que tenemos por delante", concluye Satya en su carta a los empleados. Su mensaje implícito parece decir: "¿Elegirás ser un líder en nuestra valiente empresa?".

COMUNICANDO CON MADUREZ EMOCIONAL —CE

El mayor obstáculo para cualquier evolución de la conciencia es el apego que las personas les tienen a sus viejas identidades —quiénes pensaban que eran, qué las hacía sobrevivir y prosperar anteriormente, cómo pensaban que eran apreciadas y en quién creían que podían confiar y cómo— o en una palabra: a su ego. Cuando la conciencia colectiva comienza a cambiar, cualquier componente de identidad de cocodrilo tiende a activarse. "*¿Pero pensé que era el mejor aquí?*", pensará cualquier persona. O bien, "*Siempre he ganado al centrarme primero en mi equipo y dejando que el resto se encargue de sí mismo*". Otro podría pensar: "*No confío en este nuevo grupo de liderazgo, ¿por qué lo seguiría en su búsqueda de transformación? Es demasiado arriesgado, tengo una familia que alimentar*".

Aquí es donde entra en juego la madurez emocional. Debemos tener los medios para permanecer abiertos al diálogo con los defensores y los detractores de la nueva forma de mentalidad, prestándoles a todos y a cada uno *igual* interés y empatía. La gente tiene razones honestas para guiarse por su mentalidad de cocodrilo, si eso es lo que los está reteniendo. Para domar a los cocodrilos en una organización, aplicamos el mismo enfoque que usamos con nuestro paisaje interior. Invitamos a los temerosos cocodrilos a tomar el té. Para domesticarlos, nos hacemos sus amigos, pero sin ceder ante ellos. Investigamos y reconocemos sus preocupaciones y entre juntos vemos qué nuevas formas encontrar para ver el desafío en cuestión de manera diferente, como una oportunidad para el crecimiento. Cuando una persona con un cocodrilo activo está actuando, podemos ver esta oportunidad como un llamado al amor.

Los cocodrilos más reactivos pueden convertirse en los símbolos más poderosos para darle paso a una nueva conciencia. Elfun, anteriormente un colectivo de cocodrilos autoagrandado, se convirtió en una organización generosa e inclusiva, símbolo de simplicidad y menos burocracia en GE. Esa transformación comenzó con un intercambio franco que desencadenó el crecimiento. La madurez emocional no significa ser blando, sino saber integrar empatía y firmeza. Cada líder encuentra su propio camino para estimular el crecimiento. Las comunicaciones más maduras desde el punto de vista emocional se basan en la presencia, en la veracidad firme y en mostrar profunda empatía.

COMUNICACIÓN INTELIGENTE —CI

Muchas personas en los negocios están entrenadas y orientadas hacia el cerebro Yang/izquierdo y no se sienten cómodas con la ambigüedad. Sin embargo, la evolución de una nueva cultura es más un arte que una ciencia exacta. Para que esta evolución sea comprensible y emocionante para las personas orientadas al Yang, ayuda tener un proceso claro de hitos que establezcan un ritmo de negocios durante la transición: cuándo trabajaremos en qué, por qué y cómo.

Y es importante ser precisos en nuestros diálogos —recuerda tener siempre en cuenta los hechos simples, aquellos que todos podemos observar—. Los hechos mismos se convierten en motivadores para adquirir una mayor conciencia. Un líder cuyo llamado es hacer un cambio de cultura a nivel de toda la empresa dijo: "Gallup sugiere que la participación de los empleados es de alrededor del 30% en los Estados Unidos... y en nuestra organización estamos en el 27%. Eso me dice que todavía tenemos mucho potencial sin explotar. Nuestro cambio cultural incluye comprender lo que nos desconecta y trabajar juntos para hacer de esta compañía un lugar donde, una vez más, todos queramos estar de todo corazón. Y para que esto suceda, haremos una inversión significativa en tiempo y dinero con el fin de apoyar nuestra transformación. Esto incluye talleres de crecimiento propio, crecimiento de otros y un sistema de crecimiento. Quiero que estemos aquí el próximo año diciendo: 'Estamos en el 60%'. Así que trabajemos juntos para que eso suceda". Las comunicaciones de alto coeficiente intelectual exponen el desafío y la aspiración con la mayor precisión posible, en este caso, pasar del 27% al 60% —y explican el proceso que se utilizará, con un comienzo claro ("entender lo que nos desconecta"), un intermedio ("talleres") y una finalidad (lograr la meta del 60%).

El diálogo preciso también significa que miramos a ambos lados del progreso, compartimos abiertamente lo que no funciona y celebramos lo que sí funciona, ambos con ejemplos específicos: describiendo contratiempos y destacando precursores e historias de éxito.

COMUNICACIÓN INTUITIVA —NI

A menudo, nuestros mayores avances en la comunicación no están programados, sino que suceden en el momento o justo antes. Martin Luther King completó su discurso "Tengo un sueño" esa misma mañana que lo pronunció, al igual que Lincoln con su discurso de Gettysburg. Cuando Gandhi construyó *satyagraha*, sus ideas sobre qué decir y qué hacer a continuación le llegaron a la onceava hora; a menudo, cuando iba a dirigirse a una multitud de miles, él no sabía qué decir sino hasta unos minutos antes. Y en reuniones de empresa, yo he sido testigo de las palabras más memorables durante un diálogo espontáneo.

¿Tenemos el coraje de dejar que nuestra sabiduría más profunda hable en el momento? Si le damos espacio, nuestro búho siempre está listo. Lo único que debemos tener en cuenta es no dejar que nuestro cocodrilo controlador se robe el espectáculo.

Una forma de cultivar la intuición en la comunicación es creando espacios seguros para ello. El cocodrilo se sentirá obligado a actuar y a decir lo que cree que es correcto y racional cuando sienta que está siendo juzgado. Es por eso que, con frecuencia, comenzamos reuniones con una lista de verificación, con un monólogo secuencial que nos permita a todos responder de una a tres preguntas que planteemos por adelantado (ver también el Capítulo 7). También realizamos un ejercicio llamado "pecera" en el cual invitamos a una o más personas del grupo, a menudo, incluyendo al líder, a pasar al frente del grupo y conversar entre ellos como si estuvieran en su propia sala de estar sin que nadie más los esté mirando. Uno de mis clientes les llama a estas "conversaciones en la sala de estar". El hecho es que hablar desde fuera del guion, desde el vientre, ha llevado a algunos de los momentos más transformadores que he visto en algunas reuniones. Cuando las personas son sinceras con los demás, como nunca antes lo habían sido, inspiran a otros a hacer lo mismo. Ese nivel de veracidad tiende a parecer una confesión. "Lo que realmente creo es…", "Mi mayor preocupación acerca de esto es…", "Mi oportunidad de crecimiento viene siendo…" y "Siento que…" son algunas frases que han provocado estas "confesiones".

Cuando creamos un espacio seguro para la intuición, esta florece. Necesitamos fomentar entornos en los que esté bien hablar desde un lugar que sea profundamente veraz y más allá de las limitaciones de nuestra mente racional. La intuición tiende a hacer que las cosas sean simples y rápidas. Al final, lo que a todos nos importa profundamente es bastante similar. Y una persona que señala lo que ve como verdad ayuda a otras a hacer lo mismo, haciendo que lo *indiscutible* sea discutible. Una forma de inspirar a las personas para que hablen desde su intuición es siendo sinceros con nosotros mismos primero y traspirando una energía de atención plena. Cuando desechamos el libro de reglas de lo que creemos que deberíamos decir, abrimos la puerta a una expresión y conexión más profunda y espontánea.

COMUNICANDO CON CONTENTAMIENTO —CC

No importa qué tan bien nos comuniquemos, la vida fluye. Nos topamos con uno y con otro inconveniente. Alguien dice o hace algo molesto y, de repente, sentimos como si el mundo se derrumbara sobre nosotros. Nuestros cocodrilos están a flor de piel y nos sentimos estresados, reactivos y molestos. Y lo que es peor, las personas en nuestro campo de acción también se sienten igual.

Con frecuencia, los líderes de crecimiento suelen encontrarse en el centro de una tormenta, debido a que una conciencia creciente significa un cambio constante en el mundo interno y externo. A la mayoría de las personas no le gusta el cambio, y cuando no nos gusta algo y estamos operando en un nivel inconsciente, tendemos a volvernos reactivos, a menudo, causándonos daño a nosotros mismos y causándoselo a quienes nos rodean.

¿Cómo comunicamos contentamiento, satisfacción y confianza incluso cuando no los sentimos en absoluto? Cuando nos sentimos incómodos a medida que guiamos a otros bien sea en una reunión, en una cena o en cualquier lugar, es bueno recordar que nuestra principal preocupación no es que nos sintamos bien. Al igual que con el entrenamiento individual, nuestra primera y principal intención es estar presentes, como el cielo. Cuando nos enfocamos en la quietud del momento actual (tomar algunas respiraciones profundas desde el vientre nos ayuda a calmar a nuestros cocodrilos) podemos sentir algo de espacio emergiendo alrededor del calor y la pesadez del furor de nuestros cocodrilos. Una vez que hayamos hecho esto, es conveniente que nos planteemos algunas preguntas que nos ayuden a recuperar aún más nuestra cordura:

- ¿Qué me está molestando?
- ¿Qué creo que me molesta?
- ¿Es eso cierto?
- ¿Qué sucede si libero este pensamiento por completo, sabiendo que ningún pensamiento es absolutamente cierto?
- ¿Cómo puedo crecer con esto?

- ¿Qué pasaría si me volviera dos veces más amable conmigo mismo? Entonces, ¿cómo me vería a mí mismo y a los demás?

- ¿Cómo puedo liderar desde mi propósito superior ahora?

Enfócate en cualquiera de estas preguntas o en cualquier otra que te devuelva a la presencia. Quizá, sea bueno practicar un breve ejercicio de meditación. A veces, esto requiere cavar profundo. La buena noticia es que, cuando profundizamos, encontramos los recursos necesarios dentro de nosotros mismos para abordar cualquier situación que enfrentamos —el amor incondicional nunca falla—. Con los ojos de la presencia, el amor incondicional, *todo se convierte en una oportunidad de crecimiento y servicio*. Recuerdo haber estado en un taller donde un participante me preguntó por qué pensaba que estaba calificado para dirigir el taller a pesar de que no tenía un título en sicología. Mi cocodrilo quería que le mostrara mis credenciales. No lo hice. En cambio, respiré y me mantuve tranquilo. Entonces, recordé por qué estaba allí: para ayudar a evolucionar la conciencia. La pregunta surgió: "Para que este taller sea útil para ti, ¿qué te gustaría lograr?". Después de escuchar su respuesta, le dije: "No sé si seré la persona adecuada para ayudarte a lograr eso. Y para averiguarlo, ¿quieres quedarte para la sesión de la tarde y decidir si esto te funciona o no? Estar en presencia me ayudó a ver su preocupación subyacente, que no era sobre mis cualificaciones, sino sobre sus necesidades. Estar en presencia me ayudó a separarme de los resultados. Si el participante se quedaba o no, esa no era mi preocupación. Al estar en presencia pude ver lo que se necesitaba y actuar en consecuencia.

Cuando otros a nuestro alrededor están molestos, tenemos la opción de actuar con atención plena y amabilidad. Nos comunicamos a través de nuestra mentalidad gentil, pero firme, seguros de que los inconvenientes no son el fin del mundo, simplemente, son parte del proceso de crecimiento. Esta actitud nos ayuda a desarmar a los cocodrilos que controlan a otros, ya que, de esa manera, ellos están recibiendo señales de que todo está bien. Ten en cuenta que es aconsejable no investigar sobre los cocodrilos de otros, a menos que se nos otorgue un permiso específico. Cuando las personas están bajo la influencia de sus cocodrilos es poco probable que experimenten que ninguna ayuda es útil —un cocodrilo percibe todo como una amenaza, incluso a alguien que intenta ser útil—. Necesitamos recordarnos a nosotros mismos que todos estamos en nuestro propio proceso. No estamos aquí para arreglar. Estamos aquí para estar presentes para nosotros mismos y para los demás, y para extender una mano amiga cuando se nos solicite. Estamos aquí para estar presentes y aplicar la fórmula *L.O.V.E.* —Dejar que otros evolucionan voluntariamente.

CINCO ELEMENTOS DE UNA HISTORIA DE CRECIMIENTO

Será necesario que haya mucha comunicación cuando comiences a trabajar activamente en la cultura de tu campo de acción. Una manera sencilla de hacerlo es escribiendo tu historia de crecimiento y hacer que esta permee todas tus interacciones. A medida que la escribes, procura tener en cuenta estos cinco elementos. Una historia de crecimiento:

1. Une a las personas en un poderoso propósito colectivo

2. Menciona los cocodrilos colectivos

3. Señala la mentalidad de los aspirantes a búho

4. Provoca un compromiso inquebrantable para pensar y actuar de manera diferente

5. Comunica todos los 5C (CS, CE, CI, NI y CC). O, para decirlo de una manera simple: una historia de crecimiento responde la pregunta: *¿cómo quieres que la gente piense, sienta y actúe de manera diferente?*

AMPLÍA HOY TU CAMPO DE ACCIÓN

Muy bien, ya hemos dicho suficiente. Hemos explorado cómo administrar nuestro campo de acción con los cinco patrones que cambian la cultura: visión, modelado de roles, marcadores de lenguaje, símbolos y comunicación. También hemos aprendido cómo compartir una historia de crecimiento y comunicar crecimiento a través de las 5C. ¿Estás listo para comenzar y sumergirte?

El primer paso para convertirnos en líderes de crecimiento es comprometiéndonos con nuestro propio crecimiento. Una vez que hayamos tomado esta valiente resolución y hayamos practicado durante un tiempo, es hora de comenzar a trabajar con otros, uno a uno y uno a muchos. Noté en mí y he notado en otros la duda de convertirnos en un líder de crecimiento, en lugar de solo limitarnos a crecer a nivel personal. Tendemos a creer que necesitamos haber evolucionados el 100%, haber descubierto por completo todos nuestros miedos o estar siempre en equilibrio, antes de poder comenzar. Sin embargo, esto no es verdad. Al participar en el mundo con una mentalidad de liderazgo del crecimiento encontramos que nuestro crecimiento interno se está acelerando. El mundo externo nos proporciona disparadores valiosos que emergen de las partes de cocodrilo de nosotros mismos que aún no hemos detectado. Además, cuando ingresamos al mundo con la intención de servirle de la mejor manera posible, estamos obligados a contribuir aunque sea siendo imperfectos.

El liderazgo del crecimiento no es un asunto de perfección, sino de progreso. ¿Nos atreveremos a compartir como somos ahora, aceptando nuestras partes inconscientes y las de los demás? Es obvio que sí, estamos capacitados para entrar al mundo e incluso para administrarlo sin tener que retrasarnos debido a las ansiedades que nos genera el hecho de ser imperfectos.

¿Dónde comenzar sirviéndoles a los demás? Selecciona tu campo de acción. Quizá, sea al interior de tu familia, con tu grupo de amigos, en tu organización, tu trabajo, tu equipo o en otra comunidad —sea cual sea el grupo al que te sientas llamado a servir—. Luego, comienza a hablar con ellos sobre tu interés por desarrollar conciencia y observa a quiénes les suena la idea. Estas serían las personas que podrían convertirse en tus primeros socios en el proceso de crecimiento. Con ellos podrías diseñar el enfoque que ayudará a cambiar la cultura en ese campo de acción de manera más amplia.

Sé paciente. Se necesita tiempo para que las mentalidades evolucionen. No te desanimes. Martin Luther King afirmó que "no podemos permitirnos el lujo de la desesperación". Debes saber que hay muchas personas en todo el mundo trabajando en procesos similares. Imagínate que estás sentado con ellas, compartiendo sus historias mutuas. Siente la unidad en el propósito. Al final, todos están en el proceso de hacer crecer su conciencia. Es solo que tú decidiste convertirte en un administrador más consciente de eso.

El mantra de Gandhi era: "Renunciar y disfrutar". Para administrar un campo de acción tenemos que procurar estar en cero: cero apego al resultado, cero apego al beneficio personal y cero apego a nuestra agenda. Renuncia a cualquier resultado que tu cocodrilo haya decidido que quiere obtener de tu mayordomía. Hazlo porque te sientes llamado a hacerlo y disfruta de la mayordomía en sí. Esa es la recompensa.

Con esa mentalidad de apego cero, ¿estás listo para sumergirte? Hay una poderosa historia de crecimiento que espera a ser escrita y vivida por ti. ¿Estás listo para poner lápiz a papel, tomar una posición y contribuir a la evolución de tu campo de acción de todo corazón?

—TRABAJO DE CAMPO—

1. ¿Cuál es tu campo de acción? ¿En qué organización te gustaría influir? ¿En tu equipo de trabajo? ¿En tu familia? ¿Con tus amigos? ¿En tu comunidad?

2. ¿Quién es alguien que te inspira? ¿Cómo usarían él o ella las cinco cosas que cambian la cultura descritas en este capítulo?

3. ¿Cuál es tu visión de crecimiento y administración para tu campo de acción? ¿Cuáles son esos dos o tres cocodrilos que controlan tu campo de acción en este momento? ¿Y cuáles son dos o tres búhos hacia los que te gustaría que se moviera tu campo de acción? ¿Cuál es el propósito subyacente, el *por qué*, eso que servirá?

De. Cocodrilos	A. Búhos

Propósito:

4. ¿Qué marcadores de idioma usarías para ayudar a las personas a seguirte en el proceso de cambio cultural?

5. ¿Qué apuesta simbólica te servirá para inspirar en tu campo de acción? ¿Qué símbolo usarías para mostrar que este cambio de conciencia llegó para quedarse?

6. ¿Qué harás para garantizar una comunicación efectiva dentro de tu campo de acción? ¿Cómo te comunicarás con cada uno de los 5C?

    Voy a comunicar significado por medio de…

    Me comunicaré con madurez emocional por medio de…

    Me comunicaré inteligentemente por medio de…

    Me comunicaré intuitivamente por medio de…

    Me comunicaré con contentamiento por medio de…

7. Escribe tu historia de crecimiento abordando las siguientes preguntas:

    • ¿Qué representas como líder?

    a. ¿Qué mentalidades y comportamientos estás comprometido a hacer crecer en ti mismo? ¿De (cocodrilo) → A (búho)?

    b. ¿Cuál es tu propósito subyacente?

    • ¿Cuál es tu visión para tu campo de acción?

    a. ¿Qué mentalidades y comportamientos de tu campo de acción piensas desarrollar? ¿De (cocodrilo) → A (búho)?

    b. ¿A qué resultados específicos aspiras? ¿Qué contribuciones piensas que tu campo de acción se haga a sí mismo y les haga a la organización, a los clientes, a los socios y al mundo? (Si tu campo de acción no es un equipo en una organización, piensa en otras partes interesadas en lugar de las enumeradas aquí).

    • ¿Qué elecciones, por pequeñas que sean, harás ahora para progresar?

- ¿Qué elecciones invitas a otros a hacer aquí y ahora? Primero, escribe la historia en unos pocos párrafos…

  … luego, en una oración

  … luego, en una palabra

  … luego, en un símbolo

8. ¿Cómo estás creciendo?

Epílogo

¿CUÁL ES TU PRIORIDAD?

"No te conformes con las historias de otros, con cómo les han salido las cosas a los demás. Vive y cuenta tu propia historia".
—Rumi

Nadie distinto a ti puede decidir cuáles serán tus prioridades. Sin embargo, lo que priorices tendrá un impacto decisivo en tu experiencia de vida.

¿Cómo sabes cuáles son tus prioridades? Son aquello en donde inviertes tu tiempo, tu atención y otros recursos.

Si priorizas el dinero, estarás invirtiendo una gran cantidad de tu energía y tus pensamientos preocupándote y deleitándote en el tema del dinero, en que tienes muy poco, lo suficiente, mucho, más que otros, lo suficiente como para que te dure para ti y para tus seres queridos toda la vida, para ayudar a otros y la lista continúa. Puedes construir toda tu vida alrededor del dinero. Muchas personas lo han hecho y aún muchas más lo están haciendo hoy en día.

Si tu prioridad son las relaciones, te enfocarás en que estas sean significativas, habrá ocasiones en que te sentirás abrumado por los altibajos que sufren las relaciones, serás muy sensible hacia los demás, muy protector con las personas más cercanas a ti, excluirás a otras, incluirás a todos y buscarás cualquier experiencia relacionada con la interacción.

Si te pones a ti primero, crecerás, te desarrollarás, serás muy exitoso, quizá, te desesperarás cuando no lo seas, llegarás a ser muy importante, crearás lugares muy agradables para trabajar y vivir, lucharás para lograr tus metas y así sucesivamente.

Ahora, ¿qué pasa si pones como tu prioridad principal crecer e ir transformándote en quien realmente eres? ¿Cuál sería tu experiencia en este caso? Primero, descubrirás que quien realmente eres no te separa de los demás. Es disfrutar de una energía ilimitada de presencia, amor incondicional, alegría y paz. Es una experiencia que las palabras no pueden describir, que no tiene comparación. Ha sido descrita como la experiencia del observador. En este libro, también la hemos llamado el cielo. Es un estado que no tiene oposición, sino que lo abarca todo, es firme y gentil, claro y abierto, enfocado y sensible, e inmóvil y dinámico. Cuanto más nos convertimos en lo que realmente somos, más encarnamos esta presencia —paz, alegría, amor—, esta quietud dinámica. Nos convertimos en eso.

Entonces, *todo lo demás* se convierte en una oportunidad para aprender, servir y actuar sin el menor esfuerzo. El dinero se convierte en un maestro que nos ayuda a comprender y liberar algunos de nuestros temores como no tener suficiente o sentir incertidumbre, etc. Una vez que liberamos estos temores, seremos aún más claros acerca de quiénes somos realmente —presencia, amor incondicional, alegría—. El dinero se convierte en una energía con la que aprendemos a trabajar hábilmente. Desde la presencia, tenemos una preocupación natural por equilibrar los recursos para todos nosotros. Nos preguntamos: *¿Es cierto que necesito este dinero?* Aprendemos a rendirnos a nuestra intuición que, al igual que un río, sabe qué camino tomar. Sabemos qué hacer. Trabajar con dinero cambia al verlo fluir con tanta rapidez y ser algo así como cuando uno conduce un automóvil por una carretera. No podemos anticipar todos los giros y vueltas que daremos de antemano; si tratáramos de resolverlo de antemano, nos volveríamos locos, pero de alguna manera sabemos cuándo cambiar de carril, cómo darle espacio al automóvil que se aproxima y cuándo girar. Y hay muchas señales en el camino. Cuanto más abandonamos el miedo al dinero, nuestro apego y aversión hacia él, más entramos en un flujo natural. Y en ese fluir, comprendemos que solo somos cuidadores del dinero y que estamos llamados a usarlo para lo que más sirva en el momento.

¿Y qué hay de las relaciones? Cuando priorizamos crecer en lo que realmente somos, las relaciones ya no son un fin en sí mismas, no son algo que necesitamos obtener y conservar, sino que se convierten en algo de lo cual aprendemos, actuamos y servimos. Somos estudiantes y cuidadores de las relaciones. Estas nos enseñan sobre el miedo al abandono, sobre los límites, sobre ser fieles a nuestro propósito, sobre integrar opuestos aparentes en los conflictos, sobre ayudar a alguien y sobre permitir que las cosas fluyan tal y como son. ¡Hay tantas lecciones que encontrar en el campo de las relaciones. Cuando no nos enfocamos en obtenerlas o conservarlas, sino en crecer a través de ellas y cuidarlas, las relaciones se convierten en las plantas de nuestro jardín. Los regamos. Aprendemos sobre nosotros mismos y sobre nuestro propio crecimiento a medida que las vemos evolucionar. Aprendemos sobre la intimidad humana a medida que las probamos y aprendemos a soltarnos a medida que las cosas cambian. Las relaciones por su naturaleza cambiante, son excelentes maestros sobre lo que es constante dentro de nosotros, al mostrarnos el contraste entre la presencia sin oposición, el amor incondicional, nuestra esencia y las cosas fugaces de nuestro mundo: estar en una relación y experimentar alegría, anhelos, calidez, aprecio, tristeza, ira, envidia, frustración, asombro y todas las demás emociones humanas que surgen con tanta fuerza cuando nos relacionamos profundamente con los demás.

¿Y qué hay de mí y de mi lugar en el mundo, de mi autoestima, de mi valía, de quién soy como persona? Llegamos a vernos a nosotros mismos como una colección de roles que asumen la presencia. Es como cambiarnos de vestuario, algunos de nuestros trajes los usamos durante bastante tiempo. Nuestra identidad puede ser una gran maestra sobre estar en el poder de la presencia. Aquí hay una paradoja. Cuanto más dejamos de lado nuestra identidad como persona —por ejemplo, buena, agradable, competente, sabia, generosa o especial—, más fácil nos es conectarnos con la presencia intemporal y comprender que, en realidad, somos más allá de los atributos superficiales. Cuanto más descansamos en esta presencia intemporal que somos, más podemos ser de servicio en el mundo contribuyendo a la seguridad, la intimidad, los logros, el aprendizaje, la caridad, la cohesión y la sabiduría. Nuestro personaje, que siempre trata de proteger a un "yo" aparentemente separado, ya no está en el camino. En cambio, podemos llegar a vernos a nosotros mismos como un recipiente vacío a través del cual el poder de la presencia fluye libremente.

Cuando hacemos del verdadero autodescubrimiento nuestra máxima prioridad, la vida se convierte en una aventura infinitamente inspiradora. Independientemente de lo que encontremos a nuestro camino, lo reconocemos como nuestra siguiente estación en nuestro camino hacia ser quienes realmente somos. Esta actitud nos capacita con un fuego para el aprendizaje que nos brinda paz, calma, calidez y una fuerza tremenda para transformar todo en nuestra vida en una oportunidad para ser cada vez más quienes somos —presencia, alegría, paz, amor incondicional— y encarnarlo más, un poco más cada día.

Este no es un viaje que tú o yo controlamos. Podemos elegir crecer conscientemente. Y podemos rendirnos a la vida, confiando en que nos guiará de la manera que lo hará. No podemos forzar nuestras percepciones, sino que dejamos que estas vengan a nosotros. Escuchamos los susurros de la vida. No controlamos los eventos y lo que ellos nos enseñan; simplemente, aparecen. No controlamos cuándo y qué aprenderemos; solo honramos el flujo de las cosas.

¿Estás listo para ser así de abierto? ¿Así de arriesgado? ¿Así de juguetón? ¿Así de feroz? ¿De indulgente? ¿De cuidadoso? ¿De confiado? Espero que leer este libro y pasar tiempo contigo mismo haya alimentado tu determinación de convertirte más en quien realmente eres y quieras dejar de lado los miedos, las dudas y otras distracciones que te hayan impedido caminar con total decisión por la montaña interminable del autodescubrimiento.

A menudo, cuando salgo de excursión, veo personas que se detienen en la tienda de suvenires al pie de la montaña. Muchas se quedan allí y nunca se aventuran a subir, pues los seres humanos amamos nuestro entorno cómodo y controlado. Si no dejamos la tienda de suvenires de nuestra vida, no nos daremos permiso para conocer nuestro verdadero ser.

Cuanto más nos conocemos, más apreciamos el regalo que somos. Cuanto más apreciamos el regalo que somos, más lo compartiremos. ¿Te permitirás descubrir y compartir tu regalo un poco más cada día?

Deja a un lado esa tienda de suvenires que hay en tu vida y que conoces tan bien. Da un paso pequeño y audaz fuera de ella, aquí y ahora. Hazte ese regalo. Hoy. ¿Por qué esperar?

Gracias por viajar junto conmigo en esta jornada hacia descubrir quiénes somos realmente.

Agradecimientos

Deseo hacerles un reconocimiento a todos aquellos que he conocido. Ustedes me han ayudado a descubrir más quién soy realmente. Sus historias se han convertido en este libro. Aunque no recuerdo todos sus nombres, mencionaré a algunos de ustedes aquí.

Gracias, mamá y papá, Hanny y Bertus Faber. Ustedes me han enseñado mucho. Sus innumerables ejemplos de perseverancia me ayudaron a completar este libro. Muchas gracias a mis hermanos, Douwe, Janneke y Trude. Ustedes me enseñaron a relacionarme y a crecer en compañía de otros, cada uno a su manera. Douwe, admiro tu coraje; Janneke, celebro tu calidez; y Trude, honro tu sabiduría. Le agradezco a Adrie van der Veen. Me enseñaste a quedarme en el momento y apreciar mis talentos innatos. Gracias, Sr. Brouwer y Japke Wiersema, ustedes me enseñaron sobre el lenguaje amoroso. Gracias, David Kat, por enseñarme sobre la verdadera amistad y a estar siempre ahí, el uno para el otro. Gracias, Maarten Dirk van der Heijden. Me ayudaste a entender lo que significa estar de pie sobre mis propios pies. Gracias, Paul Hansen, por ayudarme a apreciar la suavidad de Frank Sinatra. Gracias, Jerry Cacciotti, por enseñarme que tengo la opción de ser feliz pase lo que pase. Gracias, Pamela Kucenic, por ayudarme a descubrir mi voz auténtica. Gracias, Jonelle Reynolds, por entrenarme todos estos años y enseñarme sobre el poder del amor. Gracias, Karen Aberle, por ayudarme a saltar al increíble campo del coaching. Gracias, Theresa Visser, por ayudarme a aceptarme tal como soy. Gracias, Monique Wise, me enseñaste a relacionarme íntimamente conmigo mismo y con otros. Gracias, Christina Leijonhufvud, por enseñarme sobre la amistad y la fortaleza. Gracias a todos los clientes con los que he trabajado. Todos y cada uno de ustedes me has enseñado todo lo que sé.

Son un espejo gigantesco que me ayuda a entenderme. Gracias a todos mis colegas en Towers Perrin, Strategic Decisions Group, Axialent y Co-Creation Partners: todos ustedes me ayudaron a comprender más profundamente cómo ser yo mismo y ser de servicio. Gracias, Maria Sofia van Dooijeweert, por enseñarme a amarme a mí mismo. Gracias, Ricardo Gil, por entrenarme para mantener siempre una pregunta en mi corazón. Gracias, Sharon Ting, por alentarme y ayudarme a apreciar de qué se trata realmente el coaching. Gracias, Kay Crista, por iniciarme en la poesía conmovedora. Gracias, Gaurav Bhatnagar, por ayudarme a creer en mi fortaleza y presentarme a las Cs. Gracias, Shobha Nayar, por ayudarme a expresarme de manera auténtica y clara. Gracias, Fred Kofman, por proporcionarme la base desde la cual trabajar en este campo. Gracias, Julio Olalla, por entrenarme para soltar mis pedestales. Gracias, Patricio Campiani, por enseñarme a ser resuelto y no rendirme, por presentarme al equilibrio Yin-Yang. Gracias, Patrick Connor, por todo tu entrenamiento y por proporcionarme una profundidad y calidez increíbles para ayudarme a reavivar el fuego de este viaje y por presentarme muchas de las herramientas que se encuentran en este libro, incluida la cultivación de la fascinación, la confrontación con nuestros miedos, los ojos de amor, la mentalidad de chico bueno/chica buena, las estrategias del Yin y el Yang, permanecer lo más desinteresados posible de nuestros pensamientos y sentimientos para conectarnos con la presencia y adoptar una actitud de aprendizaje mutuo en la conversación. Gracias a todos en Sharmadá Foundation por proporcionarme una comunidad con la que puedo crecer. Gracias, Cindy Rowe, por ayudarme a descubrirme con determinación y calidez. Gracias a mis colegas y cofundadores de Growth Leaders Network, por ayudarme a confiar en otros a un nivel completamente nuevo: Debbie Lynd, David Tunnah, Gary Keil, Gene White, Yvonne Higgins Leach, Ramu Iyer, Daniel Richmond, Mieke Bouwens, Nienke Schaap, Amanda Voogd, Marjolijn Bunicich, Goska Sixma, Fred Kok, Jannes Schuiling y Mascha Perquin-Sarneel. Gracias, Seymour Boorstein, por presentarme los símbolos del búho y el cocodrilo. Tu orientación y estos íconos han sido profundamente inspiradores en mi camino y en mi trabajo. Gracias, Nicolas Blaiotta, por enseñarme sobre la verdadera empatía y el arte de la visión a largo plazo. Gracias, Hitendra Wadhwa, por enseñarme a apoyar a los estudiantes de Columbia. Gracias, Holly Wright, por tener la confianza para apoyarme mientras piloteábamos este trabajo en Columbia Business School Executive Education. Gracias, Rita Cortez, por ayudarme a aplicar "el trabajo" en mí mismo, especialmente cuando no quería. Gracias, Byron Katie y Vijay Govindarajan, por proporcionarme herramientas poderosas que me enseñaron sobre autorrenovación. Gracias, Jahon Mikal Brown, por enseñarme sobre la veracidad, el juego y el asombro. Gracias, Toni Townes-Whitley, por enseñarme sobre la valentía y el perdón. Gracias, Chris Capossela, por enseñarme sobre cómo practicar la bondad bajo presión. Gracias, Robert Tarkoff, por ayudarme a apreciar la interdependencia. Gracias, Andrew Blum, por encender mi fascinación por la verdad. Gracias, Adyashanti, por mostrarme cómo encarnar el amor.

Gracias, Isabella Steele, por hacer una edición increíble en este libro. Sin ti este libro no existiría. Gracias, Nora Rawn, por tener el coraje y la sabiduría para ayudarme a comprender de qué se trata realmente este libro, ya que me ayudaste a refinarlo.

Y gracias a todos, los millones de personas que vinieron antes que nosotros. Gracias por allanar el camino por el cual hoy andamos.

Apéndice 1

MEDITACIÓN DE LAS TRES REALIDADES (TEXTO PARA QUE LO GRABES PREVIAMENTE AL EJERCICIO)

Toma de 10 a 15 minutos diarios para hacer esta práctica. Establece un temporizador para saber cuándo se haya acabado el tiempo del ejercicio. Graba el siguiente texto previamente para que puedas escucharlo.

Por favor, siéntate cómodamente, tranquilamente, en una silla con las piernas cruzadas o en el piso con las piernas cruzadas. Descansa tus palmas sobre tus muslos. Toma una respiración profunda desde tu barriga, y otra, y otra más. Cuando estés listo, cierra los ojos.

Comienza a notar la respiración, entrando y saliendo, el pecho subiendo y bajando, subiendo y bajando, a medida que la respiración entra y sale, entra y sale.

Observa dónde hay tensión en tu cuerpo; permite que la tensión esté allí por completo. Ahora, permite que esta tensión se expanda tanto como quiera. Permítelo por completo. Sí, eso es. Permítelo un poco más y un poco más y un poco más.

Ahora… por favor, abre los ojos un poco, mirando hacia abajo (cinco segundos de silencio). Ahora, por favor cierra los ojos (30 segundos de silencio).

Ahora… abre los ojos solo un poco, mirando hacia abajo (5 segundos de silencio), ahora, cierra los ojos y… comienza a notar el aumento y la caída del aliento en tu pecho. Sin concentración, sin control, solo un enfoque fácil y sin esfuerzo en la respiración. Justo como mirar nubes en el cielo. Tu respiración entra y sale y tu pecho sube y baja nuevamente.

Quizá, notarás algunos pensamientos o ruidos externos. Cuando esto suceda, con mucha facilidad y sin esfuerzo, devuelve tu atención a la respiración a medida que esta entra y sale y el pecho sube y baja a medida que la respiración entra y sale. Estamos en la segunda realidad, el pensamiento, y la primera realidad, la respiración.

Observa tu pensamiento sobre lo que acabas de escuchar y, muy tranquilamente y sin esfuerzo, vuelve a enfocarte en tu respiración, hasta que escuches esta voz nuevamente.

Silencio (cinco minutos)

Ahora, muy tranquilamente, observa cualquier tensión que haya en tu cuerpo, deja que se vuelva más fuerte y más fuerte…

Conviértete en un desentendido supremo de lo que ocurra a tu alrededor y en tu interior, pierde todo interés en las sensaciones corporales, la primera realidad. Estás ahí y te estás volviendo sumamente desentendido. Permítete relajarte y dejar que las sensaciones corporales, placenteras o dolorosas, sean lo que son.

Elije una y otra vez estar sumamente desentendido de las sensaciones corporales. Ahora, nota cualquier pensamiento y otros sentimientos. Desentiéndete también de ellos. Elige perder todo interés en ellos. Observa cualquier resistencia y pierde todo interés en eso también.

No hay nada a lo que debas prestarle atención. Lo único que se te pide que hagas es relajarte en un espacio que está más allá de tu cuerpo, pensamientos y sentimientos.

Comienza a notar lo que está más allá de los pensamientos y sentimientos y observa la mente tratando de entenderlos o etiquetarlos. También deja ir eso. Conviértete en un desentendido supremo en todos los pensamientos y sentimientos y déjate caer, más y más y más y más, hacia el más allá. Y más allá, y más allá de eso, y más allá de eso.

Notarás sensaciones corporales, sentimientos, pensamientos, simplemente, déjalos pasar a través de ti. Estás sumamente desentendido de ellos.

Observa lo que se abre ante ti. Descansa en eso, cada vez más profundamente. Descansa como presencia, conciencia, nada qué hacer, nada qué arreglar, solo descansa como presencia y mantente desconectado de todo lo que surja en tu cuerpo y tu mente. Vuelve a descansar como presencia, conciencia, paz.

Silencio (cinco minutos)

Cuando esté listo, abre los ojos.

Apéndice 2
MEDITACIÓN DE LAS TRES REALIDADES (PARA LEER)

Siéntete realmente cómodo. Encuentra un lugar aún más cómodo para sentarte en tu silla. Descansa. Siéntete realmente tranquilo, incluso si tu cuerpo no se siente bien hoy. Eso no tiene nada que ver con esto. Solo permítete estar en tu silla. Durante los próximos cinco a siete minutos, haremos la meditación de las tres realidades. Y para eso, te invitaré a leer lentamente, respirando profundamente en los espacios. Queremos mover la conciencia a través del cuerpo para comenzar a sentir realmente la realidad física. Si observas que estás leyendo demasiado rápido, intenta poner cinco segundos entre cada línea de texto.

Comienza sintiendo la sensación de tus pies. Si tus pies aún no están en el piso, colócalos en el piso.

Siente tus tobillos.

Siente tus muslos.

Siente tus huesos.

Siente tu estómago.

Siente tu pecho.

Siente el área de tu corazón.

Siente tus hombros.

Siente tus brazos.

Siente tus manos.

Siente tus dedos.

Siente tu cuello.

Siente tu garganta.

Siente tu barbilla.

Relaja la mandíbula.

Sientes que se está desprendiendo.

Relaja la lengua.

Sientes que se acorta.

Relaja las cuencas de los ojos.

Sientes que tus ojos se relajan.

Relaja la frente.

Sientes que se expande.

Relaja la parte superior de la cabeza.

Parece que se derrite.

Relaja los oídos.

Parece que se ablandan.

Comienza a tomar conciencia del ascenso y la caída

De tu

respiración

en el

pecho.

Ahora, cuando estés listo

Por favor, cierra los ojos a la mitad, mirando hacia abajo. Deberás poder leer este texto.

Mantén tu conciencia en ascenso

y caída

de tu

respiración

en el

pecho.

Ahora, deambula en medio de algunos o muchos pensamientos o sentimientos. Solo nótalos. No intentes cambiarlos. Observa cómo vienen, permanecen allí un rato y se van. Como nubes que se deslizan a través de un cielo abierto, siempre andantes. Nota los pensamientos y sentimientos. Cualquier pensamiento y sentimiento.

Comienza a tomar conciencia.

Más profundo.

Desentiéndete

del ascenso

y caída

de tu

respiración

en el

pecho.

Sin concentración

Sin control.

Solo respira

Suave

sin esfuerzo.

En estos próximos minutos, permítete permanecer sinceramente desinteresado en todos los pensamientos, sentimientos y sensaciones.

Permítete descansar como nunca antes lo habías hecho.

Cualquier cosa que notes.

Hazte sinceramente desinteresado.

No la alejes. No la estudies.

Solo mantente sumamente desinteresado.

Y permítete ir más profundo,

      y más profundo

           y más profundo

en el espacio.

En el espacio

E incluso llegar a ser sumamente más desinteresado en el espacio.

Descansa aquí.

Sé aquí.

Descansa en silencio.

Mantente sumamente desinteresado.

Permítete descansar más profundo.

Cierra los ojos por unos minutos. Y luego, cuando esté listo, regresa a este recinto.

──────◆◆◆──────

¿Qué notaste sobre estas tres realidades (física, mental y trascendental)? ¿Qué notaste en estos últimos minutos? Date un tiempo para reflexionar sobre esta pregunta.

Apéndice 3

HOJA DE TRABAJO DE RESUMEN DE LIDERAZGO DE CRECIMIENTO

A continuación, encontrarás un resumen de las principales herramientas de liderazgo de crecimiento presentadas en este libro. Practica cualquiera de ellas cuando lo encuentres útil. Si no comprendes un ejercicio, te será útil consultar el capítulo correspondiente o, simplemente, omítelo por ahora. Siempre puedes volver a retomarlo. Hemos incluido los números de los capítulos para que la referencia sea fácil de localizar.

Para ayudar a acelerar tu aprendizaje, centra tu práctica en un reto que estés enfrentando actualmente. Tómate un momento para pensarlo.

- ¿De qué se trata el reto?
- ¿Con quién está relacionado este reto?
- ¿Cuál sería un resultado satisfactorio?

Explora las herramientas a continuación y selecciona algunas que te ayuden a superar tu reto. Asegúrate de elegir al menos una de las herramientas de autocrecimiento.

AUTOCRECIMIENTO

Introducción

1. *Cocodrilo y búho* —¿En qué mentalidades y comportamientos reactivos de cocodrilo basados en el miedo podrías caer? ¿Cómo respondería mi sabio búho?

2. *¿Cómo estás creciendo?* —¿Qué estás aprendiendo sobre ti hoy? No importa cuán grande o pequeño sea tu aprendizaje, solo toma nota de él y reconoce que estás creciendo. ¿Qué estás descubriendo acerca de quién eres realmente? ¿Qué hay de quién no eres?

Capítulo 1. Cultivando una actitud de crecimiento

3. *Crecimiento instantáneo* —¿Qué sucede si veo este como un momento de aprendizaje? Entonces, ¿cómo me sentiría? ¿Qué descubriría de mí mismo?

4. *Conciencia del yo, el nosotros y el eso* —¿Qué comentarios recibo sobre mis oportunidades de crecimiento? ¿Qué oportunidades de crecimiento podría aprovechar para ser más eficaz (eso), tener relaciones más fuertes (nosotros) y/o sentirme más satisfecho (yo)?

5. *Práctica de quietud* —¿Qué sucede cuando me permito un momento sin hacer nada aquí y ahora? ¿Qué pasa si dejo de prestarle atención a mi mente ocupada? ¿Qué pasa si me permito descansar? ¿Qué estoy descubriendo en la quietud?

6. *Fascinación inquebrantable* —¿Qué área de aprendizaje no quiero abordar en mi vida, ni en mi liderazgo? ¿Cómo me juzgo por no ser magistral en esta área todavía? ¿Qué pasa si veo cada parte del reto que estoy afrontando como mi maestro en esta área de aprendizaje? ¿Qué pasa si me vuelvo un poco más amable conmi-

go mismo? Entonces, ¿qué podría aprender? ¿Cómo puedo estar agradecido por esta estación de la vida?

Capítulo 2. Identificando nuestro principal llamado en la vida

7. *Intenciones de éxito de búho según el acrónimo S.U.C.C.E.S.S.*— ¿Cuál de estas siete intenciones me atrae más: el coraje e ingenio del samurái, unirme con otros a través de la autenticidad y la empatía, centrarme en mi propósito, ser curioso acerca de las posibilidades que tenga, extender mi don hacia otros, sentir cohesión y ser sencillo en el servicio a los demás? ¿Cuál de mis intenciones principales quiero aplicar aún más en este reto de crecimiento?

8. *Visión de crecimiento* — ¿Quién soy y quién pretendo llegar a ser, sin importar qué *(intención incondicional)*? ¿Qué pretendo aportar a mi mundo?

Capítulo 3. Creciendo a través de los desafíos— Transformando cocodrilos en búhos

9. *Mentalidad de liderazgo de crecimiento* — ¿Qué sucede si abordo este reto con una mentalidad de liderazgo de crecimiento, viéndolo como una oportunidad para la presencia, el autodescubrimiento, la contribución y la excelencia? ¿Cómo lo abordaré y conduciré a través de él?

10. *Práctica de la presencia en 12 respiraciones* — ¿Qué pasaría si ahora respirara de manera profunda y consciente, descansando mi atención en la respiración y el movimiento de mi vientre y dejando que todos los pensamientos y emociones pasen a través de mí? ¿Qué tan presente estaría entonces?

11. *Entrenamiento de crecimiento de liderazgo desde la perspectiva de búho* — ¿Cuál es mi reto? ¿Qué suposiciones he hecho al respecto? ¿Quién está hablando ahora, el búho o el cocodrilo? ¿Cómo he respondido hasta ahora? ¿Cuál ha sido el impacto? ¿Cómo respondería mi búho? ¿Cómo voy a responder? ¿Cómo estoy creciendo?

Capítulo 4. Aprendiendo de nuestras siete categorías de miedos familiares— Haciendo amistad con siete cocodrilos

12. *La paradoja del miedo* — ¿Cómo mi miedo crea el resultado que más temo cuando cedo ante él?

13. *Familias de miedos* — ¿Cuáles son algunos de los principales temores provocados por mis cocodrilos (escasez, abandono, fracaso, incertidumbre, dolor, complejidad, pérdida de identidad)? ¿Cómo lideraría yo sin estos miedos?

14. *Personajes de cocodrilo de éxito según el acrónimo S.U.C.C.E.S.S* — ¿Cuál de estas siete máscaras me pongo para compensar mis temores de cocodrilo? ¿La del seguro, que trabaja demasiado y entra en la autovictimización y el sesgo a corto plazo? ¿La del nosotros versus ellos, que juzga, cumple y trabaja en silos? ¿La del controlador, que es perfeccionista, manipula y microgestiona? ¿La de certeza, que es rígida, dramática y de mente cerrada? ¿La del esencial, que domina, rescata y, a veces, se esconde? ¿La de sapiencia, pretendiendo ser un sabelotodo, paranoico y que da consejos aun sin que se los pidan? ¿O la del especial, que se pone en un pedestal, es un mártir y vive en una torre de marfil? ¿Cómo lideraría de manera diferente sin estas máscaras?

Capítulo 5. Equilibrando nuestro ser

15. *Equilibrio Yin-Yang* — ¿Cuál es mi estilo de liderazgo más fuerte, Yang (decidido) o Yin (conectado)? ¿Cuál es mi estilo más débil? ¿Cómo puedo equilibrarlos para liderar más eficazmente en medio de este reto actual?

16. *Meditación en presencia* — ¿Qué pasaría si pudiera descansar más como observador, como presencia, como amor incondicional sin oposición? Entonces, ¿qué sería posible para mí? ¿Cómo podría permanecer en continuo equilibrio?

Capítulo 6. Investigando la verdad sobre nuestras raíces de cocodrilo

17. *El árbol* — ¿Cuál es un resultado recurrente que no me gusta en mis relaciones, en mi efectividad y en mi satisfacción? ¿Qué acciones o comportamientos están contribuyendo a este resultado no deseado? ¿Qué pensamientos y sentimientos están asociados con esta acción y pueden estar conduciéndola? ¿Qué historia de creencias puede estar impulsando estos pensamientos, sentimientos y acciones? ¿Cuál es la necesidad principal en tengo aquí? ¿Cuál es el miedo subyacente? ¿Cómo, paradójicamente, el miedo crea el resultado que más temo?

18. *El trabajo* — ¿Es eso cierto? ¿Estoy seguro 100% que es verdad? ¿Cómo reacciono cuando creo ese pensamiento? ¿Quién sería sin el pensamiento? Revierte ese pensamiento.

Capítulo 7. Búhos en conversación

19. *Conversaciones de crecimiento COAX* — ¿Cuál de los cuatro elementos de una conversación COAX es mi eslabón más débil? Centrarme en la intención incondicional consciente, abrirme con expresión auténtica, preguntar basado en el corazón e intercambiar a través de una creación resonante y verdadero compromiso.

20. *Centrarse en la intención incondicional* — Pensar en una conversación que necesito tener para progresar en este reto. ¿Cuál es mi intención incondicional con respecto a esta conversación, independientemente de cómo responda la otra persona? Utilizaré STANDS: hablar con sinceridad, preguntar sin juzgar y atreverme a quedarme quieto.

21. *Hacer la lista de verificación de puntos en común* — ¿Qué sucede si, antes de una reunión, creo un espacio para un monólogo secuencial donde todos hablan a su vez sin interrumpir, respondiendo a algunas preguntas simples, como: ¿Cómo te sientes? ¿Cómo estás creciendo? ¿Cuál es tu intención para esta reunión?

22. *Abrirme con expresión auténtica* — ¿Cuál es el mensaje auténtico que pretendo transmitir? ¿Qué es lo que, en el fondo, realmente me importa?

23. *Preguntar basado en el corazón* — ¿Qué expectativas tengo de mi compañero de conversación? Me meteré en sus zapatos por unos minutos, ¿qué es lo que quiere compartir conmigo? Ahora, imaginaré una conversación con ellos durante la cual me siento completamente libre de las expectativas que ellos tengan. ¿Cómo los escucharé de manera diferente?

24. *Intercambio a través de una cocreación resonante y verdadero compromiso* — Me imagino la esencia de la conversación. ¿Qué pasa si los dos tenemos razón? ¿Qué pasaría si ambos creciéramos de esto? Entonces, ¿cómo nos veríamos? Entonces, ¿cómo abordaríamos esto? ¿Cuáles son algunas de las infinitas formas en que podemos expresar nuestro interés mutuo y el problema en cuestión? ¿Qué peticiones y promesas haré? ¿Cuál es el próximo paso más pequeño, pero más poderoso que puedo aceptar ahora?

Capítulo 8. Cultivando a otros— Entrenando uno a uno

25. *Entrenamiento con mentalidad F.I.N.I.S.H.* — ¿Cómo abordaría mi cocodrilo con mentalidad F.I.N.I.S.H. una conversación de entrenamiento con alguien involucrado en mi desafío?

26. *Entrenamiento con mentalidad L.O.V.E.* — ¿Cómo abordaré la conversación con la intención de "dejar que otros evolucionen voluntariamente"? ¿Qué haré? ¿Qué no haré?

27. *Mentalidad de entrenamiento 5C* (significado, emoción, intelecto, intuición y contentamiento) — ¿Cuál de los 5C de la calidad de mi ser como entrenador es el más fuerte? ¿El más débil? ¿Cuál es mi oportunidad de crecimiento?

28. *Entrenamiento para el dominio propio* — ¿Dónde podría inclinarme hacia la mentalidad de víctima en este reto (culparme a mí mismo / a otros)? ¿Cómo puedo responder más de acuerdo a mis valores?

29. *Entrenamiento G.R.O.W.* ¿Quién estaría interesado en benefi-
ciarse de este entrenamiento? ¿En cuál de los cuatro elementos
G.R.O.W. es más importante enfocarse (Objetivo, Realidad, Opciones, Resumen)?

Capítulo 9. Transformándonos en los búhos que somos —Uno entrenando a muchos

30. *Sistema de administración del crecimiento* — Dado mi desafío,
¿cuál es el campo de acción (por ejemplo, organización, equipo o
familia) que me gustaría entrenar para evolucionar en mentalidad
y comportamiento? Desarrollaré un sistema de administración
del crecimiento para este campo de atención que aborde:

a. ¿Cuál es *mi visión de administración de crecimiento* para mi
campo de acción? ¿Qué mentalidad me gustaría que dejáramos de lado que ya no nos sirve (*"Desde"*)? ¿Qué mentalidad
me gustaría que adoptemos que nos ayudará a crecer a nuestro
próximo nivel de excelencia (*"Hacia"*)? ¿Cuál es el propósito
subyacente para hacerlo (el *por qué*)?

b. ¿Cómo tengo la intención de modelar mi *visión de la administración del crecimiento*? ¿Qué mentalidad antigua dejaré?
¿Cuáles mentalidades nuevas practicaré?

c. ¿Qué *marcadores de lenguaje* usaré para ayudar a las personas
a racionalizar las nuevas mentalidades y comportamientos?
Los marcadores de idioma son palabras y/o frases que uso repetidamente para señalar las nuevas formas de trabajo previs-
tas.

d. ¿Qué *apuestas simbólicas* haré para que la gente sepa que la
nueva mentalidad está aquí para quedarse? Las apuestas simbólicas son inversiones inspiradoras, visibles y respaldadas en
términos de tiempo, atención y, a menudo, en dinero, los cuales hacen tangible la nueva mentalidad.

e. ¿De qué maneras voy a *comunicar* la nueva mentalidad una
y otra vez? ¿Cómo comunicaré todas las 5C (significado, madurez emocional, inteligencia, intuición, contentamiento)?

31. *Historia de crecimiento* — ¿Qué nueva narración pretendo comunicar que me ayudará a superar el reto? ¿Cómo quiero que la gente se sienta, piense y actúe al final de mi comunicación? ¿Qué defiendo como líder? ¿Cuál es mi visión para mi campo de acción? ¿A qué miedos de cocodrilo o sabiduría de búho aspiro? ¿Por qué? ¿Qué elecciones hago ahora para progresar? ¿Qué elecciones invito a otros a hacer ahora?

Bibliografía

Introducción

Seymour Boorstein, M.D., *Who's Talking Now: The Owl or The Crocodile*, AuthorHouse, 2011

La investigación de Gallup fue citada en: Marcus Buckingham y Curt Coffman, *First, Break All the Rules: What the World's Greatest Managers Do Differently* (Nueva York: Simon & Schuster, 1999)

Capítulo 1

Eknath Easwaran, *Gandhi The Man: How One Man Changed Himself To Change the World*, Nilgiri Press, 1972.

Henri J.M. Nouwen, *Making All Things New*, Harper Collins, 1981

Capítulo 2

Viktor E. Frankl, *The Man's Search For Meaning,* Rider Books, 1946
Nelson Mandela, *Long Walk To Freedom*, Little Brown & Co., 1994

Capítulo 3

William L. Silber, "¿Por qué tuvo éxito el feriado bancario de FDR?" *FRBNY Economic Policy Review*, julio de 2009

Ken Burns, *The Roosevelts:* An Intimate History, PBS, 2014 Jean Edward Smith, FDR, Random House, 2007

Daniel Goleman, *Emotional Intelligence: Why It Can Matter More Than IQ,* Bantam, 1995

————, *The Brain and Emotional Intelligence: New Insights* (1601), 2011

Judy Willis, *Research-Based Strategies to Ignite Student Learning: Insights from a Neurologist/Classroom Teacher*, ASCD, 2006

Capítulo 4

Vijay Govindarajan, *The Three-Box Solution: A Strategy for Leading Innovation*, Harvard Business School Press, 2016

"El audaz abrazo de Adobe con respecto al uso de la nube informática debería inspirar a otros", *The Economist*, 22 de marzo de 2014

Clint Eastwood, *Invictus*, 2009

Richard Waters, "Entrevista del lunes: Shantanu Narayen", CEO de Adobe, *Financial Times*, 22 de febrero de 2015, 6:30 p.m.

Judy Willis, *Research-Based Strategies to Ignite Student Learning: Insights from a Neurologist/Classroom Teacher*, ASCD, 2006

Capítulo 5

Jill Bolte Taylor, *My Stroke Of Insight: A Brain Scientist's Personal Journy*, Viking, 2008

Anna Wise, *The High-Performance Mind: Mastering Brainwaves for Insight, Healing, and Creativity*, TarcherPerigee, 1997

Capítulo 6

Byron Katie, Stephen Mitchell, *Loving What Is: Four Questions That Can Change Your Life*, Random House USA Inc., 2002

Capítulo 7

Fred Kofman, "Negocio consciente: cómo generar valor a través de valores, suena cierto", 2006

Capítulo 8

Max Landsberg, *The Tao of Coaching*, Profile Books, 1996

Capítulo 9

Tessa Basford y Bill Schaninger, *Los cuatro pilares del cambio*, McKinsey Quarterly, abril de 2016

Ken Burns, *The Address*, PBS, 2014

David Herbert Donald, *Lincoln*, Simon y Schuster, 1995

YouTube: Clinton sobre las lecciones aprendidas de Mandela, 9 de diciembre de 2006, https://www.youtube.com/watch?v=KZneBcy-GEkk

Sobre el autor

Hylke Faber sirve como entrenador y facilitador de liderazgo y lidera las organizaciones de coaching, Constancee y Growth Leaders Network. Canta kirtan (práctica meditativa de las Indias Orientales), ama el aire libre y vive con su pareja en Seattle, Washington.

Hylke recibió su Licenciatura en Administración de Empresas de Nijenrode, la Escuela de Negocios de los Países Bajos y una Maestría en Relaciones Internacionales de la Universidad Johns Hopkins. Se desempeñó como socio en Co-Creation Partners y Strategic Decisions Group y como consultor en Axialent y Towers Perrin, apoyando a líderes de múltiples industrias a nivel mundial en programas de desarrollo de estrategias, organización y cultura. Enseña los cursos de "Líder como entrenador" en Columbia Business School Executive Education y ha contribuido a *Harvard Business Review*, incluido el artículo "Lo que FDR sabía sobre el miedo en tiempos de cambio".

La misión de Hylke es darse cuenta de su esencia y ayudar a otros a hacer lo mismo. Escribió *Domando tus cocodrilos* para ayudarnos a todos, incluido él mismo, a dar el siguiente paso en nuestro viaje interminable hacia ser cada vez más quienes realmente somos.